本研究受到陕西省教育厅专项科学研究计划：陕西民营企业高管特征、企业创新与债务资本成本关系的实证研究（项目号：17JK0627）的资助

科技创新补贴对企业外部融资及科技创新投入的影响研究

刘传宇　著

中国财经出版传媒集团
中国财政经济出版社

图书在版编目（CIP）数据

科技创新补贴对企业外部融资及科技创新投入的影响研究 / 刘传宇著 . —北京：中国财政经济出版社，2018. 2

ISBN 978 - 7 - 5095 - 7979 - 4

Ⅰ. ①科… Ⅱ. ①刘… Ⅲ. ①技术革新 - 财政补贴 - 影响 - 企业融资 - 研究 ②技术革新 - 财政补贴 - 影响 - 企业创新 - 资金投入 - 研究 Ⅳ. ①F275. 1

中国版本图书馆 CIP 数据核字（2017）第 327066 号

责任编辑：段　钢　　　　责任印制：刘春年
封面设计：孙俪铭　　　　责任校对：张　凡

中国财政经济出版社 出版

URL：http：//www. cfeph. cn

E - mail：cfeph @ cfeph. cn

社址：北京市海淀区阜成路甲 28 号　邮政编码：100142

营销中心电话：010 - 88191537　北京财经书店电话：64033436　84041336

北京财经印刷厂印装　各地新华书店经销

710 × 1000　毫米　16 开　16. 5 印张　310 000 字

2018 年 3 月第 1 版　2018 年 3 月北京第 1 次印刷

定价：68. 00 元

ISBN 978 - 7 - 5095 - 7979 - 4

（图书出现印装问题，本社负责调换）

本社质量投诉电话：010 - 88190744

前　言

科技创新补贴是政府应对企业科技创新活动“融资难”和投入不足问题的重要工具之一。如果科技创新补贴能够充分发挥对于外部融资的提高作用，便可引导大量的社会资金进入企业，而当企业拥有较多的可支配资金时，会更有动力将资金投入到科技创新活动中去。此时，较少的科技创新补贴带动了较多的外部资金，并以此为中介，带动了更多的科技创新投入。但是现有研究中，科技创新补贴与外部融资关系的研究并没有得到足够的重视，也缺乏对外部融资在科技创新补贴到科技创新投入传导机制中所起作用的深入探讨。所以，本书以外部融资的中介作用为切入点，对科技创新补贴、外部融资和科技创新投入三者关系进行深入研究，具有重要的理论价值和现实意义。

本书基于市场失灵理论、信息不对称理论、熊彼特的创新理论和融资优序理论，构建了科技创新补贴对于企业外部融资和科技创新投入影响的理论模型，并提出了本书的研究假设。随后，采用民营上市公司的财务数据，运用门槛回归分析、中介效应分析和多元线性回归分析等方法，对研究假设进行了检验。研究发现：(1) 当科技创新补贴小于门槛值时，科技创新补贴对于外部融资具有显著的提高作用；当科技创新补贴大于门槛值时，科技创新补贴对于外部融资的提高作用大幅下降。(2) 科技创新补贴可以增加企业的外部融资，并通过外部融资的中介作用间接地提高企业的科技创新投入；外部融资在科技创新补贴与科技创新投入之间的中介作用，主要通过权益融资来实现，债权融资的中介作用并不显著。(3) 新产品和新技术研发类补贴对外部融资的提高作用并不显著，却对科技创新投入具有较强的激励作用；

技术改进类补贴对外部融资具有较强的提高作用，却无法激励企业增加科技创新投入；科技成果转化类补贴对外部融资也具有较强的提高作用，并能通过外部融资的中介作用提高企业的科技创新投入。

作者

2017 年 11 月

目　录

第1章

绪　论

首先，本章以现实背景和理论背景作为出发点，阐明了本书的理论意义和现实意义，并说明了本书的主要研究问题。其次，对本书的主要研究内容和研究方法进行了阐述，列示出本书的研究框架。最后，介绍了本书的创新之处。

1.1 研究背景及意义

本节对现实背景和理论背景进行了详细的介绍，认为在现实的召唤和理论研究的缺失背景下，研究科技创新补贴对于企业外部融资和科技创新投入的影响，具有深刻的理论价值和现实意义。

1.1.1 现实背景

科技创新对经济发展的重要性已不言而喻，其带来的社会进步和变革在世界范围内被广泛关注。我国政府历来高度重视科技创新，并运用多种措施鼓励企业加大科技创新投入。但是，我国企业的科技创新活动仍普遍存在“融资难”和投入水平较低问题。本书认为充分发挥科技创新补贴的信号作用，不但有利于缓解企业的“融资难”问题，还可以通过外部融资的增加进一步提高企业的科技创新投入。

(1) 我国政府高度重视科技创新。

20世纪初，熊彼特提出了“创新理论”，揭示并强调了创新活动引起的生产力变革在经济及社会发展过程中的重要作用。50年代，以索洛为代表的新古典增长理论也认为技术进步是经济长期增长的根本动力。进入80年代后期，以Romer为代表的内生增长理论进一步认为，科技创新部门是经济增长的关键部门，对科技创新活动的投入是必要的。实践也证明了科技创新活动对发达国家经济发展起到了巨大的推动作用。以日本为例，第二次世界大战后的日本在资源极度匮乏的情况下，大量引进西方先进技术，加大企业的科技创新投入。1950～1970

年实现了年均10%的经济增长速度，仅用二十多年时间就一跃成为仅次于美国的世界第二大经济体，创造了举世公认的“经济奇迹”。日本的这一经济奇迹也被称为“技术奇迹”，因为技术创新在日本经济奇迹的创造过程中起到了关键作用。

我国政府十分重视科技创新。1988 年，邓小平同志根据当时的科技发展状况和趋势提出了“科学技术是第一生产力”的论断。然而，长期以来我国经济增长模式仍以粗放式增长为主。近年来，随着能源价格上涨、劳动力成本上升、土地资源稀缺以及环境成本内部化等问题的进一步凸显，企业依靠廉价劳动力、较低的资源成本和环境成本等因素带来的低成本竞争优势开始逐渐消失。高消耗、高污染、低效率的粗放式增长模式已不能继续支撑经济的长期快速发展。因此，只有通过自主创新推动产业转型升级，才能从根本上改变原有的经济增长模式，实现国民经济的可持续发展。在这一背景下，我国于 2005 年年底公布了《国家中长期科学和技术发展规划纲要（2006～2020 年）》，确定了“自主创新，重大跨越，支撑发展，引领未来”的科技工作指导方针，标志着我国的科技事业步入一个新时期。2012 年，党的十八大报告中明确提出，要坚持走中国特色的自主创新道路，以全球视野谋划和推动创新，提高原始创新、集成创新和引进消化吸收再创新能力，更加注重协同创新。2015 年公布的“十三五”规划指出，创新是引领发展的第一动力，必须把创新摆在国家发展全局的核心位置，发挥科技创新在全面创新中的引领作用，加强基础研究，强化原始创新、集成创新和引进消化吸收再创新，鼓励企业开展基础性前沿性创新研究，重视颠覆性技术创新。2016 年 1 月 8 日，李克强在国家科学技术奖励大会上的讲话也指出，创新是引领发展的第一动力，要强化企业创新的主体地位，夯实创新基础，加快构建企业主导的创新机制，促进产学研贯通，推进产业链、创新链融合，加快使创新成果转化为现实生产力。同时，应鼓励企业增加科技创新投入、设立创新平台。

经过长期的努力，我国的科技创新能力有了长足的进步。根据中国科学技术发展战略研究院最新发布的《国家创新指数报告 2015》，在世界 40 个主要国家中，中国的国家创新指数排名第 18 位，创新能力大幅超越处于同一经济发展水平的国家。但是，报告也指出，中国的创新基础比较薄弱，提升创新能力仍需长期持续努力。

（2）“融资难”是制约我国企业科技创新的主要障碍之一。

提高企业的科技创新投入需要稳定的资金来源。长期以来，内部资金一直被认为是企业科技创新投入的主要资金来源（Kamien and Schwartz，1978；Bougheas，2004）。但是，仅依靠内部资金会制约企业的科技创新。其主要原因在于：首先，如果企业面对一个有利可图、市场前景看好的科技创新项目，然而所需资金超过了内部资金的上限，此时仅以内部资金作为唯一资金来源的企业将不得不放弃该项目。如此坐失良机将使企业在竞争中处于劣势，不利于其未来的发展壮大。其次，科技创新投入需要长期稳定的资金，但是内部积累的资金往往会受商业周期的影响，无法提供稳定的资金流，因此，无法保障企业长期稳定的进行科技创新（解维敏、方红星，2011）。由此可见，内部资金只能作为企业科技创新投入的融资方式之一，并不能完全取代外部融资。

目前“融资难”问题已成为制约我国企业，特别是民营企业科技创新的主要障碍之一。科技创新活动的风险高、周期长等特点使投资者要求更高的风险溢价，提高了融资成本。加之，科技创新活动的专业性和复杂性使信息不对称问题更加严重，也增加了企业的融资难度。2014 年 11 月 1 日举行的中国科技金融高峰论坛上，张江集团总经理陈干锦说：“中国创新型企业的硬件条件很好，我们的设备和美国伯克利分校的设备都是一样的，主要的问题在于‘融资难’，融资成本很高”。可以说，“融资难”一直是困扰科技型企业发展的主要“瓶颈”，企业从外部获得的资金虽然对企业的科技创新发挥了一定的积极作用，但是，资金的数量远不足以支撑企业的长期科技发展（王洪生，2015）。

为了缓解企业科技创新活动的“融资难”问题，我国政府及社会各方面在拓宽科技型企业外部融资渠道方面做了许多努力。2014 年 1 月，科技部会同中国人民银行等六部门联合印发了《关于大力推进机制体制创新，扎实做好科技金融服务的意见》。意见提出，鼓励银行业金融机构设立专门为中小科技企业服务的专业分行或特色分行，积极发展为科技创新服务的非银行金融机构和组织。拓宽适应科技创新发展规律的多元化融资渠道，支持科技企业上市、再融资和并购重组，鼓励科技企业利用债券市场融资，推动创业投资发展壮大，支持科技企业通过全国中小企业股份转让系统实现股份转让和定向融资。2015 年 12 月 22 日，在政府的支持下，“科技创新板”在上海股权托管中心正式开盘。“科技创新板”聚焦于创新型、科技型企业，着重解决科技创新企业“融资难”的问题。在融资制度的设计方面，挂牌公司可以通过发行优先股、普通股、开展债权融资和境外股权融资等方式进行资金的募集。2016 年 3 月，由“16 普滤得”“16 苏金宏”和“16 苏方林”三单公司债券组成的首批“双创”公司债在上交所发行，发行人分别为苏州普滤得净化股份有限公司、苏州金宏气体股份有限公司和苏州方林科技股份有限公司。“双创”公司债的发行为这三家企业共筹集资金 6000 万元，这些资金将主要用于产品科技创新、技术创新以及开拓新业务市场等方面。然而，拓宽外部融资渠道虽然有助于缓解企业科技创新活动的“融资难”问题，却并不能解决外部资金提供者和企业之间的信息不对称问题。而信息不对称问题又是造成企业科技创新活动“融资难”的主要原因之一。因此，仅拓宽融资渠道仍无法从根本上解决企业科技创新的“融资难”问题。

（3）我国企业的科技创新投入相对较低。

企业的科技创新活动需要大量的资金投入（Romer，1990），但是，我国企业的科技创新投入与西方发达国家相比，仍然处于较低水平。根据《中国科技统计年鉴2016》的统计，我国R&D经费占GDP的比例逐年增加，从2001年的0.94%上涨到2014年的2.02%，增长了近一倍，说明我国对科技创新活动的重视程度逐年上升。然而，与西方发达国家相比，我国的科技创新投入水平仍然较低。图1-1以2013年为例，展示了世界主要国家和地区R&D经费与GDP的比例。从图中可以看出，R&D经费占比最高的是韩国，R&D经费占GDP的比重达到了4.15%；其次是日本，R&D经费占GDP的比重达到了3.48%；排名第三的是瑞典，R&D经费占GDP的比重达到了3.30%。我国的R&D经费占GDP比重仅为1.99%。而在1995年，美国和日本的R&D经费占GDP比重就已达到了2.41%和2.92%，也就是说，我国目前的科技创新投入水平还不及美国和日本20世纪90年代的水平。

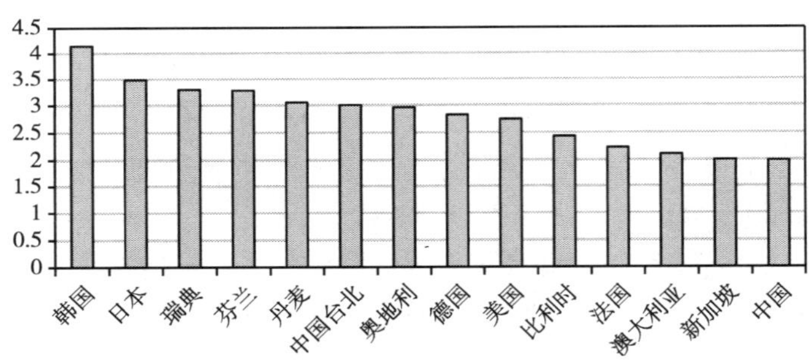

图1-1　2013年度R&D经费占GDP比重的国际比较

注：根据《中国科技统计年鉴2016》编制，单位：%。

近期，欧盟委员会发布了一份《2016全球企业研发投入排行榜》。根据这一榜单，美国企业的研发投入占全球企业研发投入的38.6%，其次分别是日本和德国。我国企业的研发投入占比仅为7.2%，与美国仍有较大差距。在具体企业的研发投入方面，德国大众排名第一，研发投入达136.12亿欧元；韩国的三星电子排名第二，共计支出研发费用125.28亿欧元；美国的英特尔排名第三，研发投入为111.40亿欧元。在排行榜的100强企业中，中国企业仅占6席。排名最好的企业是华为，列排行榜第八名，研发投入总额为83.58亿欧元。仅次于华为的中国企业是中兴，排名第65位，研发投入为19.54亿欧元。而根据我国上市公司2015年披露的年报数据，具有研发投入的企业，其平均的投入金额仅为0.21亿欧元。由此可见，与西方发达国家相比，我国企业的研发投入水平仍相对较低。

另外，根据国家统计局、科学技术部、财政部公布的《2015年全国科技经费投入统计公报》，我国企业科技经费的投入强度为2.07%。而美国企业的科技经费投入强度为4.9%，德国的投入强度为4.5%，意大利的投入强度是3.3%，英国的投入强度为2.9%（Hall and Oriani，2006）。可见我国企业的科技创新投入强度远低于西方发达国家。

综上所述，近年来，我国企业对科技创新的重视程度虽有较大幅度的提升，但是，与西方发达国家相比，企业对科技创新活动的投入水平仍相对较低。较低的科技创新投入会影响企业的科技创新产出，不利于整个经济的快速发展。因此，如何提高我国企业的科技创新投入，成为亟待解决的一个重要问题。

（4）科技创新补贴有助于缓解“融资难”和科技创新投入不足问题。

对于企业科技创新活动的“融资难”问题以及企业的科技创新投入不足问题，我国政府予以了极大关注并采取了许多措施，其中，科技创新补贴就是一项重要的政策工具。

目前，科技创新补贴已在全球范围内被广泛应用。例如，美国对于半导体制造企业的科技创新资助、日本的重要技术研究开发费补助金制度、韩国的科技创新补贴政策等，均对相关企业的科技进步起到了巨大的推动作用。在我国，政府对科技创新活动的投入也不断增加。根据《中国科技统计年鉴》的数据（见图1-2），我国财政的科技拨款呈逐年上升趋势，从2007年的2135.68亿元上升到2013年的6184.90亿元，增长了近2倍。其中，政府对于企业的科技拨款也呈逐年上升趋势，从2007年的128.7亿元上升至2013年的409.01亿元。政府对企业的科技拨款占全部科技拨款的比例从2007年的14.09%上升至2013年的16.36%。由此可见，我国政府对于企业的科技创新活动越来越重视。

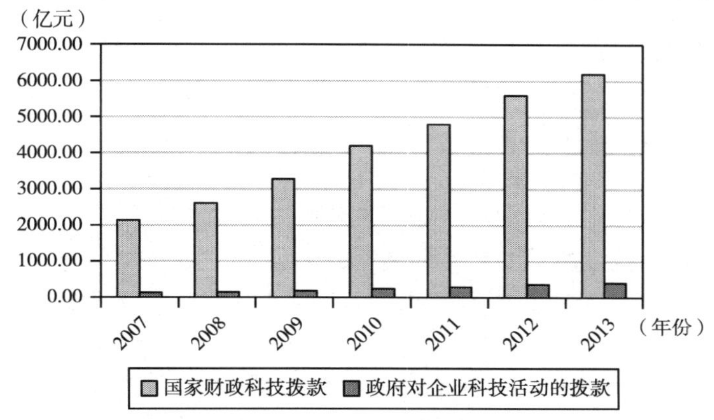

图1-2 2007~2013年我国财政科技拨款趋势

注：根据《中国科技统计年鉴》编制，单位：亿元。

科技创新补贴在一定程度上可以缓解企业科技创新活动的“融资难”问题，但是，仅依靠增加科技创新补贴的数量并不能完全解决“融资难”问题。这是因为：首先，政府的财政资金是有限的，不可能也不应该满足所有企业科技创新活动的资金需求。其次，政府对企业的补贴过多会压制市场在资源配置中的基础作用，极易造成资源配置的扭曲，不利于经济的健康发展。最后，如果企业过分地依赖政府补贴，会使其热衷于向政府要资源的寻租活动，滋生“骗补”行为，不利于企业的长期健康发展。

由此可见，科技创新补贴和拓宽外部融资渠道均存在一定的局限性，应将两者相结合，共同缓解科技创新活动的“融资难”问题。具体而言，在拓宽企业外部融资渠道的基础上，充分利用科技创新补贴的信号作用，缓解信息不对称问题，使企业的科技创新活动能获得更多的外部融资。这一做法，使政府以较少的财政资金，带动较多的社会资金，缓解企业科技创新活动的“融资难”问题，不仅有助于节约政府的财政资金，也充分尊重了市场在资源配置方面的重要作用，有利于企业和整个国民经济的健康发展。

另外，企业科技创新活动“融资难”问题的解决有助于进一步提高企业的科技创新投入水平。因为当企业拥有更多的可支配资金时，才有可能将更多的资金投入科技创新活动中去。因此，充分发挥科技创新补贴的信号作用，能使企业获得较多的外部融资，外部融资的增加缓解了科技创新活动的“融资难”问题，并进一步使企业将更多的资金投入科技创新活动中。即：科技创新补贴能以四两拨千斤之势，缓解企业科技创新的“融资难”和投入不足问题。

1.1.2 理论背景

对于相关的理论背景，本书首先回顾了关于科技创新补贴已有研究的主要内容，然后指出现有研究存在的局限性，从而印证了本书的研究必要性。

（1）现有科技创新补贴研究的主要内容。

当前对于科技创新补贴的研究主要集中在以下几个方面：科技创新补贴的必要性和重要性、科技创新补贴对企业科技创新投入的影响、科技创新补贴对企业绩效的影响以及科技创新补贴对外部融资的影响。

科技创新补贴必要性和重要性的研究主要是以市场失灵理论和 R&D 内生增长理论为主体。市场失灵理论阐释了科技创新补贴的必要性。1954 年萨缪尔森发表了《公共支出的纯理论》，对公共产品的最优供给问题进行研究，得到了公共产品的生产在市场条件下无法得到最优均衡解的结论。1958 年巴托发表了《市场失灵的剖析》提出了市场失灵的概念，将外部性、公共物品和不完全竞争概括为市场失灵。Wallsten（2000）进一步阐述了科技创新活动的市场失灵问题，认为科技创新活动的成果具有非竞争性和部分排他性，因此产生的溢出效应使其他企业或整个社会受益，企业的私人回报低于社会回报，于是科技创新活动的私人投资会低于社会最优水平。另外，科技创新活动的不确定性也影响了企业从事科技创新活动的积极性。此时，需要政府对科技创新活动予以补贴（Arrow，1962）。R&D内生增长理论强调了科技创新补贴的重要性。20世纪80年代中后期，罗默和卢卡斯等西方学者在对新古典增长理论进行反思的基础上，相继发表了研究经济增长的一系列研究成果，逐步形成了内生增长理论。R&D内生增长理论是内生增长理论的一个重要分支，并被认为是内生增长理论中最有解释力和最具有发展前途的增长理论，它主要从科技创新的角度来研究经济增长的主要原因。组成R&D内生增长理论主体的理论模型主要有：Romer（1986，1990）的知识溢出模型和中间产品模型、Grossman和Helpman（1991）的产品质量阶梯模型，以及Aghion和Howitt（1992，1998）的新熊彼特模型。R&D为生增长理论认为，一个国家的经济增长是由许多内生因素决定的，而这些内生因素对财政政策非常敏感。无论是对于知识的积累，还是对于人力资本的投资过程，政府均可以通过补贴、公债、税收等财政政策予以支持，从而提高单位生产要素产出率，推动经济的长期稳定增长。Romer等认为，如果政府不对科学技术的发展加以倡导，分散经营的经济增长率就会过低。因此，政府应基于补贴等方式促进企业的科技创新，从而达到促进经济持续发展的目的（高鸿业，2001）。

科技创新补贴对于企业科技创新投入的影响是近年来科技创新补贴研究的热点，各国学者利用各国数据在这方面进行了较为深入的研究。目前，学术界存在两种观点："激励效应"和"挤出效应"。科技创新补贴对于企业科技创新投入的"激励效应"表现在：政府对于企业科技创新活动的补贴有助于缩短企业私人收益和社会收益之间的差距，降低科技创新活动的风险，因此会激励企业对科技创新活动投入更多的资金。Scott（1984）的研究发现，科技创新补贴对于企业的科技创新投入有明显的促进作用，两者是正向关系。另外，科技创新补贴对于企业科技创新投入的"挤出效应"表现在：政府的科技创新补贴会增加科技创新资源的需求量，进而提高其价格，造成相关成本的提高，也可能使企业将原本对科技创新活动的投入转而投向其他项目，从而降低科技创新投入。Lichtenberg（1987）的研究发现科技创新补贴对于企业的科技创新投入具有挤出效应。

关于科技创新补贴对企业绩效的影响，各国学者运用各国数据得到的结果并不完全一致。具体的研究结果表现为以下几个方面：首先，许多研究认为科技创新补贴有助于解决市场失灵带来的投资不足问题，进而有助于推动企业的科技创新活动，提高企业绩效。例如，Lerner（1999）检验了美国的SBIR项目对于高科技企业长期业绩的影响，发现获得SBIR的企业具有更高的员工增长率和销售增长率。其次，有些研究发现科技创新补贴没有达到推动企业绩效的目标。例如，Klette和Moen（1999）对于挪威IT业的研究认为政府资助IT业的政策是失败的。再次，近期也有研究认为科技创新补贴对企业绩效的影响并不是简单的线性关系。例如，Jorge和Suarez（2011）认为科技创新补贴与企业的无效率水平存在曲线关系，随着科技创新补贴规模的增加，公司的无效率水平逐渐上升至某一点，随后又开始下降。另外，许多研究从其他方面对这一问题进行了探索。例如，Colombo等（2011）、Wei和Liu（2015）和Beck等（2014）的研究试图对科技创新补贴进行细分，探讨不同种类的科技创新补贴对于企业绩效的不同影响。Lee和Cin（2010）、Certulli和Poti（2012）分别运用两阶段回归模型和Heckman两阶段模型来消除科技创新补贴的内生性问题，力求保证研究的准确性。

近年来，许多研究认为科技创新补贴是一种信号，能向潜在投资者传达信息，缓解信息不对称问题，从而有助于企业获得更多的外部融资。最早对这一问题进行深入研究的是Lerner（1999），他发现获得科技创新补贴的企业更容易获得外部风险投资，说明科技创新补贴在证明企业质量和项目优势方面起到了积极的作用，缓解了信息不对称以及由此带来的市场失灵问题。Kleer（2010）构建了科技创新补贴与银行贷款之间的均衡模型，发现如果科技创新补贴增添了质量信号，会提高或者改善企业可获得的私人投资。Takalo和Tanayama（2010）认为政府对科技创新补贴项目的选择更有效率，可以给以市场为基础的投资者提供有价值的信息，而且科技创新补贴的审查活动对于信号作用具有重要的作用。

（2）现有研究的局限性。

对于科技创新补贴的研究起步较早，获得了较为丰富的研究成果。但是，缺乏对各研究问题之间内在关系的深入研究。另外，科技创新补贴对外部融资影响的研究起步较晚，并未得到足够的重视，研究的深度和广度有待提高。具体而言，现有研究的局限性主要表现在以下两个方面：

首先，在现有的研究中，科技创新补贴对外部融资影响问题、科技创新补贴对科技创新投入影响问题，是相互独立的两个研究领域，忽视了两个问题的内在联系。在科技创新补贴对于企业科技创新投入的研究中，许多研究对于这一问题进行了拓展，考察其与企业绩效问题的内在联系。例如，Hu（2001），刘德胜、张玉明（2010）的研究对科技创新补贴与科技创新投入关系问题进行拓展，认为科技创新补贴可以通过提高企业的科技创新投入，进一步提高企业绩效。但是，在科技创新补贴对于外部融资影响的研究中，尚未出现对这一问题的拓展性研究，在研究的广度方面有所欠缺。本书认为科技创新补贴对外部融资影响的研究，之所以没有得到学术界的普遍重视，主要原因在于，科技创新补贴对于外部融资的影响并不能直接反映出科技创新补贴的有效性。因此，将科技创新补贴对外部融资的影响进一步拓展，使其与科技创新投入相联系，考察科技创新补贴通过外部融资对企业科技创新投入的影响，能更好地反映出科技创新补贴对企业的影响效果，具有较强的理论意义和实际意义。

其次，科技创新补贴对于外部融资影响的研究并没有得到足够的重视，研究成果较为有限，研究方法较为单一，研究的深度不足。在科技创新补贴研究的几项内容中，科技创新补贴的必要性和重要性研究起步较早，已经形成了较为成熟的理论体系。在实践中，科技创新补贴的必要性和重要性也得到了各国政府的普遍认同。科技创新补贴对于企业科技创新投入和企业绩效影响的内容是目前受到关注最多的领域，因为这两个领域的研究直接揭示了科技创新补贴对企业的影响效果，较为直观地反映出科技创新补贴的有效性。相关研究运用世界各国的数据，在研究方法、研究内容、影响因素等方面均进行了较为深入和细致的研究，取得了丰富的研究成果。但是，科技创新补贴对外部融资影响的研究则并没有得到学术界的普遍重视，研究成果并不丰富，研究方法较为单一。具体而言，主要表现在以下几个方面：①在科技创新补贴对于企业科技创新投入和绩效影响的研究中，许多研究试图对科技创新补贴进行细分，探讨不同种类的科技创新补贴对于科技创新投入和企业绩效的影响。但是，在科技创新补贴对于外部融资影响的研究中，仅有 Kleer（2010）将科技创新补贴分为对基础研究的补贴和对应用研究的补贴，而且这一分类只是在理论模型的论述中进行的分类，并没有运用实际数据进行验证。②在科技创新补贴对于企业科技创新投入和绩效影响的研究中，许多研究运用了不同的研究方法进行验证，如结构方程、两阶段 SLS 方程、DID 方法、Heckman 两阶段模型、非参数匹配、博弈论等，从而确保研究的准确性。但是，在科技创新补贴对外部融资影响的相关研究中，通常仅运用多元回归方程和理论模型推导的方法，研究方法较为单一。③在科技创新补贴对于企业科技创新投入和绩效影响的相关研究中，许多研究认为科技创新补贴对于科技创新投入和绩效的影响并不是简单的线性关系（Jorge and Suarez，2011；Lach，2002），而是根据科技创新补贴数量或其他因素的变化呈现出较为复杂的曲线关系。但是，在科技创新补贴对于外部融资影响的研究中，只有史伟、霍丽（2014）提出政府补贴与外部融资存在倒“U”型关系，其他研究均认为科技创新补贴与外部融资之间的关系是较为简单的线性关系。④在科技创新补贴对于企业科技创新投入和绩效影响的研究中，许多研究考虑了引入其他因素，验证这些因素对于科技创新补贴资助效果的影响，如企业的知识存量、企业规模、政治关联、行业特征、产权类型、市场销售情况、资助政策的稳定性、市场集中度、项目风险改善程度、企业和机构合作等，从而较好地丰富了这些领域的研究成果。但是，在科技创新补贴对外部融资影响的研究中，国内外研究所考虑的因素仅有成立时间、企业规模、行业特征、产权性质和市场化程度，可见这一领域的研究还有待扩展。⑤在科技创新补贴对于企业科技创新投入和绩效的影响研究中，美国、爱尔兰、德国、意大利、西班牙、日本、韩国、以色列等国均对本国科技创新补贴的效果进行了研究，而在科技创新补贴对外部融资影响的研究中，目前影响较大的只有对美国和比利时企业的研究。

1.1.3 研究意义

科技创新补贴是弥补市场失灵的重要政策工具。作为一项宏观经济工具，它不仅有助于促进整个社会的协调发展，而且对于微观经济个体也会产生重大影响。本书从微观企业层面入手，考察科技创新补贴对于外部融资和科技创新投入的影响，相信这一研究对于丰富科技创新补贴领域的相关研究、完善科技创新补贴的相关政策均具有一定的理论意义和现实意义。

（1）理论意义。

本书针对科技创新补贴对外部融资和科技创新投入的影响进行了深入研究，有助于丰富相关研究成果，完善相关理论。具体而言，本书研究的理论意义主要体现在以下几个方面：

首先，本书关于科技创新补贴对于外部融资影响的研究，进一步深化了科技创新补贴的信号作用理论，并综合考虑了企业的融资意愿以及外部资金提供者对风险的态度，从而更加深入、全面地解释了科技创新补贴与外部融资的非线性关系。目前关于科技创新补贴对于企业外部融资的影响研究，主要从信息不对称的角度进行分析，认为科技创新补贴具有信号作用，从而对外部融资具有线性的提高作用。本书深化了科技创新补贴的信号作用，认为科技创新补贴的信号作用源于其对于项目质量的证实作用，而当科技创新补贴数量超过一定的门槛值后，科技创新补贴的边际证实作用会呈现递减趋势。同时，本书还考虑了企业的融资意愿，认为科技创新补贴对于外部融资不仅具有信号作用，还具有融资替代作用。另外，本书认为不同类型的科技创新补贴对于外部融资的影响与外部资金提供者对风险的态度有关。可以说，本书从政府、企业和外部资金提供者三个方面，更加全面地考察了科技创新补贴对于外部融资的影响，有助于丰富和完善这一领域的相关理论。

其次，关于科技创新补贴数量和种类的研究以及门槛回归分析方法的运用，从全新的角度深入研究了科技创新补贴对外部融资及科技创新投入的影响。目前科技创新补贴对外部融资影响的研究大多运用宏观数据和行业数据，运用微观企业层面数据的研究相对较少，而使用微观企业层面连续数值型数据的研究就更少了。本书运用民营上市公司的微观数据，手工收集了科技创新补贴的具体数值，并进一步分类，研究不同类型科技创新补贴对于外部融资和科技创新投入的影响。可以说，这一研究从一个全新的角度对科技创新补贴与外部融资和科技创新投入关系问题进行了系统的分析。另外，本书运用门槛回归分析方法，较为客观准确地估计出科技创新补贴数量的门槛值，丰富了科技创新补贴对外部融资影响领域的研究方法。因此，与目前的其他研究成果相比，本研究以新的研究视角和研究方法，深层次揭示了科技创新补贴对外部融资和科技创新投入影响的特点和规律，对于丰富和深化该领域的研究成果具有积极作用。

最后，本书关于科技创新补贴通过外部融资对企业科技创新投入影响的研究，拓展了科技创新补贴信号作用的相关理论，也丰富了科技创新补贴对科技创新投入具有“激励效应”的相关理论，使两个理论产生内在联系，有助于构建统一的理论体系。现有研究中科技创新补贴对外部融资影响问题、科技创新补贴对科技创新投入影响问题，是相互独立的两个研究领域。本书则认为这两个问题具有一定的内在联系，即：企业获得的科技创新补贴可以通过信号作用提高企业的外部融资，并以外部融资为中介，进而提高企业的科技创新投入。这一研究成果是对科技创新补贴信号作用相关理论的进一步延伸和拓展，连接了科技创新补贴信号作用的相关理论和科技创新补贴对科技创新投入具有“激励效应”的相关理论，使两个理论产生内在联系，有助于完善和整合相关理论并最终构建起统一的理论体系。

（2）现实意义。

本书关于科技创新补贴对于外部融资及科技创新投入影响的研究，为政府相关部门制定和调整科技创新补贴政策提供了参考，具有重要的现实意义。具体而言，本书研究的现实意义主要表现在以下几个方面：

首先，本书为政府相关部门确定合理的科技创新补贴区间提供了参考。本书认为政府给予企业的科技创新补贴并不是越多越好，科技创新补贴数量过多不仅不利于企业外部融资的增加，也不利于企业科技创新投入的增加。因此，政府给予企业的科技创新补贴数量应在一个合理的区间范围内，从而保证科技创新补贴能带动外部融资，共同推动企业的科技创新。本书利用门槛回归分析方法，根据科技创新补贴的实际数据，客观估计出科技创新补贴的门槛值，为政府相关部门确定合理的科技创新补贴区间提供了参考，对避免财政资源浪费具有重要的现实意义。

其次，本书为政府相关部门按照补贴类型优化与合理配置科技创新补贴提供了参考。本书认为不同类型的科技创新补贴对于外部融资和科技创新投入的影响存在一定差异。对于可以帮助企业吸引更多外部融资的科技创新补贴类型，政府可考虑适当缩减该类补贴的金额，让社会资金在企业的科技创新活动中发挥更加重要的作用，这不仅能保证科技创新补贴的效率，还能避免科技创新补贴资金的浪费。对于无法帮助企业吸引外部融资，但能有效激励企业增加科技创新投入的补贴类型，政府应考虑适当加大该类补贴的金额，充分发挥该类补贴对于科技创新投入的激励作用。因此，本书对于优化不同类型科技创新补贴的配置具有一定的参考价值。

最后，本书为国家科技管理信息系统建立的必要性提供了证据，也对其进一步完善提供了参考意见。2014 年 3 月国务院发布了《国务院关于改进加强中央财政科研项目和资金管理的若干意见》，为了进一步贯彻这一意见，2014 年 12 月国务院又发布了《关于深化中央财政科技计划（专项、基金等）管理改革的方案》，在这两个文件中，均提出要建立统一的国家科技管理信息系统，并向社会公众开放。本书认为政府应在一定的范围内合理控制给予企业的科技创新补贴数量，因此，建立国家科技管理信息系统可以使政府全面了解企业获得的科技创新补贴情况，使政府对科技创新补贴总额和类型的控制成为可能。同时，国家科技管理信息系统应进一步完善查询功能，使利益相关者（尤其是外部资金提供者）可以准确查询到某一企业已获得的科技创新补贴数量和类型，以便其做出理性的分析和决策。因此，本书证实了建设国家科技管理信息系统的必要性，也为其进一步完善查询功能提供了参考意见。

1.2 主要研究问题

本书主要研究了企业获得的科技创新补贴对于外部融资和科技创新投入的影响问题。为了较为深入地研究这一问题，本书考虑了科技创新补贴数量和科技创新补贴类型在这一问题中所起的重要作用，并分析了行业因素、地区因素、企业发展阶段、危机因素对这一问题的影响。本书主要研究了以下几个问题：

（1）科技创新补贴是否会提高企业的外部融资水平？如果能够提高，这一提高作用会呈现出怎样的变化趋势？

企业获得的外部融资是否会随着科技创新补贴数量的增加而线性增加？或者

企业获得的外部融资是否会随着科技创新补贴数量的增加而呈现出非线性变化？如果呈现出非线性的变化趋势，其深层次的原因究竟是什么？

（2）不同类型科技创新补贴对外部融资的影响具有显著差异吗？对科技创新投入的影响具有显著差异吗？

本书以科技创新补贴的投放用途为依据，将科技创新补贴进一步细分为五类，分别检验了五类科技创新补贴对于外部融资和科技创新投入的影响，以确定不同类型科技创新补贴对于外部融资的影响是否有所差异？不同类型科技创新补贴对于科技创新投入的影响是否有所差异？

（3）科技创新补贴是否能通过外部融资的中介作用进一步提高科技创新投入？

本书将科技创新补贴对于外部融资的影响问题进一步延伸，研究了企业获得的外部融资是否有助于企业提高对科技创新活动的投入？科技创新补贴是否能以外部融资为中介，进一步提高企业的科技创新投入？

（4）行业因素、地区因素、企业发展阶段、危机因素的差异是否会影响科技创新补贴对外部融资的提高作用？是否会影响科技创新补贴对科技创新投入的提高作用？

为了更加深入并有针对性地进行研究，本书考虑了行业因素、地区因素、企业发展阶段、危机因素共四个因素对于科技创新补贴、外部融资和科技创新投入三者关系的影响。具体而言，对于行业因素，本书研究了高科技企业与非高科技企业获得的科技创新补贴对于外部融资和科技创新投入的影响是否存在较大差异？对于地区因素，本书研究了东部地区企业与西部地区企业获得的科技创新补贴对于外部融资和科技创新投入的影响是否存在较大差异？对于企业发展阶段因素，本书研究了成长期企业、成熟期企业和衰退期企业获得的科技创新补贴对于外部融资和科技创新投入的影响是否存在较大差异？对于危机因素，本书研究了金融危机期间和非金融危机期间，企业获得的科技创新补贴对于外部融资和科技创新投入的影响是否存在较大差异？

1.3 研究内容、方法及框架

为了较为深入地探析科技创新补贴对于企业外部融资及科技创新投入的影响，本书的研究内容紧紧围绕这一目标，并运用多种研究方法进行验证。

1.3.1 研究内容

为了解决本书的主要研究问题，全书共运用了七个章节进行分析，具体内容如下：

第1章：绪论。本章首先阐述了本书的现实背景、理论背景和研究意义，并以此为基础，提出了本书的主要研究问题。随后，说明了本书的主要内容、研究方法和整体框架，并列示出本书的主要创新。

第2章：相关理论与文献综述。本章首先阐述了本书的理论基础，即：对市场失灵理论、信息不对称理论、熊彼特创新理论和融资优序理论进行了概括和总结，并指出这四种理论在本研究中的应用原理。随后，系统地梳理了与本书紧密相关的国内外文献，并对相关研究成果进行了评述。

第3章：制度背景与理论分析。本章首先介绍了我国科技创新补贴的制度背景；其次，构建了本书的理论模型，并对其进行详细阐述；最后，分析了科技创新补贴对外部融资的影响机理、外部融资对企业科技创新投入的影响机理，以及科技创新补贴对企业科技创新投入的直接和间接影响机理，并提出相应假设。

第4章：实证研究设计。本章对样本的选择和数据的收集进行了详细说明，对各个变量的度量进行了详细阐述，并对书中使用的模型和方法进行了详细介绍。

第5章：实证检验结果。本章以2007~2014年的民营上市公司为样本，首先对科技创新补贴的总体情况进了整理和分析。其次，运用描述性统计分析、相关性统计分析、门槛回归分析、多元线性回归分析和中介效应分析等研究方法，对模型进行检验，并列示了实证检验的结果。最后，进行了稳健性检验。

第6章：结果讨论。本章对实证检验得到的结果进行了总结，对具有争议性的结果进行了分析，探讨了本书所获结果与其他研究成果的异同，并分析了本书研究结果所具有的意义。

第7章：结论和展望。本章首先总结了本书所进行的主要工作，对本书获得的主要结论进行归纳。其次，对本书可能存在的创新点进行了详细阐述。最后，针对本书结论提出了具体的政策建议，并对本书的局限性以及未来的研究方向进行了简要的说明和展望。

1.3.2 研究方法

本书运用规范研究与实证研究相结合的方法，研究了我国企业获得的科技创新补贴对于外部融资和科技创新投入的影响。

在规范研究方面，本书依托我国的经济环境和制度背景，以市场失灵理论、信息不对称理论、熊彼特的创新理论以及融资优序理论为基础，结合财政学、会计学的基础知识，通过对国内外相关文献的回顾和梳理，从逻辑上分析推理出科技创新补贴、外部融资、科技创新投入三者的关系，构建了科技创新补贴对外部融资的影响，以及科技创新补贴对企业科技创新投入直接和间接影响的理论分析框架。

在实证研究方面，本书以计量经济学和统计学为基础，建立相应的实证模型，并进行统计分析，验证了规范研究内容的合理性，确保了研究结论和企业实际情况的吻合。具体而言，主要采用了以下的实证研究方法：

（1）描述性分析方法和相关性分析方法。通过对大量面板数据的总体描述，展示了科技创新补贴及相关变量的总体情况，有助于客观地揭示目前我国企业所获科技创新补贴的现状。在此基础上，通过对各主要变量的相关性分析（Person相关系数和Spearman秩相关系数），对主要变量之间的关系做初步了解，为进一步的统计分析奠定基础。

（2）多元线性回归分析方法。多元线性回归分析方法是本书运用的主要研究方法之一，在科技创新补贴对企业外部融资的总体影响、按照门槛值分组后对各组样本的检验、外部融资对于企业科技创新投入的影响等部分，均运用了多元线性回归分析方法进行检验。

（3）门槛回归分析方法。为了分析科技创新补贴的数量差异对于外部融资及科技创新投入的影响，本书运用门槛回归分析方法，以科技创新补贴作为门槛变量进行检验。该方法根据数据自身的特点内生性地划分相应区间，研究不同区间内的科技创新补贴、外部融资和科技创新投入三者之间的关系。

（4）中介效应分析方法。在检验科技创新补贴通过外部融资对于企业科技创新投入的影响时，本书运用Baron和Kenny（1986）、温忠麟等（2004）的中介效应模型进行检验，从而判断科技创新补贴是否能以外部融资为中介，进一步提高企业自身对于科技创新活动的投入。

1.3.3 框架

为了解决和检验本书的主要研究问题，结合本书的主要研究内容和研究方法，列示出本书的研究框架，参见图1-3。

提出
问题
绪论
研究背景
研究意义
主要研究问题
第1章
文献
综述
现有研究综述
基础理论的相关研究
科技创新补贴与外部融资关系研究
科技创新补贴与科技创新投入关系的研究
外部融资与科技创新投入关系研究
第2章
理论
研究
制度背景与理论分析
制度背景介绍
理论模型的构建
研究假设
第3章
实证
研究
实证研究设计
数据收集
变量度量
研究方法
第4章
实证检验结果
科技创新补贴的现状描述
科技创新补贴对外部融资影响检验
外部融资对科技创新投入影响检验
科技创新补贴对科技创新投入影响的检验
第5章
研究
结论
结果讨论
第6章
研究结论
结论总结
主要创新点
政策建议
研究展望
第7章

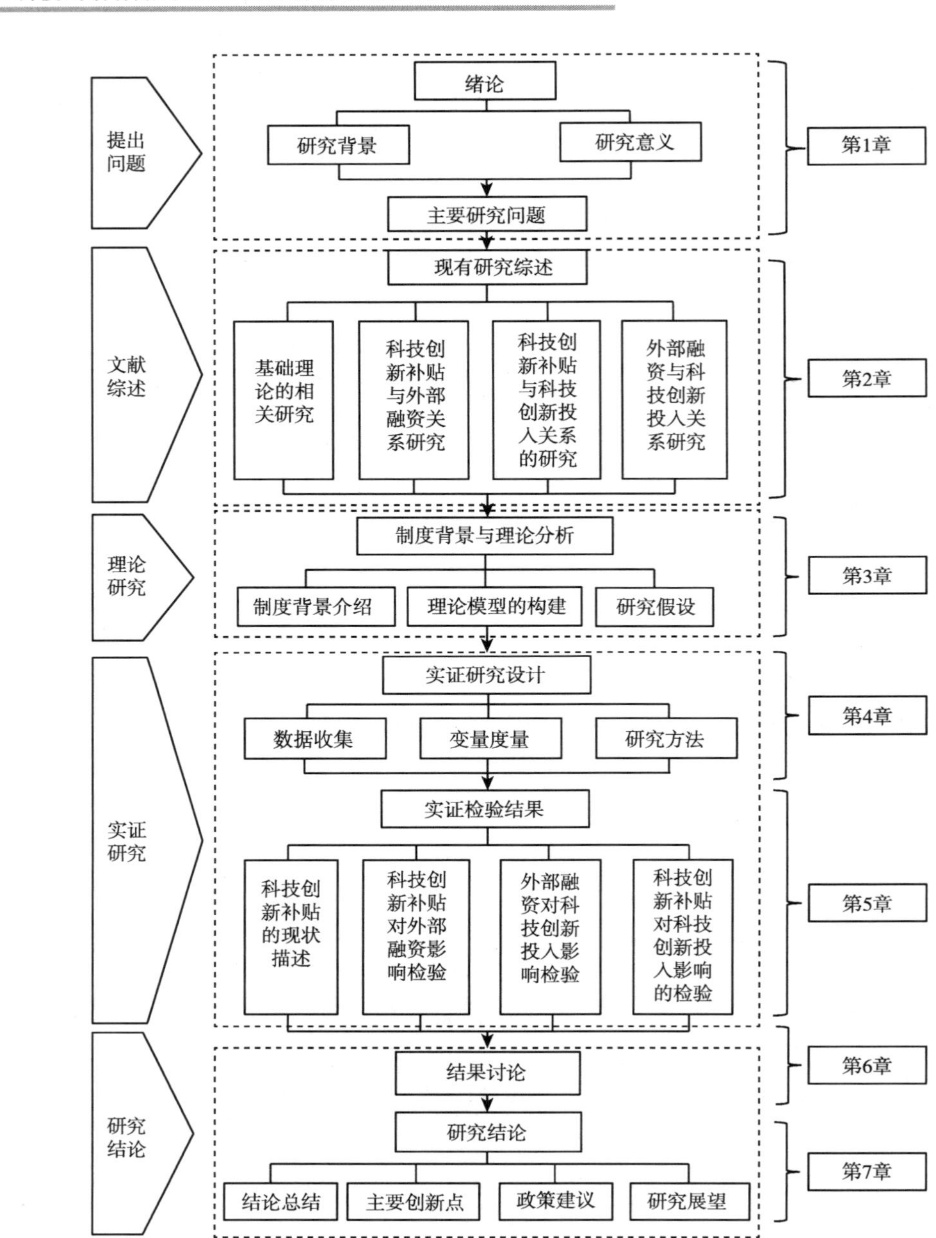

图1-3　本书的结构框架

1.4 研究的主要创新

本书深化和拓展了科技创新补贴的信号作用理论，从证实作用的边际递减、外部融资的中介作用、不同的补贴类型等全新角度，对科技创新补贴与外部融资和科技创新投入的关系进行了深入研究。具体而言，本书的主要创新包括以下三个方面：

（1）本书客观估计出科技创新补贴对于外部融资影响的门槛值，并认为科技创新补贴对于项目质量的证实作用并不会随着科技创新补贴数量的增加而线性增强。现有研究均以科技创新补贴的信号作用为基础，认为科技创新补贴证实了项目的质量，向外界传递出积极的信号，从而对外部融资具有线性提高作用。本书认为科技创新补贴对于项目质量的证实作用并不会随着科技创新补贴数量的增加而线性增强，当科技创新补贴数量超过一定金额后，每增加一个单位的科技创新补贴，其产生的边际证实作用会呈现递减趋势。在此基础上，本书运用门槛回归方法，客观估计出科技创新补贴的门槛值。研究发现，当科技创新补贴小于门槛值时，科技创新补贴对于外部融资具有较为明显的提高作用；当科技创新补贴大于门槛值时，科技创新补贴对于外部融资的提高作用大幅下降。该研究成果一方面从理论上进一步深化了科技创新补贴的信号作用，证实了科技创新补贴与外部融资之间的非线性关系；另一方面，本书所确定的门槛值，对于政府部门确定合理的科技创新补贴区间和减少财政资源的浪费提供了一定的操作依据。

（2）本书构建了“科技创新补贴—外部融资—科技创新投入”的关系模型，提出并验证了外部融资在科技创新补贴与科技创新投入之间发挥着中介作用的观点。以往研究仅聚焦于科技创新补贴与外部融资的关系问题，或科技创新补贴与科技创新投入的关系问题，忽视了这两个研究问题之间的内在联系。本书重点关注外部融资在科技创新补贴到科技创新投入传导机制中所起的重要作用，构建出“科技创新补贴—外部融资—科技创新投入”的中介效应模型。研究发现，科技创新补贴可以通过外部融资的中介作用，间接地提高企业的科技创新投入；外部融资在科技创新补贴与科技创新投入间的中介作用，主要通过权益融资来实现，债权融资的中介作用并不显著。这一研究成果为科技创新补贴到科技创新投入的传导路径研究提供了新的视角，为科技创新补贴对科技创新投入的激励效应提供了新的解释，将科技创新补贴与外部融资、科技创新补贴与科技创新投入的相关研究纳入同一个研究框架。

（3）本书基于科技创新补贴的投放用途，对科技创新补贴进行归类，发现不同类型的科技创新补贴对于外部融资和科技创新投入的影响有所差异。目前国内外对科技创新补贴进行分类研究的成果并不多，而在科技创新补贴对外部融资影响的研究中，尚未出现对不同类型科技创新补贴进行实证研究的相关成果。本书以科技创新补贴的投放用途为依据，同时充分考虑了科技创新补贴资助项目所处的创新阶段和风险差异等因素，将科技创新补贴分为五类：新产品和新技术研发类补贴、技术改进类补贴、科技成果转化类补贴、专利及科技奖励类补贴、其他类补贴。研究发现，新产品和新技术研发类补贴对外部融资的提高作用并不显著，却对科技创新投入具有较强的激励作用；技术改进类补贴对外部融资具有较强的提高作用，却无法激励企业增加科技创新投入；科技成果转化类补贴对外部融资具有较强的提高作用，并能通过外部融资的中介作用，提高企业的科技创新投入。本书以一个全新的视角对科技创新补贴进行分类，弥补了分类科技创新补贴对于外部融资影响实证研究的空白，为现有科技创新补贴与科技创新投入关系研究中结论不一致的现象提供了新的解释，也为优化科技创新补贴的资源配置提供了新的理论依据。

第2章

相关理论与文献综述

本章主要从以下四个方面对以往的相关研究成果进行总结：（1）奠定本书的理论基础的四个重要理论：市场失灵理论、信息不对称理论、熊彼特的创新理论和融资优序理论。（2）科技创新补贴与外部融资关系的相关文献。主要是从信号作用的角度阐述科技创新补贴对于外部融资具有线性的提高作用。（3）科技创新补贴与企业科技创新投入关系的相关文献。主要论述企业所获科技创新补贴对于科技创新投入的直接影响。（4）外部融资与企业科技创新投入关系的相关文献。主要从债权融资和权益融资两个方面，论述外部融资对企业科技创新投入的影响。

2.1 相关理论综述

本节主要介绍了与本书理论模型构建紧密相关的四个基础理论，它们分别是：市场失灵理论、信息不对称理论、熊彼特的创新理论和融资优序理论，对于每一个理论均阐述了主要的研究成果及其在本研究中的应用原理。

2.1.1 市场失灵理论

自亚当·斯密的《国富论》起，自由竞争的古典经济思想一直占据经济学的主导地位，市场可以通过“看不见的手”自发地调节经济，实现资源的合理配置。但是到了19世纪末20世纪初，西方国家从自由竞争资本主义过渡到垄断资本主义，竞争机制和价格机制出现市场失灵，资本主义经济出现周期性的波动和危机。1929～1933年世界性的经济危机使西方国家出现了严重的经济萧条，整个社会动荡不安。于是人们开始怀疑“看不见的手”是否能自动调节经济，这促成了市场失灵理论的提出和进一步发展。

庇古在其经典著作《福利经济学》中提出了外部性的概念，用边际社会净产品与边际私人净产品之间产生的相互背离来定义外部性，并提出税收或补贴的政府矫正对策，为国家干预的必要性提供了理论基础。另外，张伯伦和罗宾逊在其《垄断竞争理论》和《不完全竞争经济学》中对完全竞争市场提出了挑战，他们考察了垄断和垄断竞争条件下的生产者行为，使垄断成为市场失灵理论研究的一个重要内容。1936 年凯恩斯在《就业、利息和货币通论》一书中认为，古典经济思想假设市场是完全的，在完全的市场机制下，“看不见的手”能充分发挥调节经济的作用。但是，完全竞争的市场在现实中是不存在的，因此，“看不见的手”不能充分发挥其调节作用。此时，政府应该担当起部分调节责任。1954 年萨缪尔森发表了《公共支出的纯理论》，对公共产品的最优供给问题进行研究，得到了公共产品的生产在市场条件下无法得到最优均衡解的结论。他认为无解的原因在于在自利的行为下，消费者的偏好是无法通过市场准确表达的，而且消费者对公共品的需求是联合而且集中的，这与市场的分散决策特征存在着本质的差别。1958 年巴托发表的《市场失灵的剖析》提出了市场失灵的概念，将外部性、公共物品和不完全竞争概括为市场失灵，认为市场失灵是指在“外部性”“公共产品”“市场垄断”“不确定性”等方面，市场的竞争机制和价格调节机制失去效用，从而出现市场在资源配置上的失灵状态。

随着科技创新活动的外部化与市场化，科技创新活动私人市场的失灵现象开始得到广泛关注，主要表现为科技创新活动私人市场的自身缺陷以及市场在决定私人最优投资数量上的失灵。而政府给予企业的科技创新补贴是解决这一市场失灵问题的重要手段之一。具体而言，首先，科技创新活动的成果具有非竞争性和部分排他性，因此产生的溢出效应使其他公司或整个社会受益，企业的私人回报低于社会回报，于是科技创新投资会低于社会最优水平（Wallsten，2000）。其次，科技创新活动的不确定性也影响了企业从事科技创新活动的积极性。此时，需要政府对科技创新活动予以补贴，保证私人企业对于科技创新活动进行最优的投资。简单而言，即：由于市场失灵的存在，导致了私人企业对科技创新活动投资不足，因此需要政府给予科技创新补贴（Arrow，1962）。

2.1.2 信息不对称理论

古典经济学认为，市场在“看不见的手”支配下达到供需平衡，其中一个重要的前提是：信息是完全的、充分的，即参与交易的双方均拥有能做出正确决策的全部信息。但是，现实生活中，信息往往是不完全的或不对称的。1970 年，阿克洛夫发表了经典文章《柠檬市场：质量不确定性和市场机制》，信息不对称问题开始得到学术界的关注，进入系统研究时期。阿克洛夫从二手车市场入手，认为在二手车市场上，买卖双方对二手车质量信息的掌握是不对称的，进而提出了柠檬市场模型以及逆向市场理论，为信息不对称理论的发展奠定了坚实的基础。1972 年，斯彭斯在博士论文《劳动市场的信号》中对劳动市场的信息不对称问题进行了研究，指出当存在信息不对称时，信号传递可以提供较大的帮助。例如，教育水平是传递应聘者能力的信号，用人单位更愿意雇佣教育水平较高的应聘者。斯彭斯的主要贡献是开创性地提出了信号传递理论，指出具有信息优势的主体应将“信号”可靠的传递给信息劣势的主体。1974～1989 年斯蒂格利茨发表了一系列论文，阐述在信息不对称情况下市场的变化。他认为由于存在信息不对称，因此：（1）市场上即使有人想买，也有人想卖，但是交易不一定会发生；（2）即使交易会发生，也可能具有非常特殊的性质；（3）当市场机制不能发挥作用时，非市场机制可能会应运而生，但是这种非市场机制也可能会造成相反的结果。斯蒂格利茨将信息不对称理论应用于保险市场、信贷市场、金融市场等方面，对信息不对称理论的发展做出了卓越的贡献，其模型和方法已经成为信息经济学研究的规范方法。正是由于阿克洛夫、斯彭斯和斯蒂格利茨在信息不对称领域所做出的杰出贡献，2001 年三人共同获得了诺贝尔经济学奖。

信息不对称是指在市场交易中，市场的一方无法观测和监督另一方的行为，或无法获知另一方的完全信息，或当观测和监督成本高昂时，交易双方掌握的信息处于不对称的状态，即：某些参与人拥有但另一些参与人不拥有的信息状态（张维迎，1996）。而信号传递则是解决信息不对称问题的一个有效方法（Spence，1973；Ross，1977）。在金融市场上，普遍存在着信息不对称现象。Myers 和 Majluf（1984）指出，企业在发行股票时具有“柠檬问题”，因为公司的管理者通常对公司的运营情况和投资机会拥有更多的信息，因此他们会选择在股票被高估时发行新股。Stiglitz 和 Weiss（1981）发现在债券市场同样存在信息不对称问题。

对于科技创新活动而言，一方面，企业对自身的财务状况和经营风险有更加清楚的了解，在科技创新项目的性质以及经济潜力等方面拥有更多信息，处于信息优势地位。另一方面，由于科技创新项目的专业性和复杂性，债权人或其他投资者往往无法准确辨认企业或投资项目的风险类型，因此处于信息劣势地位。此时，科技创新补贴作为一种信号，可以向债权人和其他投资者传递关于科技创新项目的正面信号，有助于缓解信息不对称所产生的问题（Lerner，1999）。这是因为获得科技创新补贴的项目是政府甄选出的具有较高质量的科技创新项目，政府作为第三者对科技创新项目的认可，向市场传递了积极的信号（Kleer，2010；Takalo and Tanayama，2010）。

2.1.3 熊彼特的创新理论

熊彼特在1912年的著作《经济发展理论》中首次提出了创新理论。随后，他分别在1939年和1942年发表了《经济周期》和《资本主义、社会主义与民主》两本经典著作，从而形成了独特的创新理论体系。这一理论较为系统、完整地分析了创新在资本主义发展过程中的重要作用，对西方经济学的发展产生了深远影响。熊彼特创新理论的主要内容包括以下几个方面：（1）提出了创新的概念。熊彼特认为，创新是一种生产函数的变动或转移，是将新的生产条件和生产要素的“新组合”纳入生产体系，从而获取潜在利润的活动或过程。创新具有五个方面的内容：引入一种新产品、引入一种新的生产方法、开辟一个新市场、掠取或控制新的原材料、实现一种新的组织形式。（2）强调企业家在资本主义经济发展中的重要作用。企业家是创新、生产要素的新组合以及经济发展的主要执行者或推动者，是资本主义发展的“灵魂”。而企业家所具有的“企业家精神”是进行创新的主要推动力，是创新发展的关键。（3）建立了多层次的经济周期理论。创新并非在时间序列上均匀连续分布，而是时断时续、时疏时密、时高时低，因此产生了经济周期。在资本主义漫长的发展过程中，创新的千差万别使其对经济发展的影响有所差异，进而形成了经济周期的起伏波动。熊彼特认为，经济发展并存着三种周期。第一种周期是长周期，又称“长波”或“康德拉季耶夫周期”，这一周期历时约50年或更长一点的时间。第二种周期是通常所说的资本主义周期，或称“尤格拉周期”，历时9~10年。第三种周期是短周期，又称“基钦周期”，历时约40个月，大概三年半的时间。（4）分析了资本主义社会的发展规律，强调变动与发展的观点，认为资本主义在本质上是经济变动的一种形式，从来都不是静止的。而创新作为一种破坏性的创造是资本主义发展的最根本特征，也是资本主义经济发展的内在因素，可以说，没有创新就没有资本主义。

在熊彼特《经济发展理论》一书的第三章，详细阐述了创新实现的手段，认为创新可以通过建立信誉获得投资，强调信贷在其中的重要作用。具体而言，在没有创新的循环流转中，产品和生产手段之间不一定存在差距，此时，信贷并不是至关重要的。但是，在实现新的组合时会出现有待弥合的缺口，而弥合这一缺口是贷款者的职能。当贷款者履行了这一职能时，产品的供应者就不必“等待”了，企业家也不必预付给供货者现金或货物了。于是，缺口得以弥合。否则，在私有制的交换经济中，要实现创新发展是非常困难的。货币市场或资本市场的主要职能是运用借贷交易为发展筹措资金，因此，货币市场或资本市场对于创新具有重要的意义。根据这一理论，微观的企业进行创新并逐步扩展为整个经济系统的全面变革，需要金融系统特别是商业银行系统的支持和推动。即：金融系统对于创新的推动至关重要，是经济发展的动力。由此可见，外部融资对于弥补企业科技创新活动的资金缺口具有重要意义。

另外，弗里曼进一步发展了熊彼特的创新理论，将其与国家体系相结合，认为国家创新体系对于经济的发展具有重要影响（弗里曼，1987）。弗里德曼不仅强调了政府的技术创新政策是创新的一个重要组成部分，同时，也认为金融系统是国家创新体系的重要组成部分之一，对技术创新具有重要意义。此外，新熊彼特学派的汉森和皮克（Hanusch and Pyka，2007）也强调了金融部门对于创新的意义。他们提出了面向未来的三轴心发展模式，这里的三轴心指：产业部门、公共部门以及金融部门，认为创新不仅仅发生在每个部门的内部，各个部门之间也会相互影响，从而共同推动了经济的发展。

2.1.4　融资优序理论

融资优序理论，又称“啄食顺序理论”，是 Myers（1984）综合考虑了代理理论、权衡理论与信号不对称理论后，提出的关于融资方式选择的重要理论。Myers 和 Majluf（1984）通过理论模型的构建对这一理论进行了更加系统地阐述。该理论认为，在信息不对称的情况下，根据融资成本最小化原则，企业会遵循先内部融资，再债权融资、后权益融资的顺序选择融资方式。具体而言，在信息不对称的情况下，当企业采用权益融资方式时，内部的经营者通常更加了解公司或项目的实际价值，而外部投资者则只能根据内部人传递的信号进行投资决策。对于净现值为正的项目，代表原股东利益的管理者通常不愿发行股票进行融资，因为加入新股东后会稀释企业的所有权，从而降低老股东从项目中获得的收益。因此，当企业以发行新股的方式筹集资金时，会被投资者认为是坏消息，从而使股价下跌，融资成本上升。当企业采用债权融资方式时，因为债权人有固定的利息收入作为回报，原股东会获得大部分的收益，信息不对称对融资的影响相对较小，不会引起股价下跌，从而融资成本相对较低。而对于内部融资而言，信息不对称的程度最小，融资成本也最低，是最优的融资选择。

融资优序理论与前期的资本结构理论相比，最大的特点是引入了信息不对称的假设，从而使该理论更加贴近现实，具有较强的应用价值和实际意义，得到了广泛的认可。Pinegar 和 Wlbricht（1989）、Shyam-Sunder 和 Myers（1999）、Fama 和 French（2002）等均证实了融资优序理论的合理性。

由此可见，在外部债权融资和权益融资的比较中，权益融资对于信息不对称问题更为敏感（李明辉、杨鑫，2014），信号传递在缓解信息不对称问题方面所发挥的作用更为重要。这是因为当企业进行权益融资时，股票价值更容易被低估，为了避免或减少股票价格被低估的程度，其他能传递企业真实状况的信息就显得更为重要。而当企业进行债券融资时，债券真实价值和市场价值之差小于股票，即：债券被低估的可能性较小，此时，债权人对相关信息的敏感性较低，使相关信息的信号传递作用有所减弱。因此，与债权融资相比，科技创新补贴作为一种信号，对于权益融资的影响更大，能帮助企业获得更多的外部权益资金。

许多研究发现，我国存在着较为普遍的股权融资偏好。其原因主要包括以下几个方面：首先，在我国的政策及制度背景下，企业的股权融资成本较低，且受到的约束较低，导致企业具有强烈的股权融资偏好（黄少安、张岗，2001）。其次，管理者较为厌恶风险，有更强的股权融资偏好，使公司的融资决策更倾向于股权融资（马亚军、刘丽芹，2004）。现有股东也可以利用企业改革的相关政策，在不损失控制权的情况下，通过股权融资剥夺外部股东的权益，从而最大化其融资收益（刘林，2006）。再次，机会窗口效应也会诱使企业偏好股权融资，尤其是当股票市场处于异常繁荣的时间段时，股权融资偏好的现象会更加明显（束景虹，2010）。另外，还有许多研究从企业特征进行分析，认为当企业的资本和自由现金流水平较低，控股股东持股比例和净资产收益率较高时（陆正飞、叶康涛，2004），或企业的负债水平较高时（余剑梅，2012），企业更倾向于选择股权融资。从以上研究结论可知，我国存在的股权融资偏好主要是由于我国特殊的政治和经济背景造成的。对于债权融资和权益融资在信息不对称方面的差异，大多数国内研究依然认同融资优序理论的观点，即：权益融资对于信息不对称问题更为敏感（李明辉、杨鑫，2014）。

2.2 科技创新补贴与外部融资的关系研究

目前，科技创新补贴与外部融资关系的研究均从信号作用角度出发，认为科技创新补贴对外部融资具有正向的提高作用。这方面的研究最早由 Lerner（1999）提出，随后被学术界所关注，发展的时间并不长，获得的研究成果也并不丰富。在我国，这方面的研究也是近几年才开始兴起，获得的研究成果较为有限。

2.2.1 科技创新补贴概念的提出

熊彼特在 1912 年出版的《经济发展理论》一书中首次提出了创新的概念，

他认为创新是一种生产函数的变动或转移，是将新的生产条件和生产要素的“新组合”纳入生产体系，从而获取潜在利润的活动或过程。具体而言，创新具有五个方面的内容：引入一种新产品、引入一种新的生产方法、开辟一个新市场、掠取或控制新的原材料、实现一种新的组织形式。熊彼特对于创新的概念，不仅涉及技术创新，也涉及了组织创新，但是，他强调应把技术等要素引入经济，认为只有把新技术应用于经济活动中，才可以称为创新（方在农，2006）。Aghion 等（2009）将科学、技术和创新视作一个整体进行研究。他们认为，科学、技术和创新不应被视作孤立的、相互分离的主题，而应在一个动态的、一般均衡的环境下被综合考虑。

在国外，科技创新一词的运用较为有限，但是，在我国，科技创新一词的运用则较为广泛。2016 年 5 月 30 日，习近平在全国科技创新大会上发表重要讲话。他强调，在我国发展新的历史起点上，把科技创新摆在更加重要的位置，吹响了建设世界科技强国的号角。科技是国之利器，国家赖之以强，企业赖之以赢，人民生活赖之以好。中国要强，中国人民生活要好，必须有强大科技。新时期、新形势、新任务，要求我们在科技创新方面有新理念、新设计、新战略。实现“两个一百年”奋斗目标，实现中华民族伟大复兴的“中国梦”，必须坚持走中国特色自主创新道路，加快各领域科技创新，掌握全球科技竞争先机。这是我们提出建设世界科技强国的出发点。

科技创新是“科学”“技术”和“创新”的总称。根据辞海的解释，“科学”是指运用范畴、定理、定律等思维形式反映现实世界各种现象本质和规律的知识体系。“技术”是指根据生产实践经验和自然科学原理而发展成的各种工艺操作方法与技能。“创新”与熊彼特的“创新”概念一致，指建立一种新的生产函数。由此可见，“科学”侧重于发现一种自然规律，“技术”侧重于方法和技能，而“创新”则是将想法首次付诸行动的过程。周寄中等（2005）认为，科技创新包括科学创新和技术创新两个部分，科学创新包括基础研究和应用研究的创新，技术创新则包括应用技术研究、试验开发和技术成果商业化的创新。陈国政（2013）认为，科技创新是原创性科学研究和技术创新的总称，是指创造和应用新知识和新技术、新工艺，采用新的生产方式和经营管理模式，开发新产品，提高产品质量，提供新服务的过程。科技创新可以分为知识创新、技术创新和现代科技引领的管理创新。综合前人的研究成果可以发现，科学创新和技术创新紧密联系，通常难以严格区分。因此，将其统称为科技创新。

综上所述，科技创新是科学创新与技术创新的统称，指研究、吸收和应用新知识、新技术，并产生经济利益的商业全过程。它既包括对科学原理的研究和发现，也包括技术实际应用中的发现与革新。

根据《企业会计准则第16号——政府补助》，政府补助是指企业从政府无偿取得的货币性资产或非货币性资产，不包括政府作为所有者投入的资本。根据“《企业会计准则第16号——政府补助》应用指南”，政府补助的主要形式为以下四种：（1）财政拨款。财政拨款是政府无偿拨付给企业的资金，通常在拨款时明确规定了资金用途。如财政部门拨付给企业用于购建固定资产或进行技术改造的专项资金，鼓励企业安置职工就业而给予的奖励款项，拨付给企业的粮食定额补贴，拨付给企业开展研发活动的研发经费等，均属于财政拨款。（2）财政贴息。财政贴息是政府为支持特定领域或区域的发展，根据国家宏观经济形势和政策目标，对承贷企业的银行贷款利息给予的补贴。（3）税收返还。税收返还是指政府按照国家有关规定采取先征后返（退）、即征即退等办法向企业返还的税款，是以税收优惠形式给予企业的一种政府补助。增值税出口退税不属于政府补助。（4）无偿划拨非货币性资产。比如：行政划拨土地使用权、天然起源的天然林等。

借鉴现有研究成果，并结合《企业会计准则第16号——政府补助》中政府补助的定义，本书认为，科技创新补贴是指政府无偿拨付给企业用于科技创新活动的资金。

具体而言，本书的科技创新补贴有以下三个主要特征：

（1）本书中的科技创新补贴是指政府直接划拨给企业的补贴，不包括财政贴息、税收返还等间接划拨的补贴。根据“《企业会计准则第16号——政府补助》应用指南”，政府补助的主要形式为：财政拨款、财政贴息、税收返还、无偿划拨非货币性资产。因此，对于科技创新补贴而言，可以分为直接科技创新补贴和间接科技创新补贴两类。其中，财政拨款属于直接科技创新补贴，而财政贴息、税收返还、无偿拨付非货币性资产则属于间接科技创新补贴。直接科技创新补贴和间接科技创新补贴各有其优缺点。本书所研究的科技创新补贴仅指直接科技创新补贴，其主要原因如下：首先，科技创新活动通常资金需求量大，而且投资风险高、周期长。直接科技创新补贴的效果往往更加迅速、直接和明显。其次，与间接科技创新补贴相比，直接科技创新补贴数额更大。以2007～2010年的数据为例，民营上市企业获得的直接科技创新补贴共计79.06亿元，而间接科技创新补贴仅为43.53亿元。在间接科技创新补贴中，税收返还为35.67亿元，财政贴息为7.86亿元，其中还包含大量无法识别是否属于科技创新补贴的数额。可见，直接科技创新补贴数额远大于间接科技创新补贴数额。再次，企业在报表中对于间接科技创新补贴的披露大多较为简略，如仅列示“增值税返还”“税收返还”“财政贴息”“贷款贴息”等，因而无法判断这些补贴是否属于科技创新补贴。基于以上原因，本书主要研究直接科技创新补贴，不涉及间接科技创新补贴。

（2）本书中的科技创新补贴是政府无偿划拨给企业的补贴，不包括政府作为所有者向企业投入的资本。无偿性是科技创新补贴的基本特征，说明企业获得科技创新补贴后，在未来期间内无须偿还，也无须负担利息、红利等相关费用。因此，政府作为所有者提供的资金支持、政府采购提供的资金等均不属于科技创新补贴。在会计科目的设置中，企业主要通过“营业外收入—补助”“递延收益”“其他流动负债—递延收益”“其他非流动负债—递延收益”科目对科技创新补贴进行核算和披露。“资本公积”科目中涉及的政府资金项目属于政府作为所有者投入的资本，不属于科技创新补贴的范畴。

（3）本书中的科技创新补贴是对科技创新活动全过程给予的补贴，其中的科技创新全过程包括知识创新、技术创新以及与科技创新紧密相关的组织模式的创新。由于科技创新可以分为知识创新、技术创新和现代科技引领的管理创新（陈国政，2013），因此，科技创新补贴也应包括对于知识创新、技术创新以及相关组织模式创新的补贴。

另外，本书依据科技创新补贴的投放用途，将科技创新补贴进一步归为五类，分别是：新产品和新技术研发类补贴、技术改进类补贴、科技成果转化类补贴、专利及科技奖励类补贴、其他类补贴。这五类补贴的具体含义如下：

（1）新产品和新技术研发类补贴。新产品和新技术研发是指通过研究开发取得重大创新，得到新的技术和新的产品，以满足消费者的需求，达到提高企业绩效的目标。政府对于企业新产品和新技术研发活动给予的相关补贴，在本书中被称为新产品和新技术研发类补贴。

（2）技术改进类补贴。技术改进是指通过对现有技术或工艺进行实质性的或渐进性的改进，包括对关键技术、生产工艺或设备的改进等，从而达到降低成本、改善产品质量、提高经济效益等目标。政府对于企业技术改进活动给予的相关补贴，在本书中被称为技术改进类补贴。

（3）科技成果转化类补贴。根据 1996 年我国政府制定实施的《中华人民共和国促进科技成果转化法》，科技成果转化是指为提高生产力水平而对科学研究与技术开发所产生的具有实用价值的科技成果所进行的后续试验、开发、应用、推广直至形成新产品、新工艺、新材料，发展新产业等活动。政府对于企业科技成果转化活动给予的相关补贴，在本书中被称为科技成果转化类补贴。

（4）专利及科技奖励类补贴。专利补贴是指中央或省市知识产权局的相关部门，根据相关规定在预算中安排资金，对专利申请人申请专利或开展专利相关活动的费用给予的补贴，如对专利的申请费和实审费的一定比例予以资助。科技奖励是指为了鼓励在科学技术创新活动中具有突出贡献的组织，调动广大科技工作者的创造性和积极性，而给予具有突出贡献企业的一系列奖金，包括技术发明奖、科学技术进步奖、自然科学奖等。

（5）其他类补贴。除了以上类别之外的其他科技创新补贴，如创新建设能力统筹资金、技术标准专项资金、技术服务平台、科技创新类保险企业补助、海外研发团队等。另外，还包括在年报的披露中对科技创新补贴的内容披露较为粗略，无法将该补贴准确归类的相关科技创新补贴，如科技项目经费、自主创新专项资金、科技专项、技术创新项目、技术创新基金、科技计划、创新扶持资金、收科学技术局款、科技三项经费等。

本书认为，上述对于科技创新补贴的分类较为全面，基本涵盖了政府对于企业科技创新活动进行补贴的主要内容。根据科技部发展计划司编写的《科技活动分类案例集》，科技活动可以分为以下几类：基础研究、应用研究、试验发展、R&D 成果应用以及科技服务。由此可见，科技创新活动包括从基础研究到应用研究、实验开发，以及研发成果商业化的全过程（周寄中，2014；伍玉林，2011）。本书中的新产品和新技术研发类补贴主要是企业基础研究、应用研究活动获得的补贴；技术改进类补贴主要是企业应用研究和实验发展活动获得的补贴，且主要侧重于对原有技术的改进；科技成果转化类补贴主要是对于研发成果商业化给予的补贴；专利及科技奖励类补贴是为了鼓励企业获得基础研究、应用研究和试验发展的成果而给予的补贴；其他类补贴是在科技创新过程中为了鼓励企业而给予的零星补贴或无法准确进行分类的相关补贴。因此，本书对于科技创新补贴的分类是全面的，它基本涵盖了科技创新活动的整个过程。

2.2.2 科技创新补贴的信号作用

国外许多研究关注何种信号能对外部融资起到积极的推动作用。Hsu（2004）的研究发现，拥有包含正面信息的信号可以更好地吸引风险投资。那么，何种信号包括正面的信息，能帮助企业获得更多的外部融资？学者们研究了许多不同的信号。例如，Titman 和 Trueman（1986）认为企业经理人有动力去选择高质量的事务所，因为这样会传递出公正的企业内部信息。因此，选择高质量的审计师事务所有利于企业进行 IPO 筹资。Carter 和 Manaster（1990）发现声誉好的承销商为维护其声誉偏好低风险的公司，而低风险的公司也可以通过选择声誉好的承销商，把低风险这一信息传递给市场。所以承销商声誉越高，所承销证券的价值就越稳定，声誉高的承销商成为一个正面的信号。另外，Heeley 等（2007）认为，专利的数量提供了关于企业质量的信息，有助于企业获得更多的外部融资。

近年来，越来越多的研究认为科技创新补贴也是一种信号，能向潜在投资者传递关于企业的正面信息，缓解企业与潜在投资者之间的信息不对称，从而有助于企业获得更多的外部融资机会。最早对这一问题进行深入研究的是 Lerner（1999），他以美国获得 SBIR（小企业创新计划）的企业为研究对象，运用配对比较的方法，对获得 SBIR 资助与获得风险投资之间的关系进行检验。研究发现，获得 SBIR 资助的企业不仅具有更好的业绩，而且也更易获得外部风险投资。这说明 SBIR 资助在证明企业质量方面起到了积极的作用，缓解了信息不对称，使企业获得了更多的外部融资。Narayanan 等（2000）也认为企业自愿披露的科技创新补贴信息可以对相关项目的商业潜力提供更多的信息，因此能作为一种信号缓解信息不对称问题，为企业带来更多的外部融资。Meuleman 和 Maeseneire（2012）的研究也得到了类似的结论，他们以比利时的中小企业为研究对象，发现科技创新补贴为私人投资者提供了有价值的信息，使中小企业更易获得外部融资。

随后的研究更加深入地探讨了科技创新补贴如何才能更好地发挥信号作用。Feldman 和 Kelley（2006）认为获得科技创新补贴会产生“光环效应”。当政府机构具有较高的水准，并在科学的正直性方面有较高的信誉时，如果它认为某个科技创新项目值得投资并给予补贴，那么向外传递的信息是这个项目具有技术上的优势，更值得投资。另外，当政府对项目的评估涉及商业潜能，而不仅仅是政府自身对技术的应用时，投资者会觉得获得科技创新补贴的项目比其他项目更具有潜在的获利性。Kleer（2010）的研究发现如果科技创新补贴只是区分基础研究项目和应用研究项目，那么科技创新补贴的信号作用对于银行的投资决策没有任何帮助。但是，当科技创新补贴增添了质量信号时，则会提高或者改善企业可获得的私人投资。也就是说，披露出项目的质量信息是非常重要的。Takalo 和 Tanayama（2010）的研究认为科技创新补贴决策中所包含的审查活动在降低融资限制方面发挥了重要的作用。对企业给予科技创新补贴不仅加强了杠杆作用，也使审查在避免低质量企业获得科技创新补贴方面更有效率。如果没有融资限制的高质量企业获得科技创新补贴，会降低科技创新补贴政策对于福利的提高作用，但是政府的审查活动可以防止低质量的企业获得市场融资。由此可见，政府的审查活动对于科技创新补贴的信号作用具有重要的影响。Meuleman 和 Maeseneire（2012）的研究认为，新创立的公司由于缺乏可以查询的历史数据，具有更加严重的信息不对称问题，对于外部融资的吸引更需要依靠科技创新补贴向外传递信号，因此，科技创新补贴能更好地发挥其信号作用，为企业吸引到更多的外部融资。

由于外部融资可以分为债权融资和权益融资，而债权融资和权益融资具有各自不同的特点，因此，相关研究也考虑了科技创新补贴对于不同融资方式的影响。Kleer（2010）构建了科技创新补贴与银行贷款的均衡模型，检验银行、企业与政府之间的信息不对称问题。研究认为，政府审查企业的科技创新项目，并决定是否给予企业科技创新补贴，银行会观察这一信号，从而决定是否给企业贷款。因此，企业获得的科技创新补贴能发挥积极的信号作用，使企业获得更多的银行贷款。Meuleman 和 Maeseneire（2012）的研究分析了企业获得的科技创新补贴对于债权融资、权益融资的影响，而且还分析了科技创新补贴对于债权融资中的长期贷款和短期贷款的影响。研究发现，对于债权融资而言，获得科技创新补贴对于企业长期贷款的影响比较大，即：获得科技创新补贴能提高企业获得长期贷款的可能性，但是，对于短期贷款，这一影响则较小。对于权益融资而言，企业获得的科技创新补贴对于权益融资的影响并不显著，只有在新创立的企业中才能发现科技创新补贴对于权益融资具有提高作用。

在我国，关于科技创新补贴对企业外部融资影响这一问题，近几年才被学者们所关注，由于研究的时间较短，因此，研究成果也并不丰富。

关于科技创新补贴对于我国企业外部融资影响的研究，大多认为科技创新补贴对于外部融资具有正向的提高作用。在这方面进行研究较早的是郭晓丹、何文韬（2011），他们以战略性新兴产业上市公司为样本研究科技创新补贴的信号作用。研究发现，科技创新补贴的信号作用能提高企业获得来自银行和社会投资者投资的可能性。具体而言，企业获得的科技创新补贴能显著提高企业获得外部借款的可能性，说明银行在进行投资选择的过程中较多地受到政府相关行为的影响。而社会投资者在用股票进行投资时，也会较多地受到政府科技创新补贴这一信号的影响。但是，机构投资者对于科技创新补贴却并不敏感，科技创新补贴并不会对机构投资者的投资决策产生影响。总体而言，战略性新兴产业的科技创新补贴对于外部融资具有信号作用，能帮助企业获得更多的外部融资。另外，傅利平、李小静（2014）同样以战略性新兴产业上市公司为研究对象考察了政府补贴的信号作用，并得到了类似的结论。他们发现，政府补贴信号可以被外部投资者接收，政府补贴的获得有助于企业债务融资和风险投资的增加，缓解了企业的融资约束。

但是，也有研究认为，政府补贴与外部融资之间呈现出倒“U”型的关系。史伟、霍丽（2014）的研究发现，政府补贴与债务融资和权益融资均存在倒“U”型关系，随着企业所获政府补贴占行业补贴比例的不断上升，债务融资和权益融资的数量均呈现先上升、后下降的趋势。造成这一趋势的原因，主要是由于：一方面，政府补贴向外界传递了企业的利好消息，增加了企业获得外部融资的机会；另一方面，政府补贴的目的较为多元，加之企业“寻补”现象的存在，使政府补贴可能会给予“低质”企业，因此，不会提高企业获得外部融资的可能性。

另外，有研究探讨了不同的企业特征对于科技创新补贴信号作用的影响。例如，高艳慧等（2012）认为产权性质和市场化程度会影响科技创新补贴的信号作用。他们以高科技产业为样本，研究了科技创新补贴对融资约束的影响。研究发现，科技创新补贴有助于高新技术企业获得更多的银行贷款，而且当企业为非国有企业以及企业所在地区市场化程度较低时，科技创新补贴对于获得银行贷款的促进作用更加明显。史伟、霍丽（2014）的研究认为，企业的产权性质和盈利情况会影响政府补贴的信号作用。具体而言，在非国有企业和营利企业中，政府补贴对于外部融资的信号作用更加明显。孙雪萍（2014）利用理论模型进行分析，认为当政府的科技创新补贴能向外部投资者传递出与质量相关的信息时，科技创新补贴才会产生信号作用，引导资金流向企业。另外，通过实证分析发现，在行业层面，企业规模、行业的技术水平对企业科技创新补贴的信号作用均会产生积极影响，但是，所有权特征却会弱化科技创新补贴的信号作用。而在地区层面，当该地区的国有企业比重较高或市场化程度较低时，科技创新补贴对于金融机构贷款的引导作用并不明显。

2.2.3　现有研究述评

从以上关于科技创新补贴对外部融资影响的相关文献可以看出，这方面的研究起步较晚，在近几年才受到了国内外学者的重视，研究成果也并不丰富，而且均从信号作用的角度研究科技创新补贴对于外部融资的影响。具体而言，主要表现为以下几个方面的特点：

（1）在研究结论方面，国内外的研究通常认为企业获得的科技创新补贴具有信号作用，有助于缓解信息不对称，从而能提高企业获得外部融资的机会。但是，对于一些细节问题则并没有得到一致的结论。例如，科技创新补贴与外部融资的关系是线性的正相关关系（Meuleman and Maeseneire，2012），还是非线性关系（史伟、霍丽，2014），并未达成共识。另外，在科技创新补贴是否对权益融资具有提高作用方面也没有达成共识。较早的 Lerner（1999）认为科技创新补贴对于企业的权益融资具有提高作用，而近期影响较大的 Meuleman 和 Maeseneire（2012）则认为，科技创新补贴对于权益融资的影响并不显著，只有在新创立的企业中才能发现科技创新补贴对于权益融资具有提高作用。

（2）在研究方法方面，西方学者不仅运用实证方法进行研究，而且运用理论模型进行的研究也较为普遍。例如，影响较大的 Kleer（2010）、Takalo 和 Tanayama（2010）的研究，均是通过构建理论模型的方法阐释了科技创新补贴对于企业外部融资的影响原理，得到的结论被广泛应用。而在我国，大部分研究均运用实证研究方法，运用理论模型进行阐述的文献较少，仅有的一篇是孙雪萍（2014）的研究，在这一研究中，作者运用构建理论模型的方法阐述了科技创新补贴信息中质量信息的重要性。

（3）在研究范围方面，西方学者的研究通常是以某一个科技创新补贴项目为研究对象，例如，Lerner（1999）的研究是以获得美国 SBIR（小企业创新计划）资助的企业为研究对象，Feldman 和 Kelley（2006）的研究对象是获得美国 ATP（前沿技术计划）资助的企业，Meuleman 和 Maeseneire（2012）的研究以获得比利时 IWT-Fl 和 ers 设立的中小企业创新计划资助的企业为研究对象。而在我国，主要是以统计年鉴以及上市公司数据为研究对象，考察企业获得的科技创新补贴对于外部融资的影响。在研究对象涉及的行业方面，集中在战略性新兴产业和高新技术产业，缺乏对于我国企业大样本研究的成果。例如，郭晓丹、何文韬（2011），傅利平、李小静（2014）均以战略性新兴产业上市公司为研究对象；高艳慧等（2012）和孙雪萍（2014）均以高科技产业为研究对象。只有史伟、霍丽（2014）是以全行业的上市公司为研究对象。由此可见，全部行业的大样本研究成果相对较少。

2.3 科技创新补贴与科技创新投入的关系研究

关于科技创新补贴与科技创新投入关系的研究，是近年来科技创新补贴研究的热点，各国学者利用各国数据在这方面进行了较为深入地研究。目前，无论是国外的学者，还是我国的学者，主要持有两种观点：激励效应和挤出效应。

国外学者关于科技创新补贴与科技创新投入关系的研究起步较早，20 世纪 50 年代，Blank 和 Stigler（1957）的研究发现，获得科技创新补贴企业的研发人员比例较低，说明科技创新补贴具有挤出效应，但是，当员工人数在 5000 人以上时，又会出现激励效应。经过多年的发展，目前学术界对于这一问题的研究结论大致可以分为三类：首先，许多研究认为科技创新补贴对于科技创新投入具有“激励效应”，即：科技创新补贴会促进企业提高对科技创新活动的投入。其次，许多研究认为科技创新补贴对于科技创新投入具有“挤出效应”，即：科技创新补贴会使企业降低对于科技创新活动的投入。最后，还有许多研究认为科技创新补贴与科技创新投入的关系会随着科技创新补贴的规模、企业特征等因素呈现非线性关系。本节首先对科技创新投入概念的相关研究进行介绍，随后分别对科技创新补贴与科技创新投入几种关系的研究进行概述。

2.3.1 科技创新投入概念的提出

根据联合国教科文组织（UNESCO）《科技统计国际标准化建议案》中对科技活动的定义，科技活动指所有与各科学技术领域（包括自然科学、工程和技术、农业科学、医学、社会科学及人文科学）中科技知识的产生、发展、传播和应用密切相关的有计划的活动。具体包括三项内容：科技研究与实验发展、科技教育与培训、科技服务。对于这三项内容投入的经费和资源均属于科技投入。但是，由于对后两项内容投入的统计缺乏规范，因此，联合国教科文组织对于科技投入的统计及相关文献均只涉及科技研究与实验发展投入。另外，根据经济合作与发展组织（OECD）的《奥斯陆手册》，创新是指出现新的或重大改进的产品或工艺，或新的营销方式，或在商业实践、工作场所或外部关系中出现的新的组织方式。而创新投入（即创新活动费用）则包括经常费用和资本支出。创新的经常费用由劳务费用和其他经常费用构成，其中，劳务费用包括参与创新的人员工资以及相关福利费；其他经常费用则包括企业为支持创新购置材料、供应品、服务以及仪器等非资本支出。资本支出是包含在企业的研发活动、机器仪器和其他资本品获取过程中以及营销和组织创新过程中的资本性支出。综上所述，综合 UNESCO 和 OECD 的相关概念，可以认为科技创新投入是与科技研究与实验发展、科技教育与培训、科技服务中的创新活动相关的经常费用和资本支出。

结合我国国情，考虑到研发活动与企业生产的结合比较薄弱，且对科技教育方面的数据具有其他的统计途径（吴钰、何国祥，1996），科技部发展计划司编写的《科技活动分类案例集》认为，科技活动的内容包括：基础研究、应用研究、试验发展、R&D 成果应用以及科技服务。由此可见，我国的科技活动与 UNESCO 的界定并不完全一致。因此，结合我国企业的实际情况，对科技创新投入的界定进行系统的梳理具有重要意义。

在我国，科技创新投入的概念有广义和狭义之分。广义的科技创新投入是指全社会为支持科技创新活动而进行的人力、财力、物力、时间以及信息等资源的投入（高跃伟，2013）。于明洁、郭鹏（2012）和朱建林（2014）重点强调了财力资源、人力资源和物力资源。他们认为财力资源是指对科技创新活动的投资能力和水平；人力资源是指直接从事科技创新活动或为科技创新活动服务的人员；物力资源是指用于科技创新的设备和仪器。曹志来（2008）则着重强调了科技创新投入是对财力资源和人力资源的投入。

狭义的科技创新投入是指科技创新活动中所投入的财力资源。由于财力资源是投入的核心部分（尤芳湖，1999），因此许多研究均将科技创新投入限定为财力资源的投入。李琳（2013）认为科技创新投入是全社会（包括企事业单位、政府、个人、社会团体等相关机构）投入的用于研发活动、科技成果转化和科技服务活动的全部资金投入。《郑州市科学技术投入条例》和《南昌市科学技术投入条例》也把科学技术投入界定为财力资源的投入，即：指政府、金融机构、企业、个人和社会团体对于科学技术的研究开发、科技成果的转化、科技服务、科技普及和其他科技发展的资金投入。张宏洲（2013）认为由于科技创新包括知识创新、技术创新、管理创新，所以花费在这三个方面的费用均应该计入科技创新投入的范畴。

关于科技创新投入的界定，具有代表性的详细阐述可参见表2－1。

表2－1　　部分文件及文献对于科技创新投入的详细阐述

来源	详细描述
《科技统计国际标准化建议案》《奥斯陆手册》	为支持科技研究与实验发展、科技教育与培训、科技服务活动中出现的新的或重大改进的产品或工艺，或者新的营销、组织方式，投入的相关经常费用和资本支出。
《南昌市科学技术投入条例》	对科学技术研究开发、科技成果转化、科学技术服务、科学技术基础条件与设施建设、科学技术普及和奖励等有关科学技术发展的资金投入。
《郑州市科学技术投入条例》	政府及其有关部门、金融机构、企事业组织、社会团体和个人对科学研究和技术开发、科技成果的推广和应用、科技服务、科学技术普及以及其他科学技术发展的资金投入。
尤芳湖（1999）	全社会为支持科技活动而进行的经费、资源的社会配置，包括财力、人力等的投入，其中财力投入是核心部分。
曹志来（2008）	科技创新需要投入财力资源和人力资源，其中财力资源转化成从事科技活动的经费支出，人力资源转化成从事科技活动人员的工时支出。
陈春晖、曾德明（2009）	自主创新可能利用的全部科技资源，包括资金和劳动投入。
于明洁、郭鹏（2012）	能够直接或间接推动科学技术进步、促进经济发展的资源，一般可以分为人力资源、财力资源和物力资源。
高跃伟（2013）	为进行科技活动而进行的人力、物力、财力，以及时间和信息等资源的投入。
张宏洲（2013）	由于科技创新可以分为三种不同类型：知识创新、技术创新、管理创新，所以花费在这三种创新工作上的费用都可以计入科技创新投入的范畴。
李琳（2013）	由全社会（包括政府、企事业单位、社会团体和个人等相关机构）投入的，应用于R&D活动、科技成果转化和科技服务的全部资金投入。
朱建林（2014）	企业在开展科技创新活动过程中人、财、物的投入，包括科技创新能力建设投入、科研组织机构日常运作经费支出与研究开发项目的研发经费支出。

借鉴现有的研究成果，本书中的科技创新投入是指企业对于科技创新活动的资金投入，即：为开展研究、吸收和应用新知识、新技术等科技创新活动而投入

的资金，如科研人员的劳务费、科技设备构建费、原材料费以及其他相关管理费用等。具体而言，本书中的科技创新投入有以下三个特点：

（1）本书的科技创新投入专指企业对于科技创新活动的投入，不包括政府对于科技创新活动的投入。在本书中，科技创新投入的主体是企业，对象也是该企业，指企业运用自有资金对其科技创新活动的资金投入。这一概念与政府的科技创新投入概念相区别，政府的科技创新投入主体是政府，对象是企事业单位、社会团体和个人，是政府对于全社会（企事业单位、社会团体和个人）科技创新活动的资金投入。

（2）本书的科技创新投入仅指财力资源的投入，即资金投入，不包括人力资源、物力资源等其他资源的投入。因为人力资源、物力资源或信息资源的增减必然伴随或导致财力资源的增减，换言之，其他各项资源均会在财力资源中得以体现。可见，财力资源是科技创新投入中最根本的指标（师萍、安立仁，2013）。因此，本书中的科技创新投入仅指科技创新活动中财力资源的投入。

（3）本书的科技创新投入不包括企业将获得的科技创新补贴投入科技创新活动中的资金。通常而言，企业获得的科技创新补贴应专款专用，全部投入企业的科技创新活动中。那么，获得科技创新补贴的企业将科技创新补贴投入科技创新活动中，必然会提高企业的科技创新投入。但是，这一提高作用主要来自科技创新补贴资金的投入，而非企业自有资金的投入。因此，如果由比判定科技创新补贴对于科技创新投入具有激励作用，是存在较大偏误的。为了规避这一偏误的产生，本书中的科技创新投入专指企业自有资金对于科技创新活动的投入，不包括将科技创新补贴投入科技创新活动的部分。

2.3.2　科技创新补贴对科技创新投入的激励效应研究

许多研究认为科技创新补贴对于企业的科技创新投入具有“激励效应”，这主要是因为：第一，科技创新补贴有助于降低企业进行科技创新活动的风险，提高企业的科技创新积极性，从而有利于提高企业的科技创新投入。第二，科技创新补贴有助于降低企业成本，使原本无利可图的项目变得有利可图（Yager and Schwitt，1997），从而使企业愿意增加对科技创新活动的投入。第三，如果科技创新补贴项目包括对相关设备的建设和升级，那么意味着企业目前或未来其他科技创新项目的成本会有所下降，于是提高了企业从事其他科技创新活动的可能性。而且通过被补贴项目的进行，企业从该项目中获得的学习能力和专有技术可以扩散到企业正在进行或未来将要展开的其他科技创新项目中，从而提高其成功的可能性（Lach，2002），这些均会促使企业提高其科技创新投入。

针对科技创新补贴对于企业科技创新投入的激励效应，各国学者运用各国数据进行了检验。Scott（1984）的研究以美国公司为样本，认为政府的科技创新补贴与企业的科技创新投入具有正向的相关关系，也就是说，政府的科技创新补贴刺激了企业科技创新投入的增加。Mansfield 和 Switzer（1984）对美国高科技企业进行的研究发现，政府对于企业科技创新活动的补贴每增加一美元，会使企业增加六美分的科技创新投入。Hussinger（2008）以德国的制造业企业为样本，运用两阶段模型，考察了科技创新补贴对于科技创新投入的影响，研究发现，政府给予企业的科技创新补贴能显著提高企业的科技创新投入。Duguet（2004）考察了法国企业的科技创新补贴情况，研究发现，科技创新补贴能增加企业的科技创新投入，两者之间不存在显著的挤出效应。Griliches（1980）对以色列公司进行研究，将获得科技创新补贴和没有获得科技创新补贴的企业进行对比，发现获得科技创新补贴的企业对科技创新活动的投入更多，因此认为政府的科技创新补贴有助于提高企业进行科技创新活动的积极性。Lee 和 Hwang（2003）以韩国公司为样本进行研究，发现政府的科技创新补贴对于企业的科技创新投入具有显著的正向提高作用，这说明政府的科技创新补贴政策对于企业的科技创新活动具有重要的推动作用。Binelli 和 Maffioli（2007）运用阿根廷的数据进行研究，考察获得 FONTAR 计划的资助是否有助于提高企业的科技创新投入。研究结果发现，每增加 1% 的 FONTAR 资助，企业每年将会在科技创新投入方面增加 547.6 比索。Romero-Martinez 等（2010）考察了西班牙的中小企业获得欧盟相关资助对于企业创新的影响。研究发现，这些资助对于企业的创新具有积极的促进作用。Annique Un 和 Montoro-Sanchez（2010）对西班牙的服务行业进行了研究，发现无论是从国内还是国外获得的公共基金均有助于增加企业的科技创新投入，并进一步提高企业的创新绩效。Klette 和 Moen（2012）对于挪威高科技企业的研究发现，科技创新补贴对于企业的科技创新投入不会产生挤出作用，而且长期而言，科技创新补贴会在补贴到期后仍然激励企业提高对科技创新活动的投入。Dumont（2013）考察了比利时的企业，发现政府对于企业科技创新活动的支持能激励企业进行更多的科技创新活动。Czarnitzki 和 Lopes-Bento（2013）以芬兰的数据进行研究也得到了类似的结论，指出科技创新补贴对企业科技创新投入的挤出效应并不存在。Holemans 和 Sleuwaegen（1988）、Mamuneas 和 Nadiri（1996）、Czarnitzki 和 Fier（2001）、Czarnitzki 和 Hussinger（2004）、Busom（2000）、Gonzalea 和 Pazo（2008）、Gonzalez 等（2005）、Afcha 和 Lopez（2014）、Brautzsch 等（2015）的研究均得到了类似的结论。Levy（1990）运用 9 个 OECD 成员国的数据进行研究，发现其中 5 个国家的科技创新补贴对于企业的科技创新投入具有明显的激励作用，2 个国家的科技创新补贴对于企业的科技创新投入具有明显的挤出作用，可见具有激励效应的国家更多。

随着研究的深入，相关研究更加重视运用多种方法对这一问题进行分析。Levin 和 Reiss（1984）的研究以美国公司为样本，采用了行业层面的数据，把政府的科技创新补贴看作是影响企业科技创新机会的变量，运用结构方程和两阶段 SLS 方法进行研究，结果显示科技创新补贴对于企业的科技创新投入具有正向的激励作用。Lee 和 Cin（2010）以韩国企业为样本，运用 DID 和 2SLS 方法，考察了中小企业的科技创新补贴与企业科技创新投入的关系。研究发现，政府的科技创新补贴并没有呈现出明显的挤出效应，说明科技创新补贴可以通过降低风险和成本的方式帮助企业克服困难，进行更多的科技创新活动。Czarnitzki 和 Lopes-Bento（2012）运用五个国家的微观数据，应用非参数匹配的方法，研究了科技创新补贴与企业科技创新投入的关系。研究发现，没有获得科技创新补贴的企业对于科技创新活动的平均投入较少，由此可见，科技创新补贴对于科技创新投入具有激励作用。另外，Golberman（1973）和 Buxton（1975）基于行业的截面数据进行回归，发现政府的科技创新补贴对于企业的科技创新投入具有激励作用。Robson（1993）和 Diamond（1998）采用时间序列数据进行研究，也得到了类似的结论。

许多研究通过对科技创新投入或科技创新补贴的进一步细分，考察科技创新补贴对于企业科技创新投入的影响。Link（1982）将科技创新投入分为基础研究投入、应用研究投入以及试验发展投入共三个部分，研究发现政府的科技创新补贴对于企业的基础研究投入具有挤出作用，对于试验发展投入具有激励作用，对于应用研究投入并不存在显著的相关关系。Levy 和 Terleckyi（1983）的研究从宏观层面研究了政府的科技创新补贴对于企业科技创新投入的激励作用，并且研究了不同的科技创新补贴资助方式对于科技创新投入的影响。研究发现政府合同的资助方式对于企业的科技创新投入具有显著的提高作用，其他资助方式对于科技创新投入的正向激励作用需要滞后 3 年才会发生。Colombo 等（2011）将科技创新补贴分为“自动性补贴”和“选择性补贴”，自动性补贴是指当补贴申请人满足相关法律法规的要求后即可获得的科技创新补贴，选择性补贴是指补贴申请人只有通过竞争才能获得的科技创新补贴。研究发现，当企业获得的科技创新补贴是以竞争为基础的选择性补贴时，该补贴的获取有助于提高企业的科技创新投入。Wei 和 Liu（2015）将政府对企业的资助分为“横向资助”和“纵向资助”两部分，横向资助是指会对其他企业或部门产生外部性的经济资助；纵向资助是指旨在促进特定企业或行业，对特定部门而不是全部部门的经济资助。研究发现，纵向资助中直接对企业科技创新活动的资助对于企业科技创新投入的提高作用更为明显。

另外，还有研究从企业间合作或企业与研究机构合作的角度，研究科技创新补贴与科技创新投入的关系，并成为近年来一个受到较多关注的研究领域。Czarnitzki 等（2007）的研究认为科技创新补贴与企业合作相结合对企业的科技创新投入具有积极的促进作用。他们对德国和芬兰的创新政策和研发合作进行了比较研究，研究发现，在芬兰，科技创新合作和政府补贴对企业科技创新投入和专利产出均会产生正面的影响，而在德国，这一激励作用则并不明显。Kang 和 Park（2012）以韩国的生物企业为研究对象，将合作形式划分为上游合作和下游合作两类，研究发现政府的科技创新补贴对企业间合作的支持有助于促进企业的科技创新，且对上游合作支持获得的成效更大。因此，政府应对企业与大学或研究机构的合作给予更多的支持。Beck 等（2014）的研究认为政府的科技创新补贴能够提高企业的科技创新投入，但是，当企业同时存在科技创新补贴和合作两种战略时，科技创新补贴对科技创新投入的提高并没有被转化成为更好的创新成果。Hottenrott 和 Lopes-Bento（2014）发现，政府对于科技创新活动的补贴有助于提高企业对于科技创新活动的投入，尤其是在具有国际合作的中小企业中。Xu 等（2014）认为政府的科技创新补贴政策与大学或公共研究机构的知识传递共同作用，能更好地促进企业的科技创新。

国内对于科技创新补贴与科技创新投入关系的研究起步较晚，研究结论也存在较大差异。许多研究持“激励效应”的观点，认为科技创新补贴能促进企业进行更多的科技创新投入。这方面比较早的研究是 Hu（2001），他以北京市海淀区的高新企业为研究对象，发现企业的科技创新投入与政府的科技创新补贴之间存在统计与经济意义上均显著的互补关系，每提高 1% 的科技创新补贴，会使企业增加 1.58% 的科技创新投入。但是，研究也发现这一互补关系在私有制企业组中并不显著。朱云欢、张明喜（2010）认为，政府的科技创新补贴能降低企业科技创新活动的风险，因此，能使企业增加对科技创新活动的投入，但是诱导系数略低于 Hu（2001）的诱导系数。具体而言，科技创新补贴对于科技创新投入的诱导系数是 1.285，如果企业获得了 1 元的科技创新补贴，那么，企业会对科技创新活动投入 1.285 元的资金。刘德胜、张玉明（2010）的研究发现，我国政府对于企业科技创新活动的资助与中小企业的科技创新投入之间存在显著的正向关系，但是诱导系数较低，说明这一激励效应较弱，需要进一步加强。郑绪涛（2009）的研究认为，政府的直接资助能激励企业的科技创新投入。但是，现有的科技政策存在相互替代的作用，其中的一种政策会弱化另一种政策对于企业科技创新投入的激励作用，因此需要对现有的科技政策进行协调。解维敏等（2009），程华（2005），刘穷志（2007），朱平芳、徐伟民（2003），刘文惠（2014），米雯静（2005），单涛（2015），胡永健、周寄中（2009）的研究也均认为科技创新补贴对于科技创新投入具有激励作用。

许多研究运用博弈论的相关理论阐述了科技创新补贴对于科技创新投入的激励作用。许春、刘奕（2005）运用博弈论的理论模型，从理论上论证了如果政府的科技创新补贴政策是根据技术溢出因素相机制定的，那么，科技创新补贴对于企业的科技创新投入具有激励作用。张东红等（2009）利用博弈论相关理论，研究了政府和企业这两类支撑主体在科技创新投入上的相互关系。研究认为在适当的政府补贴政策下，科技创新补贴能激励企业的科技创新投入，使政府和企业在科技创新方面的投入实现互补。冯振中、吴斌（2008）基于博弈论的视角，发现在信息对称的情况下，政府的科技创新补贴政策能降低企业科技创新活动的成本，从而使企业对科技创新活动的投入有所提高。但是，在信息不对称的情况下，政府的科技创新补贴政策可能会失效。因此，应加强对项目的审查和处罚力度，保证科技创新补贴政策的有效性。

许多研究运用了多种方法证明科技创新补贴对于企业科技创新投入的激励作用。王俊（2010）在静态模型和动态模型的基础性上，考察了科技创新补贴对于企业的科技创新投入以及自主创新绩效的影响。研究发现，科技创新补贴对于企业的科技创新投入具有显著的正向激励作用，但是，对于企业自主创新绩效的激励作用却并不明显。翟海燕等（2015）运用 Heckman 模型消除政府科技创新补贴的内生性问题，对政府科技创新补贴与企业科技创新投入的关系进行研究。结果发现，在短期内科技创新补贴对企业的科技创新投入具有显著的提高作用，但是，对于中长期而言，两者之间的这一激励作用则十分有限。杨伟德、汤湘希（2011）采用工具变量的2SLS 回归分析方法消除内生性的影响，研究科技创新补贴对于企业科技创新投入的影响，研究发现消除内生性的影响后，政府对科技创新活动的资助仍然可以显著提高企业的科技创新投入。

另外，许多研究考虑了行业、规模、产权性质等因素对于科技创新补贴激励效应的影响。白俊红（2011）采用分行业的大中型工业企业数据，研究科技创新补贴对于技术创新的影响。研究发现，政府的科技创新补贴对于企业的科技创新投入具有显著的激励效应，而且当企业的知识存量较大、规模较大、所处行业的技术水平较高时，科技创新补贴对于企业科技创新投入的激励作用更加明显。但是，当国有产权比例较高时，科技创新补贴对于企业科技创新投入的激励作用则较差。洪嵩（2015）以高科技产业为样本进行研究，发现我国政府的科技创新补贴对企业的科技创新投入存在“激励效应”，不存在“挤出效应”。就企业规模而言，大中型企业获得的科技创新补贴对科技创新投入具有显著的“激励效应”。就行业而言，航空航天器制造业以及医药制造业企业获得的科技创新补贴对科技创新投入具有显著的“激励效应”。姜宁、黄万（2010）的研究发现，总体而言，我国高科技行业获得的政府补贴对于企业的科技创新投入具有正向的激励作用，但是这一激励作用存在一定的滞后期。程华、赵祥（2008）的研究认为政府的科技创新补贴对于滞后一年的科技创新投入具有显著的正向提高作用。另外，他们的研究考虑了企业规模、研发强度以及资助强度对于科技创新补贴资助效果的影响。研究发现，企业的规模越大，科技创新补贴对于企业科技创新投入的激励作用越明显；政府的科技创新补贴强度越大，科技创新补贴对于企业科技创新投入的激励作用越明显；研发强度越低的企业所获科技创新补贴对于企业科技创新投入的激励作用越明显。许国艺等（2014）的研究认为，总体而言，政府的科技创新补贴能促进企业的科技创新投入。具体而言，科技创新补贴对于民营企业的科技创新投入激励效应更大，对于中等研发强度企业的激励效应更大。张兴龙等（2014）以医药上市企业为样本，考察了科技创新补贴方式对于企业科技创新投入的影响，文章将企业的科技创新补贴分为事前一次性补贴、补贴率方式补贴、事后奖励方式补贴以及其他补贴四类，对这四类科技创新补贴和科技创新投入的关系进行了研究。结果显示，只有补贴率方式和事后奖励方式对于科技创新投入具有显著的提高作用，其他各类补贴对于科技创新投入不存在显著的影响。而且对于国有企业，所有类型的科技创新补贴均对企业的科技创新投入没有影响。

2.3.3 科技创新补贴对科技创新投入的挤出效应研究

科技创新补贴对于企业科技创新投入的挤出效应，是指科技创新补贴会使企业降低自身对于科技创新活动的投入。之所以会产生挤出效应，主要来自以下几个方面的原因：首先，政府的科技创新补贴会增加对相关资源的需求，进而提高其价格，造成创新成本的提高（Higgins and Link，1981）。其次，获得科技创新补贴后，企业可能将原本对科技创新活动的投入转投向其他项目，从而降低了企业的科技创新投入（Lach，2002）。最后，由于市场机制对于资源的配置更加有效，政府对科技资源的配置可能会由于“寻租”等原因产生扭曲，因此造成科技创新补贴对于科技创新投入产生挤出效应（Michael and Pearce，2009）。

许多研究认为科技创新补贴对于企业的科技创新投入具有挤出效应。Wallsten（2000）的研究认为，即使没有政府的科技创新补贴，企业仍然会进行科技创新活动。政府的科技创新补贴不但没有激励企业的科技创新投入，对就业的增长也没有促进作用。Higgins 和 Link（1981）的研究也认为科技创新补贴对于企业的科技创新投入具有挤出效应。这一挤出效应可能是由于政府科技创新补贴的增加扩大了社会对于相关资源的需求量，需求量的上升会导致资源价格的上升，于是使企业进行科技创新活动的成本增加，从而降低了企业进行科技创新活动的积极性。Carmichael（1981）在资本资产定价模型的框架下讨论了政府的科技创新补贴对于企业科技创新投入的影响。研究发现，政府1美元的科技创新补贴会挤出8美分的私人投资，即：科技创新补贴对科技创新投入具有挤出效应。Simachev等（2015）以俄罗斯企业为研究对象，研究俄罗斯政府对企业创新的资助效果。研究发现，科技创新补贴与税收优惠均会对企业的科技创新投入产生挤出效应。Gonzalez和Pazo（2008）的研究认为，企业并不会用科技创新补贴替代其对科技创新活动的投入，但是，科技创新补贴和科技创新投入之间也不存在明显的正相关关系。

关于科技创新补贴挤出效应的许多研究均试图运用更为先进的研究方法证实挤出效应的存在。例如，Lichtenberg的三篇文章运用不同的方法均证实了科技创新补贴的获得会减少企业的科技创新投入。Lichtenberg（1984）以企业层面的数据为样本，控制了内生性问题，研究科技创新补贴与科技创新投入的关系。研究发现，科技创新补贴对于科技创新投入具有替代作用。Lichtenberg（1987）运用OLS估计的方法继续考察了科技创新补贴与科技创新投入的关系，得到了与前面一致的观点，即：科技创新补贴对于科技创新投入具有替代作用。Lichtenberg（1988）分别运用了固定效应估计以及工具变量估计两种方法。研究发现，运用固定效应估计得到的结果是科技创新补贴对于科技创新投入具有替代作用，而运用工具变量估计得到的结果却是科技创新补贴对于科技创新投入具有激励作用。

国内的许多研究也认为我国的科技创新补贴对于科技创新投入具有挤出效应。戴晨、刘怡（2008）的研究比较了税收优惠和财政补贴政策对于企业科技创新活动的影响。研究发现，税收优惠对于企业的科技创新投入具有显著的激励作用，但是财政政策对科技创新投入则不具备显著的正向影响，不能有效地激励企业提高科技创新投入。因此，政府应采用税收优惠为主，财政补贴政策为辅的方式，促进企业的科技创新投入。吕久琴、郁丹丹（2011）的研究发现，我国政府的科技创新补贴对于当年以及下一年的企业科技创新投入均具有明显的挤出效应。Yu（2016）以我国可再生能源行业为样本，发现政府的科技创新补贴对于企业的科技创新投入具有明显的挤出效应。

2.3.4 科技创新补贴与科技创新投入的其他关系研究

随着对科技创新补贴与科技创新投入关系研究的进一步的深入，许多研究开始将更多的影响因素考虑到这一问题中去，认为由于科技创新补贴的数量、企业规模、技术专有程度等方面的影响，使科技创新补贴与科技创新投入之间并不是简单的“激励”或“挤出”关系，而是随着影响因素的改变呈现出“激励效应”和“挤出效应”交替出现的情况。

许多研究认为科技创新补贴会随着其数量的增长与科技创新投入呈现出非线性的相关关系。这方面比较具有代表性的是 Guellec 和 Van Pottelsberghe（2003）的研究，他们运用经合组织（OECD）中 17 个国家的数据进行检验，发现政府对企业科技创新活动的资助对于企业的科技创新投入呈现倒“U”型的关系：当政府对科技创新活动的资助率低于 10% 左右时，科技创新投入会随着科技创新补贴的增加而提高；当政府对科技创新活动的资助率超过 10% 左右时，随着科技创新补贴的增加，企业对于科技创新的投入却有所下降；当政府对科技创新活动的资助率超过 20% 左右时，增加的科技创新补贴对于企业科技创新投入具有明显的挤出效应。Montmartin 和 Herrera（2015）的研究发现，科技创新补贴与企业的科技创新投入存在凸型的曲线关系。

许多研究认为企业规模也是影响科技创新补贴效应的一个重要因素。Lach（2002）对以色列企业的科技创新补贴进行了研究，认为科技创新补贴可以通过多种渠道影响企业的科技创新投入，不同的公司规模对于科技创新补贴的效应具有不同的影响。具体而言，对于小公司，科技创新补贴会对科技创新投入产生激励效应；但对于大公司，科技创新补贴则会挤出企业的科技创新投入。这是因为大公司即使没有获得科技创新补贴仍然会进行科技创新活动，而小企业如果没有获得相应的科技创新补贴，可能就不会进行科技创新活动了，这也反映出小公司的筹资成本大于大公司的筹资成本。Gorg 和 Strobl（2007）对爱尔兰的制造企业进行了研究，认为企业规模会影响科技创新补贴与科技创新投入之间的关系。具体而言，对于国内企业，中小企业获得的科技创新补贴不会对科技创新投入产生挤出效应，小企业获得的科技创新补贴对科技创新投入甚至具有激励作用。但是，大企业获得的科技创新补贴则对于科技创新投入具有明显的挤出效应。对于跨国企业而言，无论是大企业或是小企业，科技创新补贴对于企业的科技创新投入均不具有影响。Bronzini 和 Lachini（2014）以意大利企业为研究对象，研究发现，总体而言，科技创新补贴对于企业的科技创新投入并不存在显著的激励效应。但是，对于小企业而言，科技创新补贴能提高企业的科技创新投入，而大企业获得的科技创新补贴则不会显著提高企业的科技创新投入。

有的研究认为技术的专有性或集中度也会影响科技创新补贴与企业科技创新投入的关系。Gelabert 等（2009）认为技术专有性会影响科技创新补贴的激励效应。在技术专有性比较低的企业，1 欧元的科技创新补贴能使企业进行 1.7 欧元的科技创新投入，此时，科技创新补贴对于科技创新投入具有激励作用；而在技术专有性较高的企业，1 欧元的科技创新补贴能使企业进行 0.7 欧元的科技创新投入，此时，科技创新补贴对于科技创新投入具有挤出作用。Czarnitzki 和 Ebersberger（2010）运用德国和芬兰的企业数据进行研究，发现科技创新补贴的获得使企业科技创新的集中性显著降低。他们认为这可能与现有的科技政策主要倾向于小企业有关，小企业如果没有获得科技创新补贴就不会进行科技创新活动，而大企业获得科技创新补贴所得到的好处会被小企业所抵消。

另外，还有研究从行业特点、补贴方式等方面考察了科技创新补贴对于科技创新投入的影响。Goldberg（1979）引入了行业虚拟变量控制行业差异，发现当期的科技创新补贴对于当期的科技创新投入具有替代作用，但是对于滞后一期的科技创新投入却具有明显的激励作用。Lehden 和 Link（1991）的研究指出政府的科技创新补贴能促进企业科技创新投入的增加，但是，当政府对科技创新投入较高的领域给予补贴时，则有可能阻碍企业对于科技创新活动的投入。Mamuneas 和 Nadiri（1996）也认为不同的行业特征对于科技创新补贴的效应会产生影响。在科技创新密度较低的行业中，科技创新补贴和企业的科技创新投入之间具有替代效应；但是，在科技创新密度较高的行业中，科技创新补贴和科技创新投入的这一替代效应则较弱。Lichtenberg（1988）的研究指出，如果科技创新补贴是通过竞争的方式获得的，那么，科技创新补贴对于科技创新投入具有激励作用，但是，如果企业科技创新补贴是通过非竞争的方式获得的，科技创新补贴对于科技创新投入则具有替代作用。Hud 和 Hussinger（2015）的研究认为科技创新补贴整体而言对于企业的科技创新投入具有正向的积极影响，但是，在 2009 年的金融危机期间，科技创新补贴却对科技创新投入产生了挤出效应，这主要是因为企业在金融危机期间即使获得了科技创新补贴，也不愿对科技创新活动投入资金。

在我国，许多研究认为科技创新补贴和科技创新投入并非简单的线性关系。刘虹等（2012）的研究认为，政府的科技创新补贴对于科技创新投入的激励效应和替代效应呈现倒“U”型的分布。即：在初始阶段，政府的科技创新补贴对于企业的科技创新投入具有显著的激励作用，但是，这一激励作用会随着科技创新补贴的增加而减弱，当科技创新补贴的金额超过最优补贴值后，科技创新补贴会对企业的科技创新投入产生显著的替代效应。另外，文章还考察了政治环境以及所有制因素对于这一关系的影响，研究发现，在政治环境好、反腐力度强的地区，科技创新补贴和科技创新投入的倒“U”型关系更加明显，且民营企业获得的科技创新补贴和科技创新投入的倒“U”型关系比国有企业更加明显。许治等（2012）的研究运用系统动力学的研究方法，通过建立变量间系统动力学模型，发现科技创新补贴与科技创新投入之间的关系并不是简单的线性关系，而是呈现出倒“U”型的曲线关系。另外，市场的竞争能力、项目的风险改善能力以及行业因素都会影响科技创新补贴与科技创新投入之间的关系。具体而言，激烈的市场竞争会使政府的科技创新补贴对于科技创新投入产生更加明显的提高作用；风险改善能力越强的项目，科技创新补贴越能有效地促进企业的科技创新投入；对于关系国计民生、科技发展的支柱产业，政府科技创新补贴的导向作用更强，能引导企业进行更多的科技创新投入。Dai 和 Cheng（2015）的研究也得到了类似的结论，认为科技创新补贴与科技创新投入存在倒“U”型的关系。周旭（2013）的研究认为，只有政府的科技创新补贴超过一个特定的临界值时，科技创新补贴才会对科技创新投入产生激励作用。

2.3.5 现有研究述评

关于科技创新补贴与企业科技创新投入关系的相关研究，国外起步较早，我国相关研究的起步较晚。但是，这一领域一直受到广泛关注，国内外的研究成果较为丰富。通过前面对于相关研究的介绍，本书认为国内外学者对于这方面的研究主要存在以下几个方面的特点：

首先，关于科技创新补贴对于企业科技创新投入的影响究竟是“激励效应”“挤出效应”抑或是其他非线性关系，国内外的研究均未达成一致的或被广泛认可的结论。Kelette 等（2000）通过对微观层次相关文献进行整理，发现这一问题尚未得到统一的结论，而且不同结论之间的冲突较大，造成这一冲突的原因是多方面的。Canpron 和 Pottelsberghe（1997）认为模型设计的特征会影响政府科技创新补贴与企业科技创新投入关系的检验。David 等（2000）认为研究结果的不一致与样本的差异性、计量技术的差异性、不同补贴性质的差异性均有关。Vicente 等（2014）认为不能把研究结果的差异仅仅归咎为方法上的差异，他们认为企业面临的约束问题、科技创新补贴的数量和来源问题均没有被进行深入的研究。

其次，虽然国内外关于科技创新补贴对科技创新投入影响的研究尚未达成共识，但是，相关研究较为倾向于科技创新补贴对于科技创新投入具有激励效应，而在国内的研究中，这一倾向则更加明显。国外研究对于科技创新补贴激励效应的倾向得到了 Czarnitzki 等（2007）的证实，他们通过对科技创新补贴和科技创新投入的相关文献进行整理后发现，在统计的 14 篇文献中，仅有 2 篇认为科技创新补贴对于科技创新投入存在显著的挤出效应，这说明在国家和产业层面上，大多研究均认为科技创新补贴对科技创新投入具有激励作用。Quevedo（2004）的综述性研究也认为科技创新补贴与科技创新投入之间的挤出效应并不常见。Dimos 和 Pugh（2016）通过对 2000 年之后相关文献的 Meta 分析认为，科技创新补贴对于科技创新投入的挤出效应并不普遍。另外，锁颖馨、朱桂龙（2011）和许治等（2012）的研究均基于 Meta 方法对国内外的相关文献进行了定量综述，研究发现，总体而言，政府的科技创新补贴对于企业的科技创新投入具有激励效应，而且，与国外研究相比，国内研究倾向于更强的激励效应。

最后，在研究设计中引入某些特征或因素有助于解释各研究结果之间的差异。例如，引入滞后的科技创新补贴变量或运用时间序列的数据时，研究结果倾向于产生更强的激励效应，而采用年限越长的样本，研究结果则倾向于产生更强的替代效应。胡卫（2007）通过对国内外相关文献进行综述性研究，发现资助规模、资助政策的稳定性、企业的技术专有性均会影响政府资助对于企业科技创新投入的影响。许治等（2012）考虑了市场集中度、项目风险改善程度、行业技术特征三个因素。另外，与国外文献相比，我国的相关研究通常会较多的引入产权性质和政治关联因素。白俊红（2011）、许国艺等（2014）的研究均认为民营企业中科技创新补贴的激励效应更加明显。李传宪、干胜道（2013）以及 Zhang 等（2014）考虑了政治关联因素，认为具有政治关联的企业更容易获得政府的科技创新补贴，而政治关联会降低企业对于科技创新活动的投入。

2.4 外部融资与科技创新投入的关系研究

外部融资是指企业采用一定的方式向自身之外的其他经济主体筹集资金，并用于其自身生产经营活动的经济行为。按照资金的产权归属不同，外部融资又可以进一步划分为债权融资和权益融资。债权融资是指企业通过银行借贷、民间借贷或发行债券等方式进行资金筹集的融资方式。权益融资是指企业通过向股东或其他投资者出售部分所有权进行资金筹集的融资方式。

熊彼特在其 1912 年的著作《经济发展理论》中首次提出了创新理论，在这一早期的理论中，他认为创新可以通过建立信誉，进而获得投资，并强调了银行在其中的重要作用。但是，在熊彼特后期的著作《资本主义、社会主义与民主》中，则更加强调企业内部资金对于创新的重要作用。自熊彼特之后，关于企业科技创新投入的资金来源问题一直存在争议，许多学者认为内部融资是企业科技创新投入的主要来源，这是因为企业的科技创新活动风险较大，较难通过外部市场获得资金。Kamien 和 Schwartz（1978）认为企业的创新比率主要取决于其内部的融资能力。Himmelberg 和 Petersen（1994）考察了高科技小企业的科技创新投入与内部融资的关系，发现科技创新投入与内部融资具有较强的正相关关系。Bougheas（2004）运用博弈论的方法对企业科技创新投入的融资决策进行了分析，认为由于小企业中无形资产的比例较高，而且科技创新活动风险较高，因此较难通过外部的资本市场获得资金，主要依靠内部融资。但是，也有学者关注外部融资对于企业科技创新投入的影响。Ayyagari 等（2011）通过对 47 个发展中国家的 19000 个公司的研究发现，获得外部融资有助于企业创新。Brown 等（2009）和 Bakker（2013）的研究也认为外部融资对于企业的科技创新投入具有重要影响。

国内关于外部融资与企业科技创新投入的研究，起步较晚，研究结果也并不一致。但是，许多研究都认为外部金融系统提供的外部融资对于企业的科技创新具有重要意义。这是因为科技创新是一个复杂的、长期的系统工程，这一工程的顺利完成离不开金融系统的支持，金融支持体系的建设为科技创新的顺利进行提供了有力的保证（公衍照，2009）。吕玉芹（2005）的研究提出，我国中小型科技企业的科技创新资金十分缺乏，因此，应该建立健全科技创新投入的融资体系，借鉴国外的成功经验，大力发展风险投资、扩大国内外的直接融资渠道，解决科技创新的融资难问题。黄国平、孔欣欣（2009）也认为，应进一步拓宽科技创新企业的融资渠道，使股权融资和风险投资形成良性互动，共同推动企业科技创新活动的发展。但是，也有研究认为，只有内部融资才是科技创新资金的筹集方式（唐清泉、肖海莲，2012）。

本书主要依据外部融资的方式，从以下两个方面对外部融资与科技创新投入关系进行阐述：（1）债权融资与科技创新投入。考察企业的债权融资来源，主要是银行贷款，对于科技创新投入的影响。（2）权益融资与科技创新投入。主要考察权益融资方式，如资本市场、风险投资等方式，对于企业科技创新投入的影响。

2.4.1 债权融资与科技创新投入

目前，关于债权融资与企业科技创新投入关系的相关研究，结论并不统一，两者之间可能存在三种相关关系：正相关关系、负相关关系和其他关系。

首先，许多研究认为债权融资与科技创新投入之间存在正相关关系。Gerschenkron（1962）认为银行系统能为企业的科技创新活动提供有力的资金支持，银行可以针对企业的科技创新活动，提供特殊的金融支持服务，从而满足企业进行科技创新活动的必要投入。具体而言，债权融资与科技创新投入具有正相关关系的原因，主要包括以下两点：第一，企业进行的无形资产投资可以提高企业的声誉，声誉的增加可以吸引更多的债权融资，另外，无形资产投资成功所产生的竞争优势也可以使债权人获得更多的保障，因此，进行无形资产投资的企业会更容易获得外部债权融资机会（Balakrishnan 和 Fox，1993）。Dasgupta 和 Timan

(1998) 也从声誉的角度系统阐述了无形资产投入与债权融资的关系。他们认为企业声誉的价值取决于企业对于无形资产的投资，当企业为了提高声誉对无形资产进行投资时，会向债权人传递有关企业声誉的积极信号，于是债权人会对这类投资更加认同，愿意向企业投资，即：企业的无形资产投入与负债正相关。Lee (2012) 的研究比较了债权融资和权益融资对于企业科技创新投入的影响，研究发现，债权融资对于企业科技创新投入的影响更大。Bronwyn (1992)、Ryan 和 Wiggins (2002) 的研究也发现，科技创新投入与企业负债率呈显著的正相关关系。第二，还有一种观点认为科技创新投入较多的企业为了向外界传递正面的信号，更倾向于增加负债，从而使企业的负债与科技创新投入具有正向的相关关系。根据 Levine (1977) 的理论，负债也是一个正面的信号，能向外界传递关于企业质量的积极信息。那么，对于科技创新投入较高的企业，由于其专业性的特点，信息不对称问题更加严重。因此，企业倾向于多举债，通过负债向外界传递企业意图增加价值的信息，从而增加投资者对企业的信心，并进行更多的科技创新投资 (Smith and Warner, 1979)。根据这一观点，企业的资产负债率与科技创新投入之间存在正相关关系。

其次，很多研究认为债权融资与科技创新投入之间存在负相关关系。Bah 和 Dumoniter (2001) 通过对美国企业科技创新活动与财务政策关系进行的研究表明，企业的科技创新投入与企业的负债比率存在显著的负相关关系，这说明具有较多科技创新活动的企业无法通过债权融资获得足够的资金。Carpenter 和 Petersen (2002), Aghion 等 (2004) 以及 Singh 和 Faireloth (2005) 的研究也得到了类似的结论。具体的原因主要包括以下几点：第一，由于企业的科技创新活动具有较高风险，而银行又具有天然的谨慎性，倾向于回避风险，因此不愿意对企业的科技创新活动予以支持 (Weinstein and Yafeh, 1998; Boot and Thakor, 2000; Morck and Nakamura, 1999)。第二，由于银行在金融交易中具有较为强势的地位，因此银行会利用这一地位侵占企业在科技创新活动中获得的收益，进而打击企业对于科技创新的积极性，因此，银行并不能对企业的科技创新活动提供有效的支持 (Rajan, 1992)。第三，根据 Porta (2002) 的研究，对于那些从计划经济向市场经济转轨的国家，国有银行占主导地位。这些银行更倾向于支持能吸收大量就业的劳动密集型企业，达到稳定政治、服务政府的目的，而对于科技创新型企业的支持并不大，因此，在这些国家中，企业的科技创新活动很难获得较多的贷款支持。

再次，还有一些研究认为债权融资与科技创新投入之间并不是简单的线性关系，而是非线性关系或者受到某些因素的影响。例如，Martinsson (2009) 的研究发现，企业的负债与科技创新投入之间存在非线性的相关关系。这一研究基于债权的契约特征，认为企业的长期负债与科技创新投入之间存在债务的“悬置效应”：当企业的负债率很低或很高时，企业的负债与科技创新投入之间呈现负相关关系；而当企业的负债率处于60%左右的水平时，企业的负债与科技创新投入则呈现正相关关系。Chiao（2002）的研究则认为，企业的负债与科技创新投入的关系受到企业所处行业的影响。如果企业所处的行业属于以科技为基础的行业，则企业的负债与科技创新投入呈现负相关关系；而如果企业所处的行业属于不以科技为基础的行业，那么企业的负债与科技创新投入则呈现出正相关关系。David等（2008）将债权融资分为关系型债权和交易型债权两类，认为这两类债权融资方式对于企业科技创新投入的影响有所不同。具体而言，对于关系型债权，由于债权人与企业之间存在长期的互动和合作关系，因此，该类型的债权对于科技创新投入具有显著的提高作用；而对于交易型债权，由于不存在这一长期的合作关系，债权融资数量与科技创新投入之间则存在显著的负相关关系。

对于债权融资与企业科技创新投入关系，我国学者对我国企业的相关研究也没有得到一致的结论。许多研究认为，债权融资并不是企业进行科技创新活动的有效资金来源。由于负债契约的收益特性，使银行不愿意投资风险较大的科技创新项目，即使必须承担风险，银行也会通过抵押、担保等机制的设计降低风险。然而，科技创新项目本身风险较大，又无法提供有效的抵押品，因此，银行更倾向于投资抵押能力强的实物投资，而忽视了能提高企业内涵的科技创新投资（钱雪松，2008）。唐清泉、徐欣（2010）的研究也发现，由于科技创新活动的特殊性质，企业与外部投资者之间存在较为严重的信息不对称问题，因而不能得到债权人的资金支持，主要依赖企业的内部融资。刘立（2003），刘先捷（2012），钟田丽、胡彦斌（2014）的研究也认为企业的负债水平与科技创新投入具有负向的相关关系，较高的负债率会抑制企业的科技创新活动。

但是，也有研究认为债权融资能为企业的科技创新活动提供资金，可以作为科技创新投入的一种有效融资方式。温军、冯根福、刘志勇（2011）认为以银行借款为主的关系型债务对于企业的科技创新活动具有重要的推动作用，科技创新投入越高的企业中，关系型债务所占的比重越大。这说明银行贷款对于我国上市公司的科技创新投入具有积极作用。具体而言，对于汽车、电子、航天、航空、信息技术、生物医药和新能源等科技创新型企业，银行贷款是科技创新活动的一种较好的融资方式，而对于煤炭、电力、石油等非科技创新型企业，债券融资则是较优的融资方式。李辉、马悦（2009）的研究也表明，金融机构的贷款是企业科技创新活动的主要来源之一，与其他融资方式相比，金融机构贷款对于科技创新绩效具有更加显著的提高作用。

另外，也有研究认为，债权融资与科技创新投入之间并非简单的线性关系。

赵自强、赵湘莲（2008）的研究发现，在非高科技产业中，公司的债务水平和科技创新投入的关系表现为“U”型关系，即：当企业的资产负债率在临界值水平下方时，科技创新投入会随着资产负债率水平的升高而下降；而当资产负债率在临界水平上方时，科技创新投入则会随着资产负债率的提高而上升。但是，在高科技行业中，债务水平与科技创新投入之间则不存在这一关系。

2.4.2 权益融资与科技创新投入

对于权益融资与科技创新投入的关系，相关研究大多认为权益融资是企业进行科技创新投入的主要来源，权益融资的增加对于科技创新投入的提高具有积极作用。Macey 和 Miller（1997）的研究认为，相比债权融资的固定收益索取方式，通过股票市场进行的权益融资方式是一种相对动态的有限责任的索取权，因此，高风险、高科技创新投入的企业更加适合权益融资方式。Carpenter 和 Petersen（2002）的研究进一步指出，与债权融资相比，权益融资不需要进行担保就可以获得资金，也不需要定期支付利息，因而不会放大企业的经营风险。而且股东参与管理与监督的行为，能在一定程度上缓解企业的逆向选择和道德风险问题，因此，权益融资是企业进行科技创新活动的重要资金来源。Muller 和 Zimmermann（2009）以德国的中小企业为样本，考察了权益融资对企业科技创新活动的影响。研究发现，具有科技创新投入的企业具有较高的权益融资比例，这说明企业的科技创新投入对于权益融资具有一定的依赖性。而且在年轻企业中，权益融资与科技创新投入具有更加显著的正相关关系。Brown 和 Peterson（2009）以及 Brown 等（2009）也得到了类似的结论。Brown 和 Peterson（2011）的研究进一步证实了权益融资对于科技创新投入的重要性，发现在 2004 年之后美国高科技部门的科技创新投入对权益融资的依赖程度显著增加。

但是，也有研究认为权益融资对企业科技创新投入的影响并不显著。Lee（2012）比较了内部融资、债权融资和权益融资对于企业科技创新投入的影响。研究发现，内部融资和债权融资对于科技创新投入均具有显著的正向影响，只有权益融资对于企业科技创新投入的影响不显著。Sasidharan 等（2015）对印度制造业的研究也发现，企业并不会运用外部的权益融资进行科技创新活动。

风险投资是权益融资的一种方式，自 20 世纪 90 年代之后，风险投资对于科技创新的重要作用受到了广泛的关注。根据 Kaplan 和 Stomberg（2003）的研究，风险投资不仅能满足科技企业的资金需求，而且可以通过参与管理、提供咨询和资源等方式，提高企业的创新效率。Hall 和 Lerner（2010）的研究也认为，对于企业的科技创新活动，风险投资是一种较好的外部融资方式，可以帮助企业在科技创新活动方面投入更多的资金。另外，需要指出的是，风险投资对于科技创新投入的重要作用在初创的小企业中表现得更为突出。Moore（1994）以及 Oakey（1984，1995）的研究均发现，对于成立初期的高科技企业，融资约束是制约其发展的最大“瓶颈”。对于这一阶段的企业，由于其不确定性较大、信息不对称程度较高、无形资产的比例较大，因此，传统的以银行为代表的债权人以及风险承受能力较低的投资者均不愿意对这类企业进行投资。此时，为了追求高收益而愿意承担高风险的风险投资就成了弥补这一融资缺口的主要融资方式。Himmelberg 和 Petersen（1994）、Hall 和 Lerner（2010）的研究也都认为风险投资可以弥补小型企业（尤其是小型科技企业）的资金缺口。

近几年，许多研究从金融市场发展的角度，研究外部融资对于企业科技创新投入的影响。例如，Martinsson（2010）的研究以 Brown 等（2009）的模型为基础，研究了欧洲企业科技创新投入的来源问题。研究发现，英国企业的科技创新投入主要依靠内部融资和外部的权益融资，而除英国外的其他欧洲国家则主要依靠内部融资进行科技创新活动。究其原因，作者认为这是因为英国具有更加完善和先进的金融市场体系。由此可见，金融市场体系对于企业科技创新活动的融资具有重要影响。Brown 等（2012）和 Hsu 等（2013）的研究也表明，完善的金融市场，尤其是完善的股票市场，对于企业的科技创新投入具有重要影响。较为完善和发达的股票市场能显著促进企业的科技创新投入，而信贷市场的发展对于企业的科技创新投入则不具有显著影响。

另外，许多文献考察了融资约束对于企业科技创新投入的影响。Hall（1992）的研究认为，由于企业的科技创新活动风险高、期限长，信息不对称问题较为严重，而且科技创新的成果多为无形资产，具有较强的溢出性，加之企业缺乏有效的抵押品，这些因素均在不同程度上限制了科技创新活动的外部融资，使其具有融资约束。Harhoff（1998）利用德国的制造业数据也证实了小企业的科技创新活动具有明显的融资约束。Mulkay 等（2001）以法国和美国的企业为样本，对比了科技创新投入对于内部现金流的依赖程度。研究表明，两国的企业均存在科技创新活动的融资约束问题，而美国企业的融资约束问题更加严重，对内部融资的依赖程度更大。Mohnen 和 Therrien（2002）的研究发现，融资约束的存在使加拿大制造企业的创新意愿平均降低了大约 18.7%，而德国制造企业由于融资约束的存在，其创新意愿下降了近 22.4%。Cincera 等（2014）的研究发现，年轻的企业尤其是欧盟的年轻企业，科技创新活动存在更大的融资约束问题。Silva 和 Carreira（2012）的研究认为融资约束对于企业的科技创新活动会产生负面影响，而且科技创新补贴并没有显著地缓解这一融资约束问题。Bougheas 等（2003）、Carter（2005）和 Ughetto（2008）分别对爱尔兰、丹麦以及意大利企业的融资约束问题进行了研究，发现在这些国家中，企业的科技创新活动普遍存在融资约束问题。由前面的研究可以发现，企业的科技创新活动普遍存在着融资约束问题，如果企业科技创新活动的融资约束能得到有效缓解，必然会使企业对科技创新活动投入更多的资金。

对于权益融资与科技创新投入的关系，我国学者的研究大多认为权益融资是企业科技创新活动的重要融资渠道。陈海声（2006）认为，由于科技创新活动具有非契约性和非竞争性，使科技创新活动具有保密性和独立性，始终在企业内部开展，那么其融资来源也主要以股权融资和内部资金为主。刘振（2011）以我国高科技上市公司为样本，分析了不同融资来源对于企业科技创新投资的影响。研究发现，内部融资和股权融资均与企业的科技创新投入存在显著的正向相关关系，而债权融资则与科技创新投入存在显著的负向相关关系。这说明，我国高科技企业的科技创新活动主要依靠内部融资和权益融资。夏冠军、陆根尧（2012）以我国高科技企业为样本，发现外部的股权融资是影响企业科技创新投入的关键因素，资本市场提供给企业的外部股权融资能显著提高企业的科技创新投入，而且对于小公司更加明显。刘春玉（2014）的研究表明，企业的科技创新投资更加依赖权益融资，而且高科技企业的科技创新投资对于权益融资的依赖性更强。朱欢（2012）和曾静（2013）的研究也均表明，权益融资对于企业的科技创新投入和绩效均具有显著的正向影响。

许多研究重点关注权益融资中的风险投资对于企业科技创新投入的影响。赵诗情（2012）的研究指出，风险投资是企业进行科技创新活动的重要资金来源，能弥补传统融资方式的融资缺口，对解决中小企业科技创新项目的“融资难”问题具有重要意义。付雷鸣等（2012）运用企业层面的数据进行研究，发现风险投资和科技创新投入具有显著的正向关系，具有风险投资的企业会进行较多的科技创新投入。苟燕楠、董静（2014）的研究进一步发现，有风险投资参与的企业在科技创新投入以及专利数量方面均具有较好的表现，而且经验越丰富的风险投资机构对于企业科技创新投入的正面影响越大。蔡地等（2015）的研究也证实了风险投资有利于企业提高科技创新投入。

2.4.3 现有研究述评

关于外部融资与科技创新投入关系的研究起步比较早。但是，由于金融市场发展水平的差异，使外部融资对于科技创新投入的作用并没有得到一致的结论，不同的融资方式对于科技创新投入的影响也没有得到一致的结论。具体而言，主要表现在以下两个方面：

首先，关于科技创新活动的资金来源是内部融资还是外部融资，国内外的研究并没有得到一致的结论。早期的研究普遍认为内部融资是企业科技创新投入的主要来源（Kamien and Schwartz，1978；Hoshi et al.，1991；Himmelberg and Petersen，1994；Bougheas，2004），但是，近期学者们则越来越关注外部融资对于企业科技创新投入的影响（Ayyagari et al.，2011；Brown et al.，2009）。总体而言，大部分的研究均认为企业的科技创新活动存在融资约束，内部融资是企业进行科技创新活动的一个重要资金来源，但是，随着金融市场的不断发展，外部融资对于科技创新活动的支持作用也显得越来越重要。

其次，关于外部融资的不同融资方式对科技创新投入的影响，国内外的研究也没有得到一致的结论。对于债权融资是否是企业科技创新活动的资金来源，存在的争议较大，无论是国外还是国内的相关研究，均认为两者之间可能存在三种相关关系：正相关关系、负相关关系和其他关系。对于权益融资是否是企业科技创新活动的资金来源，国内外的研究倾向于权益融资是企业科技创新活动的较优融资方式。尤其是风险投资和股票市场的股权融资，它们自身的特点使其成为科技创新活动中优于债权融资的融资方式。

2.5 本章小结

本章对于与本书紧密相关的文献进行了系统的回顾与评述。具体而言，首先，对本书的基础理论进行了介绍，主要论述了市场失灵理论、信息不对称理论、熊彼特的创新理论以及融资优序理论。其次，对科技创新补贴对外部融资影响的相关文献、外部融资对于企业科技创新投入影响的相关文献以及科技创新补贴对于企业科技创新投入影响的相关文献，进行总结与分析，从而为第 3 章的理论分析提供了铺垫。通过分析我们发现，相关文献主要存在以下几个方面的特点：

第一，科技创新补贴与外部融资呈非线性关系的研究成果较少，且缺乏理论支持。关于科技创新补贴与外部融资关系这一问题，国内外的研究基本上均从信号作用角度进行分析，认为科技创新补贴对外部融资具有线性的提高作用。只有史伟、霍丽（2014）的研究发现我国的政府补贴与外部融资呈现倒“U”型关系。对于这一现象产生的原因，他们认为由于政府补贴目的多元化、信息不对称等原因，使得“低质”企业获得政府补贴，从而无法对外部融资产生提高作用。但本书认为，这一原因对科技创新补贴的适用性并不强，因为政府补贴的目的可能会较为多元，但是科技创新补贴的目的则相对单一。因此，目前对于科技创新补贴与外部融资的非线性关系缺乏系统的理论解释。本书的研究对科技创新补贴与外部融资的非线性关系提供了新的证据，对这一现象也提出了系统的理论解释。

第二，对科技创新补贴进行分类研究的成果相对较少。目前，影响较大的仅有以下四篇文献：Kleer（2010）将科技创新补贴分为“基础研究项目补贴”和“应用研究项目补贴”，但并未进行实证检验；Colombo，Grilli 和 Murtinu（2011）将科技创新补贴分为“自动性补贴”和“选择性补贴”；Wei 和 Liu（2015）将政府资助分为“横向资助”和“纵向资助”；张兴龙等（2014）将科技创新补贴分为事前一次性补贴、补贴率方式补贴、事后奖励方式补贴以及其他科技创新补贴四类。对科技创新补贴进行分类研究可以使研究的针对性更强，更有助于深入探析科技创新补贴的相关问题，但是，分类研究的难点在于实际数据较难取得。为此，本书对民营上市公司的财务报表进行手工整理，得到科技创新补贴分类的相关数据并进行分析，对丰富和深化科技创新补贴的相关研究具有重要意义。

第三，科技创新补贴与外部融资的关系研究、科技创新补贴与科技创新投入的关系研究是两个独立的研究问题，缺乏对外部融资在科技创新补贴到科技创新投入传导机制中所起作用的深入探讨。目前的研究仅聚焦于科技创新补贴与外部融资的关系问题，或科技创新补贴与科技创新投入的关系问题，忽视了这两个研究问题之间的内在联系。本书则重点关注外部融资在科技创新补贴到科技创新投入传导机制中的重要作用，认为科技创新补贴能通过外部融资的中介作用间接提高科技创新投入。这一研究成果将科技创新补贴与外部融资、科技创新补贴与科技创新投入的相关研究纳入同一个研究框架，为科技创新补贴到科技创新投入的传导路径研究提供了新的视角，也为科技创新补贴对科技创新投入的激励效应提供了新的解释。

第3章

制度背景与理论分析

本章详细阐述了科技创新补贴的制度背景，构建了本书的理论模型，并提出研究假设。具体而言，首先，介绍了与科技创新补贴密切相关的科技政策、会计准则，以及我国目前科技创新补贴的管理模式。其次，以市场失灵理论、信息不对称理论、熊彼特的创新理论和融资优序理论为基础，构建了本书的理论模型。最后，详细阐述了科技创新补贴对外部融资的影响机理、外部融资对科技创新投入的影响机理，以及科技创新补贴对科技创新投入的直接和间接影响机理，并提出研究假设。

3.1 制度背景

本节主要阐述与科技创新补贴相关的制度背景，包括与科技创新补贴相关的科技政策的演变过程、与科技创新补贴相关的会计准则的演变过程，以及我国目前科技创新补贴的管理模式。

3.1.1 相关科技政策的演变

随着经济和社会的不断发展，我国的科技创新活动取得了举世瞩目的成就。相关的科技政策也在借鉴西方国家的经验中不断摸索和改进。与科技创新补贴相关的科技政策的演变，大致可以分为以下三个阶段（具体制度可参见表3-1）：

第一个阶段：1978年后科技拨款制度的恢复阶段（1978~1992年）。这一阶段改革了科技拨款制度，打破了计划经济体制下的“大锅饭”，推动了科技经费的分类管理。

1985年，《中共中央关于科学技术体制改革的决定》的公布，标志着我国科技体制改革开始全面有序地进行。其对研究机构的拨款制度进行了全面改革，按照不同类型科学技术活动的特点，实行经费的分类管理。中央和地方财政的科学技术拨款，应以高于财政经常性收入增长的速度逐步增加。对基础研究和部分应用研究工作，逐步试行科学基金制。1986 年，《国务院关于科学技术拨款管理的暂行规定》公布，对科技拨款管理的相关事宜进行了详细规定，规范了相关部门对科技拨款的管理。1988 年公布的《国务院关于深化科技体制改革若干问题的决定》，再次强调各级人民政府应重视科技工作，进一步增加对科技活动的投入。

第二个阶段：以 1993 年《中华人民共和国科学技术进步法》为标志的科技政策改革阶段（1993 ~2005 年）。这一阶段财政科技投入的内容和范围均有所扩大，科技计划课题制得以确认，科技经费管理进一步得到规范。

1995 年颁布的《中共中央国务院关于加速科技进步的决定》进一步提出要多渠道、多层次地增加科技投入。1999 年《中共中央国务院关于加强技术创新，发展高科技，实现产业化的决定》发布，明确提出通过深化改革，从根本上形成有利于科技成果转化的体制和机制，加强技术创新，发展高科技，实现产业化，标志着我国的科技政策进入推动科技成果转化的时期。为了贯彻实行国家科研计划课题制，2002 年多部委联合发布了《关于国家科研计划实施课题制管理的规定》，对国家科研计划实施课题制管理的相关事宜进行了详细规定，提出课题的资助方式为成本补偿式和定额补助式。另外，这一时期还相继出台了规范各项国家科技计划、基金项目管理的相关制度，例如，1994 年发布的《国家级火炬计划项目管理办法》、1997 年发布的《国家重点新产品计划管理办法》、1999 年发布的《关于科技型中小企业技术创新基金的暂行规定》、2001 年发布的《国家科技计划管理暂行规定》、2002 年发布的《星火计划管理办法》、2005 年发布的《科技型中小企业技术创新基金财务管理暂行办法》等，这些管理办法的公布对于加强专项资金的管理、提高财政拨款的使用效率起到了积极作用。

第三个阶段：以 2006 年《国家中长期科学和技术发展规划纲要（2006 ~2020 年）》为标志的科技制度深化改革阶段（2006 年至今）。这一阶段对于科技经费管理的改革进一步深化，政府的资助方式更为多样，资助范围更为广泛。

2006 年《关于改进和加强中央财政科技经费管理的若干意见》公布，提出要进一步完善科技资源配置的统筹协调和决策机制，优化中央财政科技投入结构，创新财政经费的支持方式，健全科研项目立项及预算评审评估制度，强化科研项目经费使用的监督管理。2012 年《中共中央国务院关于深化科技体制改革加快国家创新体系建设的意见》（以下简称《意见》）公布，该《意见》明确指出要深化科技项目改革，完善科技经费管理制度，发挥政府在科技投入中的引导作用，进一步落实和完善促进全社会科研经费逐步增长的相关政策措施。根据该

《意见》的要求，2014 年发布了《国务院关于改进加强中央财政科研项目和资金管理的若干意见》，这是未来一个时期指导科研项目和资金管理的纲领性文件。对于目前科技活动中存在的项目重复分散、管理不够科学透明、资金使用效率低下等问题提出了解决意见，对于深化科技体制改革、提高科技资源的配置效率具有重要意义。为了贯彻这一意见，2014 年发布了《关于深化中央财政科技计划（专项、基金等）管理改革的方案》，对科技计划的改革提出了具体措施。另外，在科技创新补贴方式方面，2013 年发布《国家科技计划及专项资金后补助管理规定》，明确提出在科技部归口管理的国家科技计划及专项管理中引入后补助机制。

表 3-1　主要科技政策汇总表

阶段	制度名称	日期	颁发部门	内容简介
第一阶段 1978～1992	中共中央关于科学技术体制改革的决定	1985	中共中央办公厅	对研究机构的拨款制度进行全面改革，实行经费的分类管理
	国务院关于科学技术拨款管理的暂行规定	1986	国务院	对科技拨款管理的相关事宜进行规范
	国务院关于深化科技体制改革若干问题的决定	1988	中共中央办公厅、国务院	科技投入的增加速度应高于财政经常性收入的增长速度
第二阶段 1993～2005	中华人民共和国科学技术进步法	1993	全国人大常委会	提高科学技术经费投入的水平，任何单位和个人不得虚报、贪污、挪用用于科学技术进步的财政资金
	中共中央国务院关于加速科技进步的决定	1995	国务院	多渠道、多层次地增加科技投入，加大对农业科学研究、基础性研究、高科技研究的投入力度
	中共中央国务院关于加强技术创新，发展高科技，实现产业化的决定	1999	国务院	形成有利于科技成果转化的体制和机制；促进企业成为创新主体；国家科研计划实行课题制
	关于国家科研计划实施课题制管理的规定	2002	科技部、财政部、计委、经贸委	对国家科研计划实施课题制管理做出详细规定，课题的资助方式为成本补偿式和定额补助式
	国家级火炬计划项目管理办法、国家重点新产品计划管理办法、星火计划管理办法等	1994 1997 2002	国家科委、国家税务总局等	规范和加强对项目资金的管理

续表

阶段	制度名称	日期	颁发部门	内容简介
第三阶段 2006 年至今	关于改进和加强中央财政科技经费管理的若干意见	2006	财政部、科技部	完善科技资源配置的统筹协调和决策机制，优化中央财政科技投入结构，创新财政经费的支持方式
	中共中央国务院关于深化科技体制改革加快国家创新体系建设的意见	2012	国务院	完善科技经费管理制度，发挥政府在科技投入中的引导作用，进一步落实和完善促进全社会研发经费逐步增长的相关政策措施
	国家科技计划及专项资金后补助管理规定	2013	财政部、科技部	科技部归口管理的国家科技计划及专项管理引入后补助机制
	关于改进加强中央财政科研项目和资金管理的若干意见	2014	国务院	优化整合各类科技计划，改进科研项目管理流程，加强资金管理，落实各方责任
	关于深化中央财政科技计划（专项、基金等）管理改革的方案	2014	国务院	建立公开统一的国家科技管理平台，将现有的科技计划整合成五类计划

3.1.2　相关会计准则的演变

在我国，为了应对不断发展的经济形势，关于政府补助的会计准则一直在不断地改进，其演进过程大致可以分为两个阶段：

第一个阶段：政府补助没有专门的会计准则，其相关规定散落于其他准则之中（1978～1995 年）。

1992 年的会计改革之前，我国的会计体系主要包括 11 个大类、46 个行业会计制度、4 个核算办法和其他相关规定。其中，只有外贸和商业两个大类的 7 个行业会计制度涉及“补贴收入”项目，而且这一“补贴收入”的概念与目前市场经济环境下的补贴收入概念是不同的。1992 年 11 月 30 日，财政部发布《企业会计准则——基本准则》，拉开了我国企业会计制度改革的序幕。另外，结合各行业经营活动的特点，财政部陆续发布了 13 个行业会计核算制度，形成了比较完整的企业会计制度体系。在这次改革中，具有计划经济烙印的“补贴收入”科目被取消了。但是，我国政府发放给企业的补贴却从来没有中断过。面对这一实际情况，1993 年 6 月 10 日，财政部颁布了《工业企业会计制度若干问题的补充规定》，同年的 6 月 21 日又发布了《商品流通企业有关会计处理补充规定》，要求企业设立“补贴收入”和“应收补贴款”两个科目，对企业收到的政府补贴进行核算。在1994年7月18日财政部公布的《调整后会计科目和会计报表》中，“补贴收入”成为会计报表上要求披露的会计科目，但仅限于旅游饮食服务企业、工业企业和商品流通企业。

第二个阶段：出现了专门针对政府补助的会计准则，在借鉴西方国家会计理论和准则的基础上，对准则进行不断的修改和调整（1995年至今）。具体准则可参见表3－2。

表3－2　　政府补助准则相关文件汇总表

文件名称	时间	确　认	计　量	披　露
企业会计准则第×号——捐赠和政府援助（征求意见稿）	1995	构成或用于形成固定资产或无形资产的，在有关资产交付使用时，转作资本公积；用于补偿费用或损失的，经批准后冲转有关费用或损失；其他政府补助，于收到时直接记作收入	补助如为现金，应按其实际金额入账。企业接受的政府补助如为其他资产，应根据公允价值入账	补助的形式、目的、金额、使用情况；企业直接受益的其他政府援助，如减免税款、低息或无息贷款的情况
企业会计准则——政府补助和政府援助（征求意见稿）	2002	企业取得的政府无偿划拨或调入的长期资产，应计入资本公积；企业取得的其他与资产有关的政府补助，应先作为负债，然后视情况转入资本公积，或将相关负债金额与相关费用或损失相抵冲。企业取得的与收益相关的政府补助，应作为冲减相关税费处理或补贴收入处理	补助为现金，应按实际金额入账。政府提供了有关凭据的，按凭据金额加相关税费入账；没有凭据的，若存在活跃市场，按市场价格加相关税费入账；若不存在活跃市场，按预计未来现金流量现值入账	补助所采用的会计政策、性质和范围；企业从中受益的政府援助的说明；在政府补助已予确认的情况下，尚未履行的附加条件及其他或有事项
企业会计准则第×号——捐赠与补助（征求意见稿）	2005	对附条件的补助，应在确认补助资产的同时计入相应的负债。对于无条件的现金补助，应当在确认补助资产的同时计入当期损益；对于无条件的非现金补助，应当在确认补助资产的同时计入资本公积	同上	本期确认的捐赠与补助收入的金额；本期确认的附条件捐赠与补助的使用情况
企业会计准则第16号——政府补助	2006	与资产相关的政府补助，应当确认为递延收益。与收益相关的政府补助，用于补偿企业以后期间费用或损失的，确认为递延收益；用于补偿企业已发生的相关费用或损失的，直接计入当期损益	补助为货币性资产，按收到或应收的金额计量；补助为非货币性资产，按公允价值计量；公允价值不能可靠取得的，按名义金额计量	补助的种类及金额；计入当期损益的补助金额；本期返还的补助金额及原因

续表

文件名称	时间	确　认	计　量	披　露
企业会计准则第16号——政府补助（修订）（征求意见稿）	2016	与企业日常经营活动相关的政府补助，计入其他收益。与企业日常经营活动无关的政府补助，计入营业外收入。政府按芳烃生产企业实际耗用的石脑油数量退还石脑油成本中所含的消费税，冲减芳烃生产成本。财政贴息应区分财政将贴息资金拨付给贷款银行和财政将贴息资金拨付给企业两种情况，每种情况又提供了两种会计处理方法供企业选择	补助为货币性资产，按收到或应收的金额计量；补助为非货币性资产，按公允价值计量；公允价值不能可靠取得的，按名义金额计量	单独列报计入其他收益的补助；补助的种类及金额；计入当期损益的补助金额；本期返还的补助金额及原因；财政贴息及其优惠利率
企业会计准则第16号——政府补助（修订后）	2017	与企业日常经营活动相关的政府补助，计入其他收益或冲减相关成本费用。财政将贴息资金拨付给企业时，企业应将贴息冲减借款费用	同上	单独列报计入其他收益的补助；补助的种类及金额；计入当期损益的补助金额；本期返还的补助金额及原因

1995 年 9 月 27 日，财政部颁布了专门针对政府补助会计处理的《企业会计准则第 × 号——捐赠和政府援助（征求意见稿）》，这份意见稿借鉴了美国 SFAS116 中关于“捐赠”的相关处理，以及国际会计准则 IAS20 和英国会计准则 SSAP4 中关于“政府补助”的相关处理方法。2002 年 10 月 28 日公布了《企业会计准则——政府补助和政府援助（征求意见稿）》，这一次的征求意见稿主要是借鉴国际会计准则委员会、英国关于政府补助的相关会计规定，强调对信息披露的规范，有利于提高政府补助相关信息的透明度，更好地应对世贸组织（WTO）的要求。2005 年 10 月 14 日又公布了《企业会计准则第 × 号——捐赠与补助（征求意见稿）》，在这一意见稿中，又一次将捐赠与政府补助放入同一准则进行规范，并借鉴《国际会计准则第 41 号——农业》中的相关规定，将政府补助分为附条件的政府补助和无条件的政府补助。2006 年 2 月 15 日，财政部正式颁布了《企业会计准则第 16 号——政府补助》，成为目前我国企业进行政府补助（包括科技创新补贴）会计处理的依据。

根据《企业会计准则第 16 号——政府补助》的规定，政府补助应划分为与资产相关的政府补助和与收益相关的政府补助，核算方法应采用收益法中的总额法。具体而言，对于与资产相关的政府补助，应在取得补助时先确认为递延收益，然后自相关资产可供使用时起，在该项资产使用寿命内平均分配，计入当期的营业外收入。对于与收益相关的政府补助，如果是用于补偿企业以后期间费用或损失的，在取得时先确认为递延收益，然后在确认相关费用的期间计入当期营业外收入；如果是用于补偿企业已发生费用或损失的，取得时直接计入当期营业外收入。由此可见，企业获得科技创新补贴的会计处理有两种：直接确认为当期损益（计入营业外收入）；或先确认为递延收益，随后分摊转入当期损益（计入营业外收入）。

针对近年来政府补助准则执行中存在的一些问题，进一步规范我国政府补助的确认、计量和披露，提高会计信息质量，2016 年年初财政部启动了政府补助准则的修订工作。2016 年 8 月，财政部发布了《企业会计准则第 16 号——政府补助（修订）（征求意见稿）》，2017 年 5 月，财政部公布了修订后的《企业会计准则第 16 号——政府补助》，在所有执行企业会计准则的企业范围内施行。此次修订政府补助准则的目的在于解决实务中的问题，因此，原准则规定的原则依然适用，修改后的准则主要是对实务中难以判断的问题给予更为详细的指导。具体而言，主要的修订内容如下：①增加了对政府补助特征的表述，进一步明确需要向政府交付商品或服务等对价的资源以及政府的资本性投入均不属于政府补助。②允许企业将政府补助计入营业利润。修改后的准则规定，与企业日常经营活动相关的政府补助，应计入其他收益或冲减相关的成本费用，且计入其他收益的政府补助应在利润表中的“营业利润”项目之上单独列报。与企业日常经营活动无关的政府补助，应计入营业外收入。③对财政贴息的会计处理做出了更加详细的规定。修改后的准则将财政贴息区分财政将贴息资金拨付给贷款银行和财政将贴息资金拨付给企业两种情况，对于财政将贴息资金拨付给贷款银行的情况，准则提供了两种会计处理方法供企业选择，对于财政将贴息资金直接拨付给企业的情况，准则规定应将对应的贴息冲减相关借款费用。

3.1.3 科技创新补贴的管理模式

本节主要介绍目前我国科技创新补贴的管理模式，包括科技创新补贴的主要形式、管理部门、资金来源和申请程序。

我国的科技管理体制属于集中协调型体制。科技部是我国的科技主管部门，主要负责科技发展方针、政策、战略的制定以及各部门科技活动的协调工作，而农业部、教育部、交通部等部门以及各级地方政府负责其管辖范围内的科技活动。

我国科技创新补贴发放的主要形式是中央和地方的各类科技计划。企业通过参与相关的科技计划获得科技创新补贴，如“星火”计划、“火炬”计划等。我国的科技计划主要包括国家科技计划、部门（行业）科技计划和地方科技计划等，它们是我国科技投入的主体，也是企业获得科技创新补贴的主要渠道。

在我国，科技计划的管理部门有科技部、财政部、国家自然科学基金委员会、发改委、农业部、工信部、教育部等。这些部门具有各自的科技计划，而各省、各市以及各县也有各自独立的科技计划。根据科技部部长万钢在十二届全国人大三次会议记者会上的发言可知，仅中央财政支持的各类科技计划就有近40个部门参与管理，近百个计划渠道。可见，科技统筹协调不够、资源碎片化、资助方式不完善、缺乏顶层设计等问题突出。针对这一现象，国务院2014年发布了《关于深化中央财政科技计划（专项、基金等）管理改革的方案》。根据这一方案，现有的科技计划（专项、基金）将被全面整合为以下五类：

（1）国家重点研发计划。该计划针对事关国计民生的农业、能源资源、生态环境、健康等领域中需要长期演进的重大社会公益性研究，以及事关产业核心竞争力、整体自主创新能力和国家安全的战略性、基础性、前瞻性重大科学问题、重大关键共性技术和产品、重大国际科技合作，通过设立重点专项进行全链条设计，一体化组织实施，为国民经济和社会发展的重要科技领域提供持续性的支持和引领。国家重点基础研究发展计划、国家高技术研究发展计划、国家科技支撑计划等均被纳入此类计划。

（2）技术创新引导专项（基金）。该计划鼓励企业、高校和科研院所的技术攻关与研发，培育创新型的初创企业、科技型企业和高新技术企业，特别支持万众创新、大众创业、科技孵化器、中小企业发展等。

（3）基地和人才专项。该专项主要的目标是加强科研条件建设，促进科技资源开放共享，支持创新人才和优秀团队的科研工作。

（4）国家科技重大专项。聚焦国家重大战略产品和产业化目标，协同攻关重大科技问题。

（5）国家自然科学基金。该基金聚焦基础研究和科学前沿，培育优秀科研人才和团队，增强我国的源头创新能力。

目前，我国科技创新补贴的资金来源渠道，主要是中央和地方各级政府的财政收入。根据1985年的《中共中央关于科学技术体制改革的决定》，中央和地方财政的科学技术拨款应以高于财政经常性收入增长速度逐步增加。2006年2月国务院发布了《实施〈国家中长期科学和技术发展纲要（2006~2020年）〉的若干配套政策》，配套政策中也提出要大幅度增加科技投入，确保财政科技投入的稳定增长。科技创新补贴的资金纳入政府的科技经费预算予以拨付。我国的科技经费预算采用“两下两上”的方式制定。具体而言：各基层科技项目管理部门编制本部门预算，层层汇总后上交财政部；财政部对上报的预算数进行审核，据此下达各部门的预算控制数；各部门根据财政部下达的预算控制数调整本部门的预算方案，形成预算草案并再次上报财政部；预算草案经国务院、人大进行审批，最后由财政部在法定期限内正式下达各单位。

目前，我国企业获得政府科技创新补贴的程序是：首先，企业根据自身情况申请相关的科技计划；其次，相关的主管单位根据“平等、公开、竞争、择优”的原则对项目进行筛选，做出是否给予科技创新补贴的决定；最后，获得科技创新补贴的企业在项目执行过程中应配合相关主管部门的监督检查，相关项目完成后向主管部门提交结题报告。具体而言，企业获得政府科技创新补贴的程序为（参见图3－1）。

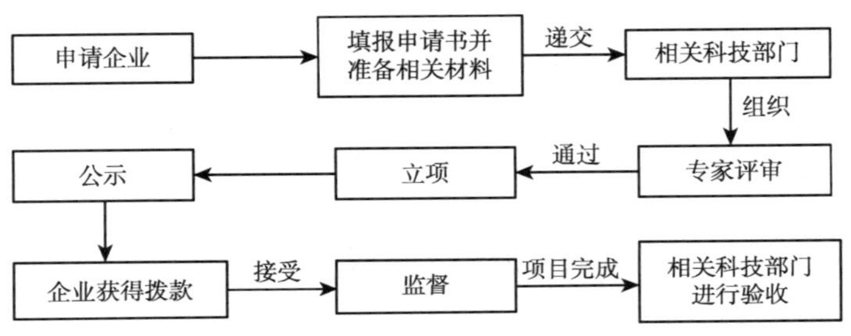

图3－1　企业申请科技创新补贴程序图

（1）企业申请。政府的科技部门根据当年财政预算以及科技、经济的发展需求，制订并公布科技计划的征集指南和申报要求。符合申报条件的企业如决定申请相关补贴，需根据相关科技计划的要求准备材料，随后在相关网站或前往相关科技部门的服务窗口进行申请，并提交材料。

（2）政府部门（科技部门）的评审与立项。对于企业报送的申请材料，科技部门通常按照初审、专家评审和科技主管部门审定的程序确定是否立项。科技部门首先需要对申报材料的形式进行初步审查。审查的内容包括申报项目是否属于该科技部门的职权范围、申报材料是否齐备、是否符合法定形式等。对于符合要求的申报项目，应决定受理，并组织专家评审。专家评审是指由科技部门统一组织相关领域的专家，对于项目的研究目标、研究价值、研究方案以及项目的创新性等方面进行评估和评审，作为最终决策的重要参考。专家评审中的专家来自中央或各省区市的专家库，如果专家库中的信息不完善，可在与相关部门协商后，酌情选定相关领域的专家。专家的选择应坚持公正、客观的原则，并执行回避或保密的相关规定。最后，相关科技部门依据专家的评估评审意见，对项目质量、前景进行审查，做出予以立项或不予以立项的决定。对于同意立项的项目，还需在公开的网站或相关媒体上进行公示，面向社会征询异议，对于无异议的项目，告知申请企业领取决定文件，并安排拨款。

（3）企业获得科技创新补贴，并接受政府部门（科技部门）的监督。申请企业领取到政府决定立项的文件后，需根据相关安排，办理科技创新补贴的拨款手续。在获得科技创新补贴的拨款后，企业要接受相关部门的监督，包括申报企业每年应填写项目年度执行情况报告、科技部门组织的对项目的重点抽查或定期的专项巡视检查、科技部门委托中介机构进行的全过程监督等。

（4）项目完成后，企业需要向政府部门（科技部门）提交结题报告，并接受政府部门（科技部门）的验收。当被资助的项目完成后，企业需要向科技部门提交相关材料申请结题，相关科技部门可组织专家，或委托相关中介机构，或具有审核推荐权的项目主管部门进行项目的验收工作。验收工作主要是对项目的任务指标、经费使用情况等进行考察评价，并综合考察申请企业的项目管理、科研诚信等情况。对于验收不合格或暂缓验收的项目，应按照相关规定进行整改或处罚。

3.2 理论模型

根据“市场失灵”理论，科技创新活动的私人投资市场存在“失灵”现象，而政府给予企业的科技创新补贴则是解决这一问题的重要手段之一。具体而言，科技创新活动出现“市场失灵”现象的原因，可以归结为以下两个方面：一方面，科技创新活动的技术溢出效应。由于技术溢出效应的存在，使未从事科技创新活动的企业可以免费获得科技创新活动带来的收益，即：存在“搭便车”的现象。对企业而言，这一外溢很难阻止，致使企业的科技创新投入动力不足，需要政府予以补贴。另一方面，科技创新活动的不确定性。由于科技创新活动的成功概率较低，成本较高，加之创新成果的市场认可程度也存在较大不确定性，从而严重影响了企业的科技创新积极性，需要政府通过补贴等形式予以鼓励和刺激。综上所述，科技创新活动“市场失灵”现象的存在使政府需对科技创新活动予以补贴，保证私人企业对科技创新活动的最优投资水平。换言之，科技创新补贴能提高企业科技创新的积极性，对增加企业的科技创新投入具有一定的激励作用。

信息不对称是指在市场交易中，市场的一方无法观测和监督另一方的行为，或无法获知另一方的完全信息，或当观测和监督成本高昂时，交易双方掌握的信息处于不对称的状态。当存在信息不对称时，通常会导致两种结果：逆向选择和道德风险。信号传递是解决信息不对称问题的一个有效方法（Spence，1973；Ross，1977）。信号传递就是某一主体通过某种行为主动向市场发出信号，将信息传递给缺乏信息的其他主体，从而消除或削弱信息不对称现象。企业与外部的资金提供者（银行或权益投资者）之间也存在信息不对称。具体而言，一方面，企业对自身的财务状况和经营风险有清楚的了解，在科技创新项目的性质以及经济潜力等方面拥有更多信息，处于信息优势地位。另一方面，由于科技创新项目的专业性和复杂性，外部资金提供者往往无法准确辨认投资项目的风险，因此处于信息劣势地位。为了应对信息不对称问题，外部资金提供者通常会要求更高的回报，从而造成科技创新项目的融资成本提高，企业的科技创新积极性受到抑制，产生逆向选择问题。此时，如果企业获得了政府给予的科技创新补贴，说明政府认可了该企业申报项目的质量，认为该项目在目标的先进性、方案的可行性、条件的优越性以及潜在的获利性等方面具有一定优势，于是，向市场传递了积极的信号，使外部资金提供者对企业的科技创新项目以及企业本身更有信心，进而更愿意为企业提供资金支持。此时，科技创新补贴被认为具有信号作用，能帮助企业获得更多的外部融资。

根据熊彼特的创新理论，金融系统在企业的创新过程中起着至关重要的作用。熊彼特认为，创新可以通过建立信誉获得投资，并强调信贷在其中的重要作用。具体而言，在实现“新组合”的过程中，通常会出现有待弥合的资金缺口，而弥合这一缺口是贷款者的职能。只有缺口得到弥合，创新才能顺利进行。否则，在私有制的交换经济中，要实现创新发展是非常困难的（熊彼特，1912）。根据这一理论，微观的企业进行创新，并进而逐步扩展为整个经济系统的全面变革，需要金融系统特别是商业银行系统的支持和推动。可以说，金融系统对于创新的推动至关重要，是经济发展的动力。由此可见，外部融资有利于缓解企业的资金压力，对于弥补企业的科技创新投入缺口具有重要意义。

根据融资优序理论，企业管理者与外部投资者存在信息不对称，当企业需要筹集资金时，会遵循这样一个顺序：首先是内部融资，其次是债权融资，最后才是权益融资。具体而言，由于内部融资不存在信息不对称问题，成本较低，当企业需要融资时首选内部融资，其次考虑外部融资。对于债权融资而言，只需要还本付息，通常在企业正常运转的情况下，债权人的利益能得到有效保证，逆向选择问题相对较少，成本较低。对于权益融资而言，容易产生逆向选择和道德风险问题，成本较高。当企业必须从外部进行融资时，首选债权融资，其次选择权益融资。由此可见，根据融资优序理论，信号传递对于债权融资和权益融资的影响有所差异。权益融资对于信息不对称问题更为敏感，信号传递在缓解信息不对称问题方面所发挥的作用更为重要。因此，在权益融资方式下，科技创新补贴所起的信号作用更强，对权益融资的提高作用更加明显。

基于以上理论，本书研究的科技创新补贴对于外部融资及科技创新投入的影响，主要从以下几个方面展开：

首先，科技创新补贴对外部融资具有提高作用。根据信息不对称理论，企业与外部资金提供者存在信息不对称问题，而科技创新补贴能对项目质量产生证实作用，从而帮助企业获得更多的外部融资。具体而言，从科技创新补贴的数量方面考虑，科技创新补贴的信号作用主要源于其产生的“证实作用”，当企业获得的科技创新补贴数量在一定门槛值以下时，证实作用能得以充分发挥，向外界传递积极的信号，使企业获得更多的外部融资；当企业获得的科技创新补贴数量超过一定的门槛值时，证实作用的效果不仅不会进一步加强，反而会边际递减，加之，此时科技创新补贴的融资替代作用也有所加强，两者共同作用，使科技创新补贴对于外部融资的提高作用大幅下降。另外，从科技创新补贴的种类方面考虑，不同种类的科技创新补贴对应项目的风险有所差异，而风险有所差异的科技创新项目通常具有程度不同的信息不对称问题。因此，不同种类的科技创新补贴对外部融资的提高作用也有所差异。

其次，外部融资对于企业的科技创新投入具有提高作用。根据熊彼特的创新理论，外部融资对于企业的科技创新至关重要。具体而言，从融资约束的角度分析，融资约束和科技创新投入具有负向关系，当企业具有较多的外部融资机会时，融资约束被缓解，企业有可能增加其对科技创新活动的投入。从现金流角度分析，当企业具有较多的外部融资时，会保障企业的现金流更加平稳，避免现金流较大波动给科技创新活动造成的困扰，从而有助于企业提高对科技创新活动的投入。另外，当企业能获得较多的外部融资时，企业具有更加“宽松”的财务环境，也有助于提高企业对科技创新活动的投入。由此可见，外部融资的增加有助于企业提高科技创新投入。

再次，科技创新补贴对于科技创新投入的影响可以从直接影响和间接影响两个方面进行分析。从直接影响方面分析，本书认为科技创新补贴存在一定的门槛值，当科技创新补贴数量低于这一门槛值时，科技创新补贴对科技创新投入具有较强的激励作用；当科技创新补贴数量超过这一门槛值时，科技创新补贴对科技创新投入的挤出作用则相对较强。而在科技创新补贴的五个类型中，新产品和新技术研发类补贴对应项目的风险较高，获得该类补贴能较大程度地调动企业科技创新的积极性，使该类补贴对于科技创新投入具有较强的提高作用。在间接影响方面，本书认为，科技创新补贴能通过外部融资的中介作用间接提高企业的科技创新投入。具体而言，科技创新补贴的信号作用能缓解企业与外部资金提供者之间的信息不对称问题，有助于企业获得更多的外部融资，而外部融资是企业科技创新投入的重要资金来源之一，外部融资的增加可以使企业将更多的资金用于科技创新项目，从而增加企业的科技创新投入。因此，科技创新补贴可以通过外部融资的中介作用进而提高企业的科技创新投入。

最后，行业因素、地区因素、企业发展阶段、危机因素的差异对于科技创新补贴、外部融资和科技创新投入三者关系具有不同程度的影响。具体而言，第一，对于行业因素，高科技企业的自身特点以及国家的扶持政策使其获得的科技创新补贴更有助于企业得到较多的外部融资。而且高科技企业的外部融资更有助于提高科技创新投入，进而使科技创新补贴对科技创新投入的提高作用更加明显。第二，对于地区因素，基于东西部地区民营上市公司的信息不对称程度差异并不显著这一前提，本书认为由于东部地区企业的创新积极性更高，更加重视科技创新补贴的获得和运用，因而科技创新补贴对外部融资具有更好的提高作用，而东部地区企业的外部融资也更有助于提高企业的科技创新投入，进而使科技创新补贴对科技创新投入具有更好的提高作用。第三，对于企业发展阶段，由于成长期企业科技创新积极性较高且风险较大，使其获得的科技创新补贴对外部融资的提高作用更为明显，而成长期企业的外部融资对于科技创新投入的提高作用也较为明显，因而成长期企业获得的科技创新补贴对科技创新投入的提高作用更加明显。第四，对于危机因素，在金融危机期间，信息不对称问题更加严重，外部资金提供者的行为也更加谨慎，使科技创新补贴的信号作用有所增强，能帮助企业获得更多的外部融资。但是，金融危机期间，企业的内部和外部融资能力大幅下降，不愿进行较多的科技创新活动。因此，科技创新补贴对于科技创新投入的提高作用有所减弱。

综上所述，本书的理论框架可参见图 3 - 2。

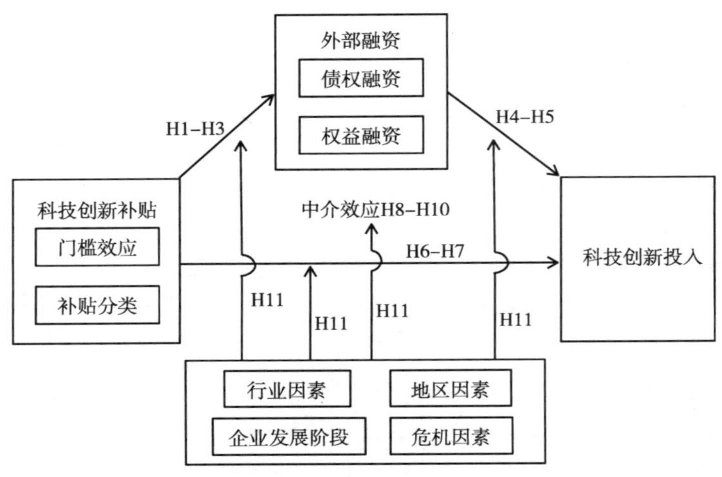

图 3 - 2　本书的理论框架

3.3 研究假设

本节首先阐述科技创新补贴对于企业外部融资的影响机理。其次，分析外部融资对于科技创新投入的影响机理。最后分析了科技创新补贴对于企业科技创新投入的直接和间接影响机理，以及行业因素、地区因素、企业发展阶段、危机因素对于科技创新补贴、外部融资和科技创新投入三者关系的影响。

3.3.1 科技创新补贴对外部融资的影响

当市场上存在信息不对称时，通常会产生两种结果：逆向选择和道德风险。无论是逆向选择还是道德风险，都会导致资金配置不合理以及相关者的权益受到侵害。而解决信息不对称的一个有效方法就是信号传递（Spence，1973；Ross，1977），即：某一主体通过某种行为主动向市场发出信号，当信息缺乏的主体获得这一信号时，会消除或减弱市场上的信息不对称。由此可见，信号传递有助于缓解信息不对称，从而有利于社会资金的合理配置，更好地保护利益相关者的权益。

与企业的其他项目相比，科技创新项目之所以具有较大的信息不对称问题，主要源于科技创新项目具有较强的专业性。企业具有专门的科技人员，这些科技人员具有专业的知识，对于科技创新项目的现状及前景具有更加准确的判断，处于信息优势低位。外部资金提供者缺乏专业的科技人员和知识，无法准确判断科技创新项目的现状及前景。而且，专业性较强导致市场上缺乏可以类比的对象，较难获得相关信息。因此，外部资金提供者处于信息劣势地位。

根据信息不对称理论，信号传递是解决信息不对称问题有效方法。为了解决科技创新活动中企业与外部资金提供者之间的信息不对称问题，需要寻找有效的信号，而科技创新补贴就是一个重要的信号。

科技创新补贴的信号作用源于其对于项目质量的“证实作用”。科技创新补贴的获得说明政府作为独立的第三方，认可了科技创新项目的质量，从而向外传递了正面的信息，缓解了信息不对称问题，因此能帮助企业吸引更多的外部融资。具体而言：

首先，项目质量是指科技创新项目在目标的先进性、方案的可行性、条件的优越性以及潜在的获利性等方面所达到的程度。当企业申报科技创新补贴后，政府部门会组织相关领域的专家对申报项目进行评估，评估的内容主要包括：立项的意义、技术路线和实施方案、申请单位的技术实力和支撑条件、技术的先进性和创新性、经费预算、预期效果、市场前景等（祝彦杰，许谭，2013；黄慧玲，2014）。政府部门根据专家的评估结果对项目质量进行排序，择优给予科技创新补贴。由此可见，只有在质量上具有一定优势的科技创新项目才能获得政府的科技创新补贴。

其次，“证实作用”是指某一主体获得了声誉较高或地位较高的第三方的认可（Pollcok et al.，2010）。证实作用可以降低主体在质量方面的不确定性，向外界传递正面的信息，从而缓解信息不对称问题（Baum and Oliver，1992；Wade et al.，2006）。来自声望较高或地位较高的机构的认可，能使投资者消除疑虑并吸引其投入资金的原因主要有两点：第一，声望较高或地位较高的机构通常被认为具有较高的鉴定能力。第二，声望较高或地位较高的机构通常较为重视其声望和地位，因而会慎重地做出决策，保护其声誉不受玷污（Stuart et al.，1999）。由此可见，“证实作用”的产生具有两个条件：存在信息不对称、被具有声誉较高或地位较高的第三方认可。

在企业获得科技创新补贴这一事件中，科技创新补贴具有证实作用的原因在于：①由于科技创新活动的投资大、风险高、专业化程度较高，因此市场存在信息不对称问题。②政府作为国家权力的执行机关，本身就具有较高的地位和声望。而且，在科技创新补贴的立项过程中，需要引入同行专家进行评审，这些专家也在相关领域具有较高的声望和地位。所以政府可以被认为是声誉较高或地位较高的第三方。③政府通过评审和筛选，做出给予某一企业科技创新补贴的决定，说明政府认可了该项目的质量。因此，科技创新补贴对于项目质量具有“证实作用”。

综上所述，如果政府决定给予企业科技创新补贴，说明政府认可了该企业申报项目的质量，认为该项目在目标的先进性、方案的可行性、条件的优越性以及潜在的获利性等方面具有一定优势，于是，向外传递了正面的信号，使外部资金提供者对企业的科技创新项目以及企业本身更有信心，从而愿意为企业提供资金支持。此时，科技创新补贴被认为具有信号作用。也就是说，由于科技创新补贴的“证实作用”证明了科技创新项目的质量，才使科技创新补贴这一信息具有信息含量，能对外部融资产生信号作用。

但是，不同数量与种类的科技创新补贴会对信号作用产生影响，使科技创新补贴对于外部融资的影响产生差异。后面，首先从科技创新补贴的数量和种类两个方面，分析其对于外部融资的影响；其次分析科技创新补贴对于不同外部融资方式的影响；最后分析在不同因素影响下，科技创新补贴对外部融资的影响差异。

（1）科技创新补贴数量对外部融资的影响差异。

本书认为科技创新补贴对外部融资的影响并不是简单的线性关系，而是存在一个科技创新补贴数量的门槛值，当科技创新补贴数量小于这一门槛值时，科技创新补贴能充分发挥证实作用，使科技创新补贴与外部融资呈现正向的相关关系。但是，当科技创新补贴数量超过这一门槛值时，科技创新补贴对外部融资的提高作用大幅下降，甚至会产生负面影响。究其原因，主要包括以下两个方面：

一方面，科技创新补贴对于外部融资的信号作用主要来源于其具有的“证实作用”，而证实作用并不会随着科技创新补贴数量的增加而线性增强。当科技创新补贴数量超过一定门槛值后，证实作用反而会边际递减，从而削弱了科技创新补贴对外部融资的提高作用。社会心理学的研究表明，人们对于某一事件的关注存在一个阈值，当所获信息的数量高于这一阈值时，事件会被认为是“理所当然”的（Pollock and Rindova，2003）。Anderson（1981）的研究进一步认为，人们将一条信息转化成印象的程度取决于信息的价值，而信息的价值又取决于信息的非冗余性，多余信息会产生一种“注意力降低”现象，从而削弱了增量信息的效果。由此可见，多重的证实是多余的。Pollcok 等（2010）研究也发现，如果企业中的某一事物主要起证实作用，那么过多的数量反而会使外界对企业的估值有所下降。

对于科技创新补贴而言，由于科技创新补贴对外部融资的正面影响主要来源于“证实作用”，即：科技创新补贴证明了项目的质量。此时，科技创新补贴的数量只要适量便可以达到这一目的，并不是越多越好。当科技创新补贴数量超过一定门槛值后，其产生的“证实作用”会边际递减。主要原因有以下几个方面：第一，过多的科技创新补贴数量被认为是“理所应当”的。外部资金提供者会认为，由于科技创新项目的资金需求量较大，因此科技创新补贴数量才较大，并不是这一项目的质量较高才会获得数量较多的科技创新补贴。第二，当科技创新补贴数量过多时，会被质疑企业通过“寻租”活动获得了不正当的科技创新补贴。中国几千年的文化中，“利用关系”在人们的思想中可谓根深蒂固。于是，在这种思维惯性下，外部资金提供者可能会认为过多的科技创新补贴是企业“走后门”“拉关系”的结果，科技创新补贴的“证实作用”因而大打折扣。第三，较多的科技创新补贴会被外界解读为地方政府扶持上市公司的手段。地方政府出于提高政绩和稳定就业等方面的考虑，倾向于采取地方保护主义政策，给予当地骨干企业大量的科技创新补贴，以维持其在行业中的优势地位或保证其能正常运营。尤其是当上市公司面临业绩下滑或退市冲击时，上市公司可能会借助科技创新补贴达到粉饰业绩或“保壳”的目的。因此，当企业获得过多的科技创新补贴时，可能被外界认为是地方政府借助这一手段对上市公司进行扶持，从而削弱了科技创新补贴对于项目质量的“证实作用”。由此可见，当科技创新补贴的数量过多时，其“证实作用”却有所下降，从而削弱了科技创新补贴对外部融资的提高作用。

另一方面，当科技创新补贴的数量较多时，科技创新补贴的融资替代作用增强，会对企业的外部融资产生负面影响。科技创新补贴对于外部融资的替代作用，主要是指科技创新补贴作为企业资金的来源之一，也属于企业的一种融资方式。因此，当企业获得的科技创新补贴数量较多时，会降低其对外部债权融资和权益融资的需求量，因而对外部融资产生替代作用。

科技创新补贴融资替代作用产生的原因，主要在于企业申请科技创新补贴的成本相对较低，甚至被称为是政府给予企业的“免费午餐”（许罡，2014）。企业获得科技创新补贴的成本，仅仅是申请时准备相关材料和申报过程中所耗费的人力和财力。获得科技创新补贴后，只要科技创新补贴的运用符合相关的法律法规，便不须向政府支付任何费用，也无须偿还。但是，外部融资的成本则相对较高，不仅在资金筹集的过程中需要发生各种费用，包括发行费、手续费、代理费等；在获得资金后，也需要向资金提供者支付相关费用，如债权融资需要向债权人定期支付利息，权益融资需要向股东支付红利、股息等。由此可见，科技创新补贴作为一种融资方式，与外部的债权融资和权益融资相比，其成本相对较低。根据交易成本理论，交易成本的高低是企业行为选择决策时所考虑的重要决定因素（Williamson，1979）。可见，企业在进行融资方式的行为选择时，必然考虑各种融资方式的成本。因此，相对于债权融资和权益融资，成本更低的科技创新补贴必然更受到企业的青睐。

对于融资替代作用，只有当科技创新补贴的数量较多时，这一效应才会较为明显。这是因为，只有当科技创新补贴的数量足够大时，才能达到企业进行科技创新活动的资金需求量。此时，企业仅依靠内部资金和政府给予的科技创新补贴就可以从事科技创新活动，不需要对此项目进行额外的债权或权益融资。当融资替代作用大于信号作用时，科技创新补贴的增加不但不会增加企业的外部融资数量，反而会使外部融资的数量有所下降。

综上所述，一方面，当科技创新补贴起“证实作用”时，较少的科技创新补贴数量便可达到这一目的，过多的科技创新补贴数量是多余的，甚至会受到“寻租”等因素的影响，使科技创新补贴对外部融资的提高作用大幅下降。另一方面，当科技创新补贴的数量过多时，科技创新补贴和内部资金已经可以满足企业进行科技创新活动的需要，使企业降低对外部融资的需求，此时，融资替代作用较大，科技创新补贴对外部融资会产生负面影响。因此，当企业获得的科技创新补贴数量较多（超过了某一门槛值）时，科技创新补贴对外部融资的提高作用并不明显；相反，只有当企业获得的科技创新补贴数量在某一门槛值以下时，科技创新补贴对外部融资的提高作用才更加明显。因此，提出假设 H1：

假设 H1：当科技创新补贴小于一定门槛值时，科技创新补贴更有助于企业获得外部融资。

（2）科技创新补贴种类对外部融资的影响差异。

本书根据上市公司年报的财务报表附注，对我国民营企业的科技创新补贴进行了汇总和整理。依据科技创新补贴的投放用途，将科技创新补贴分为五类：新产品和新技术研发类补贴、技术改进类补贴、科技成果转化类补贴、专利及科技奖励类补贴、其他类补贴。不同种类的科技创新补贴对应项目的风险有所差异，具体而言：

一是对于新产品和新技术研发类补贴，这类补贴资助的项目是新产品和新技术的研发，伴有较大的不确定性和未知性，研发过程中需要从事大量的分析和实验活动，因此，该类补贴项目的风险较大。

二是对于技术改进类补贴、科技成果转化类补贴，这两类补贴资助的项目位于创新链的中后段，是对已有技术的改进以及对已形成科技成果向现实生产力的转化。与新产品和新技术研发类补贴项目相比，这两类补贴项目虽然也需要进行一定的分析和实验活动，但是，由于是在已有技术和已有科技成果基础上进一步的科技创新和推广，因此，目标性较强，不确定性相对较小。由此可见，这两类补贴项目的风险相对较小。

三是对于专利及科技奖励类补贴，专利补贴主要是对申请专利时产生的申请费和实审费的一种补贴，科技奖励是对于在科技活动方面具有突出贡献的企业给予的奖金，因此，该类补贴项目的风险最小。

四是对于其他类补贴，该类补贴对应的科技创新项目较为分散，覆盖面较广，因此，总体而言，该类补贴项目的风险性较难评估。

风险越大的科技创新项目通常信息不对称程度越高。这是因为，一方面，风险较大的科技创新项目在技术层面上更加复杂，在市场上也缺乏可以类比的对象，使外部资金提供者较难准确评估项目的真实质量，从而加剧了企业与外部资金提供者之间的信息不对称程度。另一方面，风险较大的科技创新项目通常较难获得外部资金提供者的青睐，因此，为了获得外部融资，企业更有动机掩盖项目的真实风险水平。例如，企业可能会刻意减少对外的信息披露，或更加有选择性的进行信息披露（如：只披露好消息，掩盖坏消息），或对外发布虚假信息等。这些行为均会加剧企业与外部融资提供者之间的信息不对称程度。

根据信息不对称理论，信号传递能有效地缓解信息不对称问题。当企业与外部资金提供者之间的信息不对称问题越大时，科技创新补贴作为一种信号，对于项目质量（方案的可行性、条件的优越性以及潜在的获利性等）所起到的证实作用越明显。在科技创新补贴的五种类型中，新产品和新技术研发类补贴项目的风险最大，信息不对称程度最高，因此，该类补贴能更好地发挥其对于项目质量的证实作用，最大限度地缓解信息不对称问题，帮助企业获得更多的外部融资。因此，提出假设 H2：

假设 H2：新产品和新技术研发类补贴更有助于企业获得外部融资。

（3）科技创新补贴对不同融资方式的影响差异。

根据资金的产权归属不同，外部融资可以进一步分为债权融资和权益融资。科技创新补贴对于债权融资和权益融资的影响是不同的。在权益融资方式中，企业与外部资金提供者之间的信息不对称程度更高，因而科技创新补贴的信号作用更加明显，能帮助企业获得较多的权益融资机会。具体而言，主要表现为以下三个方面：

首先，根据 Myers 和 Majluf（1984）的融资优序理论，企业管理者与外部投资者存在信息不对称，当企业需要筹集资金时，会遵循这样一个顺序：首先是内部融资，其次是债务融资，最后才是权益融资。实际上，融资优序理论中隐含的假设是：权益融资对于信息不对称的敏感性更高（李明辉、杨鑫，2014）。因此，信息不对称对权益融资产生的影响更大（Mande et al.，2012），会产生较大的“柠檬”溢价。另外，Bharath 和 Sunder（2008）的研究认为，相对于股东特别是中小股东，银行获取企业信息的渠道更广，获取企业信息的能力更强。与此同时，企业在披露私有信息时也更倾向于选择少部分银行，而非数量庞大的公共股东（宋丛丛，2014）。所以权益融资面对的信息不对称程度更为严重。在这种情况下，当企业获得科技创新补贴时，科技创新补贴能更好地缓解企业与权益资金提供者之间的信息不对称问题，因而对权益融资的提高作用更加明显。

其次，银行通常对于风险防范的要求更高，会通过债务契约的利息、抵押品、保护性条款等工具对风险进行控制，这一过程有利于缓解银行与企业之间的信息不对称问题。因此，信息不对称问题对债权融资的影响较小（Chen et al.，2013），科技创新补贴对债权融资的信号作用并不明显。Lerner（1999）、Feldman 和 Kelley（2006）的研究均发现科技创新补贴仅有利于吸引权益融资，特别是风险投资。

最后，由于我国银行具有较为特殊的制度背景和发展历史，经常表现出所有制歧视现象（Brandt and Li，2003；Debray and Wei，2005）。国有企业即使没有获得科技创新补贴，也会获得银行的青睐，得到较多的贷款。而民营企业即使获得科技创新补贴，仍然很难得到国有银行的借款（Allen et al.，2005）。因此，这一我国特有的经济现象削弱了科技创新补贴对于债权融资的信号作用。

综上所述，本书认为，与债权融资方式相比，企业与外部权益投资者之间的信息不对称程度更高。而债权人较高的风险防范要求，以及我国特有的制度背景，也导致科技创新补贴对于债权融资的信号作用有所削弱。科技创新补贴对于权益融资方式的影响较大，对于债权融资方式的影响较小。因此，提出假设H3：

假设H3：与债权融资相比，科技创新补贴对于权益融资的提高作用更加明显。

3.3.2 外部融资对科技创新投入的影响

长期以来，学者们普遍认为内部融资是企业科技创新投入的主要来源，但是，近年来有学者开始关注外部融资对于企业科技创新投入的影响。Ayyagari等（2011）通过对47个发展中国家的19000个公司的研究发现，获得外部融资有助于企业创新。Brown等（2009）的研究也认为外部融资对于企业的科技创新投入具有重要影响。首先，从融资约束、财务环境和现金流三个方面分析了外部融资对于科技创新投入的影响机理。其次，分析了不同的外部融资方式对科技创新投入的影响差异。最后，分析了不同的影响因素对于外部融资和科技创新投入关系的影响。

（1）外部融资对科技创新投入的总体影响。

企业科技创新活动的固有特点之一就是投资规模较大。新技术的研究、新产品的研制、推广等均需要大量资金，仅依靠企业自有资金往往难以保障科技创新活动的顺利进行。因此，企业的科技创新投入需要外部有效的融资体系予以支持（熊彼特，1912）。外部融资作为内部资金的有益补充，有利于缓解企业的资金压力，对于弥补企业的科技创新投入缺口具有重要意义（Hall，2002）。因此，当企业能获得较多的外部融资时，企业对科技创新活动的投入也会有所提高。具体而言，可以从以下三个方面进行分析：

首先，从融资约束的角度分析，外部融资的获得缓解了企业的融资约束，有助于提高企业对科技创新活动的投入。由于企业的科技创新活动需要持续的、大量的资金投入，资金是否充足对企业的科技创新活动具有重要意义。而且企业的科技创新投入与其他项目投入相比，通常更具有灵活性，这使当企业面临融资约束问题时，更有可能搁置或终止科技创新活动。因此，融资约束不利于企业科技创新投入的增长。根据Hall和Lerner（2010）的研究，企业的融资约束不利于技术创新，融资约束的存在会降低企业的科技创新投入。Reyes（2004）的研究也得出了类似的结论。李延喜等（2007），顾群、翟淑萍（2011）对我国企业的研究也发现融资约束程度越高，科技创新投入越低。由此可见，融资约束和科技创新投入具有负向关系。当企业获得较多的外部融资时，融资约束被缓解，企业才有可能增加对科技创新活动的投入，即：外部融资的获得有助于企业提高科技创新投入。

其次，从财务环境角度分析，外部融资的获得使企业具有更加“宽松”的财务环境，从而有助于企业提高对科技创新活动的投入。根据 Cert 和 March（1963）的观点，组织的“宽松”而不是“困境”培育了企业的创新投资。根据这一观点，组织从外部获得的资源与其正常开支之差越大，说明组织越“宽松”，此时组织才有能力和意愿进行更多的创新投资。当企业具有更多的外部融资机会时，能从企业外部获得较多的资源，具有更加“宽松”的环境，从而保证企业具有充足的资金运用于科技创新活动，提高对科技创新活动的投入。相反，当企业无法获得外部融资，或较难获得外部融资时，仅依靠企业的自有资金很难保证其具有较为“宽松”的环境。当财务环境较为“紧张”时，会造成科技创新资金的短缺，使企业压缩对科技创新活动的投入，转而将有限的资金更多地投入维持企业正常运转或短期收益较为明显的活动中去。因此，缺少外部融资的有力支持会使企业降低科技创新投入，甚至使科技创新活动被迫中断（Dierickx and Cool，1989）。

最后，从现金流角度分析，外部融资的获得可以使企业的现金流更加平稳，有助于企业提高科技创新投入。Froot 等（1993）的研究认为，企业现金流的波动会影响科技创新活动的投资水平，平稳的现金流有利于提高企业对于科技创新活动的投入。企业的科技创新活动是一个相对长期的过程，需要持续的资金供给。因此，科技创新的投入需要稳定的现金流作为保障，波动较大的现金流（尤其是现金流的减少）会导致资金短缺，使科技创新投资中断或取消。当企业具有较多的外部融资时，会保持企业现金流的平稳，避免现金流较大波动给科技创新活动造成的困扰，从而有助于企业提高对科技创新活动的投入。

综上所述，本书认为，由于外部融资的增加有助于缓解企业的融资约束，能使企业获得更加“宽松”的财务环境，并使企业具有更加平稳的现金流，因而有助于企业提高对科技创新活动的投入。因此，提出假设 H4：

假设 H4：外部融资的增加有助于企业提高科技创新投入。

（2）不同的融资方式对于科技创新投入的影响。

众所周知，企业的外部融资可以分为债权融资和权益融资。由于这两种融资方式的特点及风险偏好有所差异，它们对于企业科技创新投入的提高作用也有所差异。本书认为，权益融资的风险承担程度更高，我国企业也更倾向于运用权益融资进行科技创新方面的投资。因此，相比债权融资，权益融资更有助于提高企业的科技创新投入。Brown 等（2009）、Brown 等（2012）分别以美国企业和欧洲企业为样本，发现权益融资对于企业的科技创新活动具有更为重要的意义，能显著提高企业的科技创新投入。在我国，张杰等（2012），钟田丽、胡彦斌（2014）的研究发现银行贷款和企业的科技创新投入具有显著的负向关系。卢馨等（2013）、刘春玉（2014）的研究发现我国企业的科技创新投资更加依赖权益融资。本书分别从外部资金提供者和企业自身的融资意愿角度，分析不同的融资方式对于企业科技创新投入的影响差异。具体分析如下：

就债权人的角度而言，债权人通常不愿意为科技创新活动提供资金。具体原因如下：第一，由于不参与企业的剩余利润分配，债权人的收益仅为到期归还和支付的本金及利息，因此债权人的行为较为谨慎，厌恶高风险的项目。而科技创新活动本身的风险较高，收益具有较大的不确定性，所以债权人通常不愿意投资于该类项目。第二，债权人为了保证贷出款项的安全，通常对于科技创新活动这样高风险的项目会进行更加仔细和全面的风险评估以及贷后检查。但是，由于科技创新活动的技术专业性较高，使评估和检查的成本较高。在收益一定的情况下，较高的成本意味着债权人剩余收益的降低，因此，债权人不愿意为科技创新活动提供资金。第三，债权人为了保证自身的利益，对于风险较高的项目通常会要求实物作为抵押担保。但是，对于科技创新活动集中的科技型企业而言，大量的科技活动仅增加了企业的无形资产，实物资产却较为匮乏。而无形资产的专用性较强，对这类资产的处置或清算会严重损坏资产的价值，使担保抵押品的价值下降（Kochhar，1996；Vincente-Lorente，2001），无法满足银行贷款的抵押条件，因此，债权人不愿提供贷款。龙勇、常青华（2008）的研究认为，随着企业科技创新水平的增加，企业能从银行获得的债权融资金额会逐渐降低，最终科技创新水平较高的项目将很难从银行获得融资。

就权益投资者的角度而言，权益投资者愿意为企业的科技创新活动进行投资。究其原因，主要表现在以下两个方面：第一，权益投资者（股东）可以参与企业的剩余价值分配，获得高风险项目的超额收益。因此，权益投资者具有较高的风险承担意愿，愿意投资科技创新活动这样的高风险项目。第二，权益投资者能通过多种渠道较好地控制风险。为了降低风险，权益投资者可以通过董事会或股东大会等形式参与企业的经营管理，从而能有效降低道德风险问题，保护自身利益。Ueda（2004）的研究甚至认为，风险资本家可能会通过对科技创新项目的投资窃取企业科技项目的相关信息，自行继续开发，获得巨额的收益。由此可见，权益投资者通常能较好地控制风险，愿意为科技创新活动提供资金。

就企业的角度而言，企业更愿意通过权益资金为科技创新项目进行筹资。原因主要表现在以下三个方面：第一，权益融资具有长期性的特点，无到期日，本金无须企业偿还。而且股利的支出与否以及支付金额，由企业根据经营状况自行确定，企业的压力较小。而债权融资则需要按照规定的时间还本付息，尤其在企业科技创新活动失败的情况下，如无法偿还本金，企业将面临破产清算的风险。对于企业而言，因为科技创新活动的风险较大，所以权益融资是更为稳妥的融资方式。第二，债权人为了保护自身利益，降低贷款风险，通常会利用贷款合同中的限制性条款对资金用途予以明确限制，甚至通过信贷配给，限制企业将其用于科技创新活动（刘玉春，2014）。而权益融资所获资金的使用通常具有较高的自由度，企业可以根据战略规划自行决定用于科技创新活动的具体金额。因此，企业更愿意运用权益融资进行科技创新活动的投入。第三，权益投资者，尤其是风险投资，通常会向企业提供技术和管理方面的专业服务（Hsu，2004）。例如，风险投资会协助并参与企业的管理，为企业提供包括技术、招聘、管理模式、销售渠道等方面的专业支持（Fried and Hisrich，1995），这些服务对科技创新活动的成功以及市场推广具有积极的影响，有利于企业自身的发展。而根据青木昌彦提出了的债权的相机处理理论，在企业正常经营时期，债权人不介入企业的经营管理，当企业经营状况恶化时，债权人会接管企业控制权，决定是否对企业进行救助或申请清算。由此可见，与债权人相比，权益投资者对企业科技创新活动及经营管理方面的帮助更大，因此，企业更愿意运用权益融资进行科技创新方面的投资。

综上所述，就外部资金提供者的角度而言，权益投资者更愿意将资金投入企业的科技创新活动中；从企业的角度而言，企业更愿意通过权益融资增加科技创新投入。所以本书认为，相比于债权融资，权益融资更有助于提高企业的科技创新投入。因此，提出假设 H5：

假设 H5：与债权融资相比，权益融资的增加更有助于企业提高科技创新投入。

3.3.3 科技创新补贴对科技创新投入的影响

关于科技创新补贴对于科技创新投入的影响，目前学术界主要有两种观点：激励效应和挤出效应。Carboni（2011），戴小勇、成立为（2014）的研究均发现，科技创新补贴对于科技创新投入具有激励效应，获得科技创新补贴的企业会对科技创新活动进行更多的私人投入。而 Carmichael（1981），吕久琴、郁丹丹（2011）的研究则认为，政府的科技创新补贴对科技创新投入具有明显的挤出效应。另外，也有许多研究倾向于认为两种效应是交替出现的，即：科技创新补贴与科技创新投入具有非线性关系。Guellec 和 Van Pottelsberghe（2003）、李平和王春晖（2011）的研究均证实了这一结论。

现有研究均探讨的是科技创新补贴对于科技创新投入的直接影响，但是，本书认为，科技创新补贴还可以通过外部融资的中介作用间接影响科技创新投入。因此，后面分别从直接影响和间接影响两个方面探讨科技创新补贴对于科技创新投入的影响。

（1）直接影响。

本书认为，科技创新补贴存在一定的门槛值，当科技创新补贴的数量低于一定的门槛值时，科技创新补贴对于科技创新投入具有激励效应；当科技创新补贴的数量高于一定的门槛值时，科技创新补贴对于科技创新投入则具有挤出效应。究其原因，主要包括以下两个方面：

一方面，当科技创新补贴数量低于一定的门槛值时，科技创新补贴有助于提高企业整体的科技创新积极性，从而使企业提高对科技创新活动的投入。科技创新活动的风险较大，投入较多，技术溢出效应较高，成本较高，从而抑制了企业的科技创新积极性。此时，如果企业能获得政府的科技创新补贴，可以在一定程度上弥补企业的资金缺口，降低科技创新投入的风险，使原本无利可图的项目变得有利可图，从而提高了企业的科技创新积极性，使企业愿意将更多资金投入科技创新活动中。另外，科技创新补贴对企业科技创新项目的质量具有证实作用，肯定了项目的经济前景和可行性，使企业自身对项目更有信心，更有动力继续从事相关工作，进而愿意为科技创新活动投入更多的资金。因此，科技创新补贴对于科技创新投入具有较强的提高作用。

另一方面，当科技创新补贴数量超过一定的门槛值时，科技创新补贴会挤出企业的科技创新投入。其原因主要包括以下两点：第一，某一特定的科技创新项目通常具有一个固定的投入总额。获得的科技创新补贴越少，企业的科技创新投入就越多；而获得的科技创新补贴越多，企业的科技创新投入则相对减少（刘虹等，2012）。换言之，当企业获得的科技创新补贴数量达到一定的门槛值之后，科技创新项目的风险和成本有了明显的下降，此时，即使政府不再为企业追加资金，企业在权衡自身的收益和成本后，仍然会投入较多资金完成该项目。但是，如果政府继续向企业追加资金，企业为完成该项目投入的资金必然相应减少，使科技创新补贴对科技创新投入产生挤出效应。第二，较多的科技创新补贴会使企业对科技创新补贴产生依赖（许治等，2012），不愿为科技创新活动投入过多的自有资金。当政府给予企业的科技创新补贴较少时，企业只能自力更生，投入较多的自有资金进行科技创新活动。但是，当企业获得的科技创新补贴过多时，企业对科技创新补贴的依赖性进一步加深，只依据科技创新补贴金额和要求完成科技创新活动，不愿进行额外投入，从而抑制了企业的科技创新投入。

综上所述，企业获得的科技创新补贴对于企业科技创新投入的影响并非单一的线性关系，而是存在门槛效应。当科技创新补贴的数量低于一定的门槛值时，科技创新补贴对于科技创新投入具有较强的激励作用；当科技创新补贴的数量超过一定的门槛值时，科技创新补贴对于科技创新投入的挤出作用则相对较强。因此，提出假设 H6：

假设 H6：当科技创新补贴小于一定门槛值时，科技创新补贴更有助于企业提高科技创新投入。

依据科技创新补贴的投放用途，可将科技创新补贴分为五类：新产品和新技术研发类补贴、技术改进类补贴、科技成果转化类补贴、专利及科技奖励类补贴、其他类补贴。不同种类的科技创新补贴对应项目的风险有所差异，因此对科技创新投入的影响也有所差异。具体而言，主要表现为以下几个方面：

首先，对于新产品和新技术研发类补贴，该类补贴资助的项目通常属于根本性创新项目，具有较大的未知性和不确定性，因此，企业从事该类项目的风险较大。当企业获得该类项目的政府补贴后，能较大程度地降低项目的风险和成本，从而提高企业进行科技创新活动的积极性，进而提高企业对该类项目或其他科技创新项目的投入。从另一个角度分析，如果一个企业愿意从事风险较高的科技创新项目，说明它对于科技创新活动较为重视。那么，当企业获得高风险项目的科技创新补贴后，通常会将原本计划投入的资金继续投入其他科技创新项目中，并不会减少企业的科技创新投入总额。当企业获得新产品和新技术研发类补贴后，可以将节省出的自有资金运用于风险较小的渐进性创新活动中，如投入技术改进或技术成果转化类项目中。这些项目仍然属于科技创新项目，因而不会对整体的科技创新投入产生挤出作用。因此，新产品和新技术研发类补贴对于科技创新投入具有较为显著的提高作用。

其次，对于技术改进类补贴和科技成果转化类补贴，这两类补贴资助的项目通常属于渐进性创新项目，是对现有技术的改进和转化，因此，企业从事这两类项目的风险相对较低。当企业获得这两类项目的政府补贴后，其对于风险和成本的降低程度也相对较低，对于提高企业科技创新积极性的程度也相对较低，进而对于科技创新投入的激励作用也相对较低。因此，与新产品和新技术研发类补贴相比，技术改进类补贴和科技成果转化类补贴对于科技创新投入的提高作用相对较小。

最后，对于专利及科技奖励类补贴和其他类补贴，专利及科技奖励类补贴资助项目的风险最小，因此，获得该类补贴对于提高企业科技创新积极性的影响最小，对科技创新投入的激励作用并不明显。其他类补贴资助的项目范围较广，风险性较难评估。因此，该类补贴对于科技创新投入的影响并不明显。

综上所述，在科技创新补贴的五个种类中，新产品和新技术研发类补贴对应项目的风险相对较高，使该类补贴对科技创新投入的提高作用较为明显。因此，提出假设 H7：

假设 H7：新产品和新技术研发类补贴更有助于企业提高科技创新投入。

（2）间接影响。

以往关于科技创新补贴对科技创新投入影响的研究，基本上均从直接影响方面进行分析。但是本书认为，除了直接影响外，科技创新补贴还可以通过外部融资的中介效应间接影响科技创新投入。

根据 Baron 和 Kenny（1986）、温忠麟等（2004），如果某一变量（因变量）对于另一个变量（自变量）具有显著影响，且这一显著影响是通过第三个变量产生的，那么，认为第三个变量具有中介效应，这一变量被称为中介变量。由此可见，中介变量是连接因变量和自变量的“桥梁”，中介效应分析能较好地解释因变量和自变量之间存在关系的原因。

本书认为，科技创新补贴可以通过信号作用增加企业的外部融资，当企业具有较多的可支配资金后，会更有动力将资金投入科技创新活动中去。可见，科技创新补贴对于科技创新投入的提高作用是可以通过外部融资的“桥梁”作用产生的，因此，外部融资具有中介效应，外部融资的中介效应是科技创新补贴对科技创新投入产生提高作用的重要原因之一。具体而言，首先，科技创新补贴能帮助企业获得更多的外部融资机会。根据信息不对称理论，企业与外部资金提供者之间存在信息不对称，易产生道德风险和逆向选择问题，损害外部资金提供者的利益。对于科技创新活动，由于其投资大、风险高，并且专业化程度较高，信息不对称问题更为严重。如果企业获得了科技创新补贴，说明政府作为独立于企业和外部资金提供者的第三方，认可了该科技创新项目的质量，于是向外传递了正面的信息，缓解了信息不对称问题，使外部资金提供者对企业更有信心，从而愿意给予企业更多的资金支持。其次，如果企业具有更多的外部融资机会，会促使其提高对科技创新活动的投入。外部融资的增加有助于缓解企业的融资约束，使其获得更加“宽松”的财务环境，并且有利于产生更加平稳的现金流，这些均会使企业增加对于科技创新活动的投入。最后，外部融资在科技创新补贴与科技创新投入之间具有“桥梁”功能，科技创新补贴以外部融资为中介进而提高企业的科技创新投入，这就是本书所指的科技创新补贴对于科技创新投入的间接影响。外部融资对于企业的科技创新具有重要影响（Ayyagari et al.，2011），而科技创新补贴又能帮助企业获得更多的外部融资（Lerner，1999），由此可见，外部融资在科技创新补贴到科技创新投入传导机制中起到了重要作用，是解释科技创新补贴对科技创新投入具有提高作用的重要原因之一。

另外，外部融资在科技创新补贴与科技创新投入之间所具有的中介效应，满足中介效应分析的基本特征。具体原因在于，第一，科技创新补贴在一定的门槛下，与科技创新投入具有稳定的正相关关系。第二，外部融资在与科技创新补贴、科技创新投入的关系中处于中间位置，不能置于科技创新补贴之前，即：外部融资并不能对科技创新补贴产生显著的正向影响。第三，外部融资与科技创新补贴、科技创新投入均具有显著的正相关关系。第四，本节的研究目的是科技创新补贴如何影响科技创新投入，而非科技创新补贴何时影响科技创新投入。因此，将外部融资作为中介变量，研究科技创新补贴对于科技创新投入的作用机理是合理的。

但是，从前面的分析可知，科技创新补贴的数量和种类差异均可能影响科技创新补贴对于外部融资的提高作用，而外部融资对于科技创新投入的提高作用也会由于融资方式的不同以及行业、地区、企业发展阶段、宏观环境的差异而有所差别。所以科技创新补贴通过外部融资对企业科技创新投入的间接影响不能一概而论。接下来，结合本章前面部分的理论分析，本书将分别从科技创新补贴的数量、种类、外部融资方式以及其他影响因素共四个方面，详细分析科技创新补贴通过外部融资对企业科技创新投入的间接影响。

对于科技创新补贴数量而言，根据前面的分析可知，科技创新数量存在一定的门槛值。当科技创新补贴数量小于门槛值时，科技创新补贴的证实作用可以得到充分发挥，向外界传递积极的信号，从而使企业获得更多的外部融资机会。但是，当科技创新补贴数量大于一定的门槛值时，科技创新补贴的证实作用边际递减，加之融资替代作用有所增强，从而对外部融资的提高作用并不明显。而外部融资的增加能使企业获得更加“宽松”的财务环境，有助于缓解企业的融资约束，并使企业具有更加平稳的现金流，有助于企业提高对科技创新活动的投入。因此，当企业获得的科技创新补贴小于一定的门槛值时，科技创新补贴能提高企业的外部融资，外部融资的提高又有助于提高企业的科技创新投入，即：科技创新补贴可以通过外部融资的中介效应，提高企业的科技创新投入。另外，通过科技创新补贴对科技创新投入直接影响的分析可以看出，当科技创新补贴数量小于一定的门槛值时，科技创新补贴对于科技创新投入的提高作用较大；而当科技创新补贴数量大于一定的门槛值时，科技创新补贴对于科技创新投入的提高作用相对较小。这说明科技创新补贴与科技创新投入关系的总体曲线与科技创新补贴通过外部融资影响科技创新投入的曲线形状是一致的，这也从一个侧面说明了科技创新补贴通过外部融资对于科技创新投入间接影响的合理性。因此，提出假设 H8：

假设 H8：当科技创新补贴小于一定门槛值时，科技创新补贴通过外部融资的中介效应对科技创新投入的提高作用更加明显。

对于科技创新补贴的种类而言，不同种类的科技创新补贴通过外部融资对科技创新投入产生的影响也有所差异。首先，不同科技创新补贴项目在风险上的差异，造成企业与外部资金提供者的信息不对称程度有所差异，进而导致不同科技创新补贴对于外部融资的影响有所差异。由于风险较高项目的信息不对称程度更大，因此，该类项目所获科技创新补贴的信号作用更为明显，对外部融资具有更为显著的提高作用。在五类科技创新补贴中，新产品和新技术研发类补贴对应项目的风险较高，因而该类补贴的信号作用较强，能帮助企业获得更多的外部融资。而其他四类科技创新补贴对应项目的风险相对较低或风险程度并不明晰，因而信号作用较弱，对外部融资的提高作用并不显著。其次，当企业能获得较多的外部融资机会时，企业的财务环境更加宽松，融资约束得到较好的缓解，内部现金流更加平稳，从而有助于企业提高对科技创新活动的投入。因此，外部融资能在新产品和新技术研发类补贴和科技创新投入之间起到更加显著的“桥梁”作用，使该类补贴能更好地通过外部融资进一步提高企业的科技创新投入，即：当企业获得的科技创新补贴是新产品和新技术研发类补贴时，外部融资的中介效应更加明显。因此，提出假设H9：

假设H9：新产品和新技术研发类补贴通过外部融资的中介效应对科技创新投入的提高作用更加明显。

外部融资可进一步分为债权融资方式和权益融资方式。根据前面的分析可知，一方面，科技创新补贴对于债权融资和权益融资的提高作用有所差异。在权益融资方式中，企业与外部资金提供者之间的信息不对称程度更高，因此科技创新补贴的信号作用更加明显，获得科技创新补贴对于权益融资的提高作用更强。另一方面，债权融资和权益融资对于科技创新投入的提高作用也有所不同。由于权益投资者具有较强的风险承担意愿和能力，而且企业还款的压力较小，资金使用的自由度较高。因此，权益融资是企业科技创新活动更为适宜的融资方式，权益融资的增加更有助于企业增加科技创新投入。由此可见，由于科技创新补贴对不同融资方式的提高作用有所差异，不同的融资方式又对科技创新投入的提高作用有所差异，因而不同融资方式所起到的中介效应也有所差异。由于科技创新补贴对于权益融资的影响更大，而权益融资对于企业科技创新投入的影响也大于债权融资，权益融资的中介效应更加明显。因此，提出假设H10：

假设H10：科技创新补贴通过权益融资的中介效应对科技创新投入的提高作用更加明显。

（3）各因素对科技创新补贴、外部融资和科技创新投入关系的影响。

本书主要考察行业因素、地区因素、企业发展阶段以及危机因素对于科技创新补贴、外部融资与科技创新投入三者关系的影响。

①行业因素。

高科技行业与非高科技行业在科技创新补贴的发放、重视程度、政策扶持、经营特点等方面存在着明显的差异。因此，高科技企业与非高科技企业获得的科技创新补贴对于外部融资及科技创新投入的影响也存在较大差异。具体而言，主要表现在以下几个方面：

首先，高科技企业的科技创新补贴更有助于企业获得外部融资。原因在于：其一，高科技企业通常具有更加严重的信息不对称问题。高科技企业投资项目的科技含量较高，即使某些技术在国内外处于领先地位，但这些技术在市场上的认可度如何、是否合理、能否进行大规模的生产、市场前景如何等仍然很不明确，再加上专业沟通上的障碍（杨晓锋，2008），使高科技企业与外部资金提供者之间的信息不对称问题尤为严重。此时，科技创新补贴所起的证实作用更加明显，更有利于企业获得较多的外部融资。其二，高科技企业更加重视科技创新活动，外部资金提供者也更加关注科技创新补贴。对高科技企业而言，科技创新活动是企业赖以生存的基础，企业管理层对于科技创新活动更为重视。当获得科技创新补贴后，企业会更加关注科技创新补贴的运用效率，从而获得更多的创新产出。因此，外部投资者会更加认可科技创新补贴的正面信号作用。其三，高科技企业在科技创新补贴和外部融资方面会享受到更多的优惠政策，因而科技创新补贴信息会受到外部资金提供者的较多关注。高科技行业往往技术水平较高，耗能相对较少，符合国家节能减排的政策导向。而且高科技行业通过技术溢出所取得的社会收益较大（Tsai and Wang，2004），可见，高科技行业对国民经济的发展具有较强的推动力，是国家长期发展战略的重要组成部分。为了推动高科技行业的迅速发展，中央和地方政府在税收、财政、贸易、金融等方面推出了一系列的优惠政策。在此背景下，一方面，外部资金提供者更加关注科技创新补贴信息；另一方面，相关的配套政策激发了外部资金提供者对于高科技企业的投资热情。因此，科技创新补贴的信号作用较强，能为高科技企业带来更多的外部融资。

其次，高科技企业的外部融资更有助于提高企业的科技创新投入。原因在于：其一，高科技企业更加重视科技创新活动，会将较多比例的资金投入科技创新活动中，即：科技创新投资占企业总投资的比重较大。那么，当企业获得较多的外部融资时，高科技企业会将其中较大比例的资金投入科技创新活动中。但是，对于非高科技企业而言，企业对于科技创新活动的重视程度较低，当获得较多的外部融资时，企业将其用于科技创新活动的比例也相对较低，使外部融资与科技创新投入的相关性减弱。其二，高科技企业面临的融资约束问题更大，因此对于外部融资更加重视，会将较多的外部融资运用于促进其根本发展的科技创新活动中。与非高科技企业相比，高科技企业面临的风险更大，企业能用于贷款担保的有形抵押品相对较少，加之业务专业性较强造成的信息不对称问题更为严重，因此，较难获得外部融资，面临的融资约束较大（Himmelberg and Peterson，1994；Mulkay et al.，2001；Bond et al.，2005）。那么，当高科技企业能获得外部融资机会时，严重的融资约束问题被缓解，企业会更加重视来之不易的资金，将更多的资金用于企业赖以生存的科技创新活动之中。因此，高科技企业的外部融资与科技创新投入的正相关关系更加明显。

再次，高科技企业的科技创新补贴对科技创新投入的提高作用更加明显。原因在于：其一，高科技企业的科技创新积极性更高。对于高科技企业而言，科技创新是其生存和发展的基础。为了提高企业的科技创新水平，高科技企业往往更加重视科技创新活动，并愿意为此投入更多的资金。那么，当高科技企业获得科技创新补贴后，企业用于科技创新活动的资金更加充足，科技创新活动的成本也有所降低，于是企业整体的科技创新环境有所改善，有助于促使创新积极性较高的高科技企业进一步增加科技创新投入。白俊红（2011）和 Kumbhakar 等（2012）的研究均认为，高科技企业的科技创新补贴有助于企业增加对科技创新活动的投入。其二，高科技企业通常具有较高的科技创新风险和技术溢出风险。新产品或新技术在研发过程中，有可能失败；研发成功后，新产品或新技术是否能获得市场的认可也存在较大的不确定性；当新产品或新技术被市场认可后，又有可能被其他竞争者迅速复制，使企业因科技创新获得的垄断利润迅速降低。此时，政府的科技创新补贴会弥补企业的资金缺口，降低科技创新成本，对降低企业风险具有更加重要的意义。而风险的降低又会进一步提高企业的科技创新积极性，从而激励企业对科技创新活动投入更多的资金。

最后，高科技企业获得的科技创新补贴通过外部融资的中介效应对科技创新投入的提高作用更加明显。对于高科技企业，其获得的科技创新补贴对外部融资的提高作用更加明显，外部融资的增加对于科技创新投入的提高作用也较强。因此，外部融资能在科技创新补贴和科技创新投入之间更好地发挥“桥梁”功能，即：高科技企业外部融资的中介效应更加明显。

综上所述，与非高科技企业相比，在高科技企业中，科技创新补贴对外部融资的提高作用、外部融资对科技创新投入的提高作用、科技创新补贴对科技创新投入的直接和间接提高作用均更加显著。因此，提出假设 H11 的第一个子假设：

假设 H11a：相对于非高科技企业，高科技企业的科技创新补贴对于外部融资和科技创新投入具有更加明显的提高作用。

②地区因素。

由于各地区在资源禀赋、文化观念以及国家政策方面具有较大差异，因此科技创新补贴对于外部融资和科技创新投入的影响也存在一定的差异。具体而言，主要表现在以下几个方面：

首先，东部地区企业的科技创新补贴更有助于企业获得外部融资。具体从以下四个方面分析：其一，本书认为东部和西部地区民营上市公司的信息不对称程度并不存在显著差异，并基于这一前提对科技创补贴和外部融资的关系进行分析。东部地区和西部地区的民营上市公司均在同一法律体系的要求下进行信息披露，地区间信息披露程度的差异并不大。同时，民营上市公司均为当地的优秀企业，规模较大，无论在东部地区还是在西部地区，企业均会受到媒体和公众的广泛关注，使信息不对称程度的地区差异较小。另外，西部地区的市场化程度较低，企业会更加热衷于建立银企关联等关系型融资模式。通过这一非正式的制度安排，外部资金提供者会在与企业的长期交流中获得相关的软信息，从而有效缓解信息不对称问题。其二，在西部地区，政府对于企业的干预程度较高。根据樊纲等（2011）编制的我国各地区综合市场化指数可知（以2009年数据为标准），我国东部地区各省区市的平均“减少政府对企业的干预”指数为6.20，而西部地区各省市的平均“减少政府对企业的干预”指数仅为1.56。政府干预程度对科技创新补贴与外部融资关系的影响主要表现在：第一，由于上市公司对当地经济发展具有重要的推动作用，而西部地区的上市公司数量又相对较少，因此，当上市公司出现利润下滑或退市危机时，西部地区的地方政府会更有可能运用科技创新补贴对上市公司进行扶持。当科技创新补贴承担了扶持企业的职能后，必然会削弱其对于项目质量的证实作用，因而削弱了科技创新补贴对于外部融资的提高作用。第二，政府给予企业的科技创新补贴通常数额较为巨大，对外部融资产生的替代作用较强，从而使科技创新补贴对于外部融资的提高作用有所下降。第三，西部地区企业可能更热衷于与政府建立政治关联，从而获得更多的科技创新补贴。然而，运用政治关联等手段获得的科技创新补贴，其有效性和公正性受到质疑，因此其信号传递作用也会有所削弱。而东部地区政企分开等市场化政策落实地更加有效，政府参与企业经营和银行借贷的程度均较低（郭桂花等，2014），所以东部地区的外部资金提供者对于企业资质或前景的相关信息更加依赖，科技创新补贴作为证实项目质量的重要信息更加受到重视，因而能帮助企业获得更多的外部融资。其三，东部地区的科技发展水平相对较高。根据中国科技发展战略研究小组和中国科学院大学中国创新创业管理研究中心共同编著的《中国区域创新能力评价报告2015》，东部地区创新能力的综合指标得分平均为32.90分，而西部地区创新能力的综合指标得分平均仅为22.18分。在科技创新能力较为领先的地区，企业通常具有较强的创新动力，对科技创新的投入普遍较高。因此，外部资金提供者更加关注企业的科技创新能力，对企业获得科技创新补贴的情况也更加关注，使科技创新补贴具有较强的信号传递作用。其四，东部地区的科技成果转化水平较高。根据樊纲等（2011）编制的我国各地区综合市场化指数可知（以 2009 年数据为标准），我国东部地区各省区市的平均“科技成果市场化”指数为 2.14，而西部地区各省区市的平均“科技成果市场化”指数仅为 0.73。科技成果市场化水平较高，说明科技创新成果转化为企业经济效益的水平较高。因此，东部地区的外部资金提供者更愿意将资金投资于企业的科技创新活动。而为了降低风险，外部资金提供者更加关注企业科技创新方面的信息，使科技创新补贴作为一个重要的信号，更加受到外部资金提供者的重视。

其次，东部地区企业的外部融资更有助于提高企业的科技创新投入。原因如下：其一，东部地区整体的科技创新能力较为领先，因而该地区企业具有较强的创新动力，对科技创新活动的投入普遍较高。当企业获得外部融资时，会将较多比例的资金用于科技创新活动，使外部融资与企业科技创新投入的正相关关系更加明显。其二，东部地区的知识产权保护水平较高。根据樊纲等（2011）编制的我国各地区的综合市场化指数可知（以 2009 年的数据为标准），我国东部地区各省区市的平均“知识产权保护”指数为 16.89，而西部地区各省区市的平均“知识产权保护”指数仅为 3.42。一方面，知识产权保护比较好的地区，能使企业更好地获得科技创新活动带来的垄断利润，减少“搭便车”的现象，从而有助于提高企业科技创新的积极性，促进企业增加对科技创新活动的投入。Lin 等（2010）的研究发现较好的知识产权保护能使企业进行更多的科技创新活动，并使科技创新活动产生更好的效果。可见，在知识产权保护水平较高的地区，企业会将更多的资金（包括外部融资获得的资金）用于科技创新活动，从而使外部融资与科技创新投入的正相关关系更加显著。另一方面，知识产权保护比较好的地区更有利于企业进行知识产权担保融资。科技创新项目融资难的问题一直存在，其中一个重要的原因在于这类项目缺乏有形的实物担保。如果能将知识产权作为担保，即：企业将其专利权、商标权等知识产权作为担保向银行申请贷款（熊海清，2010），将会缓解企业融资难的问题。但是，这类知识产权担保融资只有在知识产权保护比较好的地区才能得到有效运用。因此，在知识产权保护水平比较高的地区，外部融资可以更好地为企业的科技创新活动提供资金。

再次，东部地区企业获得的科技创新补贴对科技创新投入的提高作用更加明显。原因如下：其一，东部地区的科技创新水平较高，企业的科技创新积极性更强，科技创新能力更强，对科技创新活动的投入也更多。因此，与西部地区的企业相比，东部地区企业所获科技创新补贴会进一步激发企业科技创新的热情，利用外部有利的科技环境，充分发挥企业的科技创新潜力，对科技创新活动投入更多的资金。其二，东部地区的市场化程度较高。东部地区的科技成果转化水平较高，能激发企业的创新积极性。而且东部地区的知识产权保护水平较高，能保护企业更充分地获得科技创新带来的垄断利润。因此，东部地区企业对于科技创新活动的投资意愿较强，在获得科技创新补贴后，企业不但不会削减自身的科技创新投入，反而会利用这些资金进一步提高企业的科技创新能力。

最后，东部地区企业获得的科技创新补贴通过外部融资的中介效应对科技创新投入的提高作用更加明显。一方面，东部地区企业所获科技创新补贴能更好地帮助企业获得外部融资；另一方面，东部地区企业获得的外部融资更有利于企业增加科技创新投入。由此可见，与西部地区企业相比，东部地区企业获得的外部融资能更好地发挥其中介效应，使科技创新补贴通过外部融资更好地提高科技创新投入。

综上所述，在东部地区，企业所获科技创新补贴对外部融资的提高作用、外部融资对科技创新投入的提高作用、科技创新补贴对科技创新投入的直接和间接提高作用均更加显著。因此，提出假设 H11 的第二个子假设：

假设 H11b：相对于西部地区，东部地区企业的科技创新补贴对于外部融资和科技创新投入具有更加明显的提高作用。

③企业发展阶段。

处于不同发展阶段的企业具有不同的经营特点、融资需求及战略选择。因此，不同发展阶段企业获得的科技创新补贴对于外部融资和科技创新投入的影响也存在一定差异。具体而言，主要表现在以下几个方面：

首先，成长期企业获得的科技创新补贴对于外部融资具有显著的提高作用，外部融资对于科技创新投入也具有显著的提高作用，且科技创新补贴对于科技创新投入具有显著的直接提高作用和间接提高作用。原因如下：其一，成长期企业的科技创新意愿较为强烈。成长期企业处于高速发展阶段，而支撑其高速发展的源泉是创新。只有不断地创新，才能提供差异化的产品，从而扩大市场份额，提高企业的竞争力。可以说，创新对于成长期企业的发展具有至关重要的作用。因此，成长期企业的创新积极性普遍较高，会从事更多高风险的科技创新项目（Bena and Li，2013；Phillips and Zhdanov，2012）。那么，当企业获得外部融资后，会将较多比例的资金投入科技创新活动中，使外部融资与科技创新投入的正相关关系更加显著。当企业获得科技创新补贴后，会激励企业将更多的资金投入科技创新活动中，对科技创新投入产生更大的激励作用。其二，成长期企业的内部融资能力较弱，更加注重运用外部融资进行科技创新活动。处于成长期的企业，产品未被市场完全接受，因而盈利能力较差，加之此时企业的各项支出，如购置生产设备的支出、产品营销支出等相对较多，造成企业的内部资金相对紧张。因此，当企业获得外部融资时，成长期企业会将更多比例的资金用于对其发展至关重要的科技创新活动中。其三，成长期企业的风险较大。成长期企业的新技术尚不成熟，新产品也并未得到市场的广泛认可，企业的前景受到一定质疑，而且成长期企业通常会进行较多的科技创新活动，而该类投资的风险较大。Baskin（1989）的研究认为，企业的快速发展会使其破产风险相应增加。可见，成长期企业风险较大。而风险较大的项目通常信息不对称程度较高，此时，科技创新补贴能更好地发挥其对项目质量的证实作用，为企业吸引更多的外部融资机会。综上所述，成长期企业获得的科技创新补贴能帮助企业获得更多的外部融资，而且其获得的外部融资更有利于企业科技创新投入的增加，因此，外部融资的中介效应也更加明显。

其次，科技创新补贴对于外部融资的提高作用以及对科技创新投入的间接提高作用并不显著。但是，成熟期企业的外部融资对于科技创新投入具有显著的提高作用，且科技创新补贴对于科技创新投入具有显著的直接提高作用。原因如下：其一，成熟期企业的创新积极性较高。成熟期企业的科技创新已进入较为稳定、高效的阶段。此时，企业已有的技术较为成熟，整体的科技实力较高，科技产出的效率也较高，因此，企业的科技创新积极性较高，拥有较多的科技创新项目，且为科技创新活动投入了大量的资金。那么，当企业拥有较多能自由支配的资金时，愿意将较多比例的资金投入科技创新活动中。当企业获得科技创新补贴后，也会激励其将更多的资金投入科技创新活动中。其二，成熟期企业的外部融资渠道较为畅通。成熟期企业产品的市场占有率较高，销售收入稳定，资产规模较大，可用于抵押的资产较多，且具有良好的信贷记录，因此，企业的经营风险较低。外部资金提供者更愿意为企业提供资金，即使是风险较大的科技创新项目，也可以获得较多的外部融资。此时，企业有能力将较多的资金投入科技创新活动中去。因此，外部融资和科技创新补贴对科技创新投入均具有明显的提高作用。其三，成熟期企业的风险较小。成熟期企业更加专注于过程创新（渐进性创新），即：围绕其主导技术，进一步提高产品的性能或扩展产品的种类，使主要产品的生产更加有效率。因而成熟期企业的科技创新项目风险相对较低。风险较低项目的信息不对称问题相对较小，外部资金提供者对于科技创新补贴信息的重视程度有所下降，因此，科技创新补贴对于外部融资的提高作用并不明显。综上所述，成熟期企业的外部融资更有利于企业科技创新投入的增加，且科技创新补贴对于科技创新投入的直接提高作用较为明显，但是，由于科技创新补贴对于外部融资的提高作用相对较小，因此科技创新补贴通过外部融资对科技创新投入的间接提高作用也相对较小。

再次，衰退期企业获得的科技创新补贴对于外部融资的提高作用并不明显，外部融资对于科技创新投入的提高作用也并不明显，且科技创新补贴对于科技创新投入的直接提高作用和间接提高作用均不明显。原因如下：其一，衰退期企业的创新动力不足。衰退期企业的技术成熟度相对饱和，生产设备老化，科技人员流失较为严重，使技术产出的效率降低，进一步使企业的创新意愿降低。而且，衰退期企业的组织相对僵化，也使企业抵制创新，不愿将较多的资金投入科技创新活动中去。此时，即使企业获得外部融资，也不愿将其投入科技创新活动中。另外，当获得科技创新补贴后，衰退期企业会将节省出的资金用于维持正常运转或短期效益明显的其他项目中，因此，科技创新补贴对科技创新投入的挤出作用较为明显。其二，衰退期企业较难获得外部融资。企业的盈利能力下滑，信用资产不足，缺乏抵押物，且外部融资已达到较高水平，因而较难获得新的外部融资机会，主要依靠内部资产清算、资产重组、变卖不良资产等方式获得资金（潘永明、王晓丽，2014）。可见，处于衰退期的企业，整体的衰退趋势使外部资金提供者不愿为其进一步提供资金，即使企业获得了科技创新补贴，仍然无法使外部资金提供者扭转对其整体衰退趋势的预期，因此，科技创新补贴对于外部融资的提高作用并不明显。而且，此时企业致力最大限度地削减开支，包括对科技创新活动的支出（文芳，2009；汤颖梅、王明玉，2016），将资金投入维持企业正常运转的经营活动中，而不是投入风险较大的科技创新活动中。因此，衰退期企业并不会将其获得的外部融资较多的投入科技创新活动中，获得科技创新补贴后，也不会继续对科技创新活动投入较多的自有资金。综上所述，衰退期企业获得的科技创新补贴对于外部融资的提高作用相对较小，外部融资对于企业科技创新投入的提高作用较小，因而科技创新补贴通过外部融资对科技创新投入的间接提高作用也相对较小。

综上所述，在企业发展的三个阶段中，只有成长期企业获得的科技创新补贴能帮助企业获得更多的外部融资，获得的外部融资更有利于企业科技创新投入的增加，且科技创新补贴对于科技创新投入的直接提高作用和间接提高作用均更加明显。因此，提出假设 H11 的第三个子假设：

假设 H11c：相对于成熟期和衰退期企业，成长期企业的科技创新补贴对于外部融资和科技创新投入具有更加明显的提高作用。

④危机因素。

2008 年，由美国次贷危机引发的金融危机席卷全球，对我国经济发展产生了较大的负面影响，出现了出口下滑、产能过剩、经济增速放缓等问题。面对危机，我国政府出台了“4 万亿”的经济刺激政策，并向企业投放了大量的政府补贴。本书认为，在金融危机时期，科技创新补贴作为抑制市场失灵的重要工具，能对企业的外部融资产生较为积极的促进作用，但是，对科技创新投入的提高作用却并不显著。具体原因表现在以下两个方面：

首先，金融危机时期企业与外部资金提供者的信息不对称程度更高，使科技创新补贴对于外部融资的提高作用更加明显。一方面，对于科技创新项目而言，由于专业性和复杂性较高，造成外部资金提供者评估项目质量的难度较大，存在较为严重的信息不对称问题。金融危机期间，企业面对的风险和不确定性更大

（Campello et al.，2010；王亮亮，2016），对于科技创新项目未来前景的判断更加复杂。此时，企业管理者由于掌握着关于项目真实质量以及行业发展趋势的第一手资料，对外部冲击带来的影响有较为清醒的认识。但是，外部资金提供者面对更为复杂多变的外部环境，对企业或项目的评估难度进一步增加。于是，企业与外部资金提供者之间的信息不对称程度更高。另一方面，企业的盈利数据以及相关的财务数据是外部资金提供者进行投资决策的重要依据。金融危机期间，在全球经济萎靡的背景下，我国企业也出现了盈利普遍下滑的现象（王红建等，2014）。对于某一企业盈利的降低，其主要原因究竟是外部环境导致的短期下滑，还是企业自身经营不善导致的长期下降？这一问题只有企业管理者心知肚明，而外部资金提供者则较难区分其中的差异，所以企业与外部资金提供者的信息不对称程度进一步加剧。可见，在金融危机期间，企业与外部资金提供者之间的信息不对称问题更为严重，此时，科技创新补贴能更好地发挥其信号作用，缓解信息不对称问题，为企业带来较多的外部融资机会。

其次，金融危机对我国企业的内、外部融资状况产生了巨大的冲击。原因如下：其一，金融危机使企业的内源融资能力大幅下降。金融危机使国外市场需求下降，企业出口大幅下滑，许多外向型企业纷纷转而瞄准国内市场。于是，国内市场竞争加剧，产品价格下降，库存增加，资金回笼困难，造成企业营业收入大幅下滑，盈利能力普遍下降（祝继高、王春飞，2013；Claessens et al.，2011）。因此，依托企业自身盈利水平的内源融资能力大幅下降。其二，金融危机使企业的外部融资能力大幅下降。一方面，对于债权融资而言，受金融危机的冲击，银行等金融机构的不良资产有所上升，加之信用风险增加，使银行等金融机构大规模的收紧信贷规模，对于贷款投向更加谨慎。此时，企业获得信贷资金的难度进一步增加。另一方面，对于权益融资而言，金融危机使我国资本市场大幅下挫。2008 年我国股市暴跌，上证综指全年跌幅近 65%，深成指全年跌幅达 63%。企业的股票发行困难，甚至停止发行，从资本市场上获得资金难以为续（曾爱民等，2011）。同时，金融危机造成的国外产品需求骤降、国内生产成本上升、企业库存积压等问题，使具有直接投资意愿的企业数量大幅下降。因此，金融危机期间企业获得外部融资的难度进一步增大。此时，外部资金提供者对资金的投放更加谨慎，而科技创新补贴能较好地证明项目质量，因此，外部资金提供者更加关注这一信息，更倾向于对获得科技创新补贴的企业提供资金。另外，企业由于缺乏充足的资金，不得不取消或延期某些有价值的投资项目（Campello et al.，2010）。科技创新项目投入的资金多，风险高，企业通常在危机期间不愿对此类项目进行较多的投资。因此，即使获得外部融资，企业也不会将其投入科技创新活动中去。

再次，金融危机使企业倾向于降低对科技创新活动的投入。原因如下：其一，金融危机期间，企业的经营以生存为导向，不愿对科技创新活动投入更多的资金。金融危机期间，银行“惜贷”、股市受挫、企业亏损、经济下滑，在这一非常态的经营环境下，生存是企业最为重要的目标（张蕊，2009）。为了生存，企业会减少投资，或将资金投入短期收益明显的项目中。而科技创新项目的风险较大、周期较长，因此，金融危机期间，企业不愿将资金投入科技创新活动中。其二，金融危机期间，需求的降低也会使企业削减科技创新投入。金融危机期间，市场的需求普遍降低，对新产品的需求也相应降低（Hud and Hussinger，2015）。而创新在很大程度上取决于需求，需求的减少使企业对于科技创新活动的投入也会相应削减（Stiglitz，1993；Aghion and Saint-Paul，1998）。Paunov（2012）认为政府的科技创新补贴是培养反周期投资行为的重要手段。由于危机期间的企业普遍缺乏资金，而科技创新补贴的申请成本又相对较低，使企业更有动力去申请科技创新补贴。当企业获得科技创新补贴后，因为危机期间企业倾向于降低科技创新投入，因此，企业会用科技创新补贴替代自有资金投入科技创新活动中，从而使科技创新补贴对于科技创新投入的挤出作用有所增强。

综上所述，金融危机期间企业获得的科技创新补贴对于外部融资的提高作用较为明显，但是，外部融资对于科技创新投入的提高作用并不明显，科技创新补贴对于科技创新投入的直接和间接提高作用也并不明显。因此，提出假设 H11 的第四个子假设：

假设 H11d：相对于非金融危机期间，金融危机期间企业所获科技创新补贴对外部融资的提高作用更加明显，对科技创新投入的提高作用则并不明显。

3.4 本章小结

本章首先对科技创新补贴的制度背景进行了介绍，主要阐述了与科技创新补贴相关的科技政策和会计准则的演变过程，以及科技创新补贴的主要发放形式、管理机构、资金来源以及发放程序。其次，以市场失灵理论、信息不对称理论、熊彼特的创新理论、融资优序理论为基础，阐述了本书的理论模型，列示出本书的理论框架。最后，深入分析了科技创新补贴对外部融资的影响，以及科技创新补贴对企业科技创新投入的直接和间接影响，并提出研究假设。具体而言，本书认为，科技创新补贴能证实项目的质量，从而有助于企业获得更多的外部融资。而外部融资的增加可以使企业将更多的资金用于科技创新项目，增加企业的科技创新投入。因此，科技创新补贴除了对科技创新投入具有直接影响外，还可以通过增加企业的外部融资，间接提高企业的科技创新投入，即：科技创新补贴对于科技创新投入具有间接影响。另外，为了对这一问题进行更加深入、细致地分析，本书考虑了行业因素、地区因素、企业发展阶段、危机因素的影响。综上所述，本书的研究假设汇总情况可以参见图 3－3，研究假设的具体内容可以参见表 3－3。

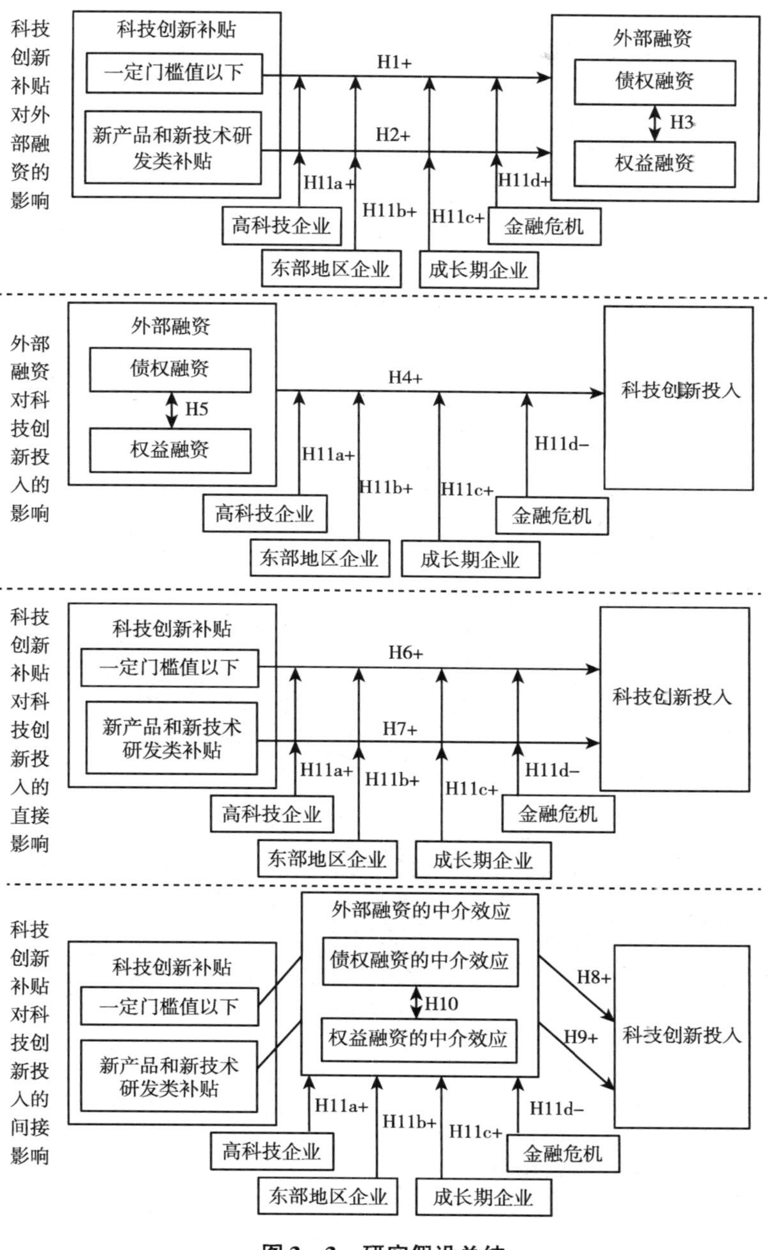

图 3－3　研究假设总结

表 3-3　　研究假设汇总表

结构		编号	假设内容
科技创新补贴对于外部融资的影响		假设 H1	当科技创新补贴小于门槛值时，科技创新补贴有助于企业获得外部融资
		假设 H2	新产品和新技术研发类补贴更有助于企业获得外部融资
		假设 H3	与债权融资相比，科技创新补贴对于权益融资的提高作用更加明显
外部融资对科技创新投入的影响		假设 H4	外部融资的增加有助于企业提高科技创新投入
		假设 H5	与债权融资相比，权益融资的增加更有助于企业提高科技创新投入
科技创新补贴对于科技创新投入的影响	直接影响	假设 H6	当科技创新补贴小于门槛值时，科技创新补贴有助于提高科技创新投入
		假设 H7	新产品和新技术研发类补贴更有助于企业提高科技创新投入
	间接影响	假设 H8	当科技创新补贴小于门槛值时，科技创新补贴通过外部融资的中介效应对科技创新投入的提高作用更加明显
		假设 H9	新产品和新技术研发类补贴通过外部融资的中介效应对科技创新投入的提高作用更加明显
		假设 H10	科技创新补贴通过权益融资的中介效应对科技创新投入的提高作用更加明显
各因素对科技创新补贴、外部融资和科技创新投入关系的影响		假设 H11a	相对于非高科技企业，高科技企业的科技创新补贴对于外部融资和科技创新投入具有更加明显的提高作用
		假设 H11b	相对于西部地区，东部地区企业的科技创新补贴对于外部融资和科技创新投入具有更加明显的提高作用
		假设 H11c	相对于成熟期和衰退期企业，成长期企业的科技创新补贴对于外部融资和科技创新投入具有更加明显的提高作用
		假设 H11d	相对于非金融危机期间，金融危机期间企业所获科技创新补贴对外部融资的提高作用更加明显，对科技创新投入的提高作用则并不明显

第 4 章

实证研究设计

为了验证第 3 章提出的各项研究假设，本章对实证研究的设计进行了详细阐述。首先，介绍了样本的选择以及各项数据的来源情况；其次，在借鉴前人研究的基础上，对各主要变量的选取和度量进行了详细介绍；最后，介绍了主要的检验方法和模型。

4.1 样本选取和数据来源

本节主要对样本的选取和数据的来源情况进行阐述，这是实证研究的起点，为随后的研究奠定了基础。

4.1.1 样本选取

本书以 2007 ~ 2014 年的民营上市公司为样本进行研究。之所以选择民营上市公司作为样本，主要有以下几个原因：第一，国有企业是政府投资和参与控制的企业，与政府的关系较为密切，可以说具有“天然”的政治关联。而政府又承担着科技创新补贴的审核和拨付，因而科技创新补贴的发放可能更倾向于国有企业。第二，在我国银行的信贷活动中，“成分论”的影响仍然不可忽视。银行在选择信贷对象时受所有制的影响仍然较大，国有企业更容易获得外部债权融资。因此，为了避免所有制因素造成的干扰性和内生性，本书只选择了民营上市公司作为样本进行研究。

本书之所以选择 2007 年之后的上市公司作为样本，是因为 2006 年财政部公布了《企业会计准则第 16 号——政府补助》，成为指导我国企业进行科技创新补贴会计处理的具体准则，并沿用至今。与旧准则相比，2006 年公布的新准则对科技创新补贴的计量和披露进行了全面的改革，例如，旧准则规定旅游饮食服务企业、工业企业和商品流通企业三类企业应通过“补贴收入”科目对企业的科技创新补贴进行核算和披露，但是新准则规定上市公司应通过“营业外收入—补助”“递延收益”“其他流动负债—递延收益”“其他非流动负债—递延收益”科目对获得的科技创新补贴进行核算和披露。由此可见，新旧准则对于科技创新补贴的披露和计量存在较大差异。因此，为了避免这一差异造成的数据偏差，本书仅选择2007年之后、按照新准则进行核算的上市公司作为样本。

同时，为了保持样本的准确性和完整性，本书剔除了以下样本公司：

（1）剔除金融业、保险业及公共事业公司。这类公司由于自身经营活动的特点，其会计核算方法与一般企业具有较大差异。因此，为了避免这一差异造成的相关问题，本书对于这类企业予以剔除。

（2）剔除了数据不全以及信息披露不充分的公司。

4.1.2 数据来源

本书中使用的科技创新补贴数据，根据上市公司年度财务报告附注中的相关内容手工整理得到。上市公司的年度财务报告来源于上海证券交易所和深圳证券交易所官方网站。科技创新投入的相关数据来源于WIND数据库。除此之外的其他数据均来源于CSMAR数据库中的上市公司财务数据库。数据的整理和统计工作使用Excel 2010和Stata 12.0。

4.2 变量的度量

本节以前人的研究成果为基础，对科技创新补贴、外部融资、科技创新投入、其他主要变量以及控制变量的度量进行阐述。

4.2.1 科技创新补贴的度量

对于科技创新补贴的度量，主要根据上市公司年报中的财务报表附注，对企业获得的科技创新补贴数量和种类进行汇总整理。根据我国会计准则《企业会计准则第16号—政府补助》的规定，上市公司主要通过“营业外收入—补助”“递延收益”“其他流动负债—递延收益”“其他非流动负债—递延收益”科目对获得的科技创新补贴进行核算和披露。根据2014年修订后的《企业会计准则第30号—财务报表列报》及其应用指南的规定，原列报于资产负债表“其他非流动负债”科目的递延收益项目应列示于“递延收益”科目。因此，上市公司

2014 年的科技创新补贴数据主要来自“营业外收入—补助”“递延收益”“其他流动负债—递延收益”这三个科目。

对于科技创新补贴数量的确定，主要根据报表附注中对以上各科目的详细描述进行判断。具体而言，主要分为以下几个步骤：第一，在上市公司年报中，对相关科目进行逐一搜索，判断相关科目中是否具有政府补贴的信息。如果没有政府补贴的相关信息，则说明该企业当年没有收到科技创新补贴。如果具有政府补贴的相关信息，则进行下一步的分析。第二，判断企业获得的政府补贴是否属于科技创新补贴。本书根据关键字进行判断，运用的关键字包括：研发、研制、研究、科技、科研、产学研、技改、创新、新产品、课题、“863”项目等与科技创新有关的词语。如果政府补贴的名称或相关信息中包括至少一个关键词，则认为该项政府补贴为科技创新补贴。对于从项目名称或相关信息中无法准确进行判断的政府补贴，还可以参照该补贴的颁发部门进行判定。如果颁发部门为科技局（厅、委），则认为该项补贴属于科技创新补贴。第三，判断该项科技创新补贴是否为企业当年获得的补贴。相关科目中列示的科技创新补贴并不一定是企业当年获得的，可能是企业以前年度获得的科技创新补贴递延到当期的金额。例如，“营业外收入—补助”中列示的科技创新补贴可能是以前年度获得的，已经在以前年度的“递延收益”中列示，当年开始摊销进入“营业外收入—补助”科目。因此，需要关注科技创新补贴获得的时间。如果报表附注中标明了获得时间，则可按照该时间进行判断；如果没有标明科技创新补贴获得的时间，则需要对所有科目中的科技创新补贴项目进行逐一对比，以判断该项补贴是否为企业当年获得的科技创新补贴。

对于科技创新补贴种类的划分，是在上述判断的基础上根据关键字进行划分的。如果科技创新补贴名称或相关信息中出现某一种类补贴的关键字，则判定该补贴属于这一种类的科技创新补贴。各类科技创新补贴的关键字列示如下：（1）新产品和新技术研发类补贴：新产品开发、产品研发、新品种培育、关键技术研发、研究、开发、研制、项目研发、工艺研发等。（2）技术改进类补贴：技术升级、技术改造、技改、工艺改进、技术改进等。（3）科技成果转化类补贴：科技成果转化、技术成果转化、科技成果产业化、技术应用等。（4）专利及科技奖励类补贴：专利、奖励等。（5）其他类补贴：与上述 4 类关键字不同的其他关键字，包括技术标准专项资金、技术服务平台、科技创新类保险、科技项目经费、自主创新专项资金、科技专项、技术创新项目、技术创新基金、科技计划、创新扶持资金、收科学技术局款、科技三项经费等。

另外，许多医药制造企业对科技创新补贴的披露较为简略，仅披露产品或项目的名称，如“参芪扶正注射液”“消毒安肾胶囊项目”“手足口病项目”等。

由于政府对医药制造企业相关产品和项目的科技创新补贴通常用于支持某一新药的研究和开发，因此，在本书中，对于医药制造企业，如果科技创新补贴仅披露了产品和项目名称，则也将该补贴归入新产品和新技术研发类补贴。

4.2.2 其他主要变量的度量

在本书的研究中，除了科技创新补贴这一重要变量外，外部融资和科技创新投入也是重要的研究对象，本节将对其度量标准予以列示。另外，行业、地区、企业发展阶段以及金融危机期间的划分标准也在本节予以列示。

（1）外部融资的度量。

外部融资包括债权融资和权益融资。本书借鉴程新生等（2012）的方法，以上市公司现金流量表中披露的“筹资活动产生的现金流量”数据进行度量。运用这一数据进行度量可以较为客观、准确地得到不同融资方式的融资数量。具体而言，本书以上市公司现金流量表中披露的“取得借款收到的现金”及“发行债券收到的现金”之和对债权融资进行度量。以上市公司现金流量表中披露的“吸收权益性投资收到的现金”对权益融资进行度量。以债权融资变量和权益融资变量之和，即：上市公司现金流量表中披露的“取得借款收到的现金”“发行债券收到的现金”及“吸收权益性投资收到的现金”之和对企业的外部融资总额进行度量。另外，为了去除绝对数的影响，用这些数值除以期初总资产，得到标准化的数值。

（2）科技创新投入的度量。

本书中的科技创新投入是指企业自有资金对于科技创新活动的投入，不包括企业将科技创新补贴投入科技创新活动中的资金。科技创新投入选用企业的研发费用进行计量，但是企业年报中列示的研发费用包括企业自身对科技创新活动的投入，也包括企业将获得的科技创新补贴投入科技创新活动中的资金。因此，需要将科技创新补贴予以剔除。于是，本书对于企业科技创新投入的计量是年报中披露的研发费用减去企业当年获得的科技创新补贴。为了去除绝对数的影响，用这一数值除以主营业务收入，得到标准化的数值。

（3）高科技行业的确定。

本书中对于高科技行业与非高科技行业的划分，借鉴叶建芳、陈潇（2008）、解维敏等（2009），李平、王春晖（2011）和郑绪涛（2009）的研究，将以下行业定义为高科技行业：化学原料和化学制品制造业（C26），医药制造业（C27），化学纤维制造业（C28），铁路、船舶、航空航天和其他运输设备制造业（C37），计算机、通信和其他电子设备制造业（C39），仪器仪表制造业（C40），电信、广播电视和卫星传输服务业（I63），互联网和相关服务业（I64）以及软件和信息技术服务业（I65）。除以上行业外的其他行业为非高科技行业。

（4）东西部地区的确定。

对于西部地区和东部地区的划分，本书借鉴刘渝琳、冯其云（2007），李莉、毛加强（2011）的方法，依据国务院2000年颁布的《国务院关于实施西部大开发若干政策措施的通知》，确定西部地区包括的范围是：四川省、重庆市、贵州省、西藏自治区、云南省、陕西省、宁夏回族自治区、甘肃省、新疆维吾尔自治区、青海省、内蒙古自治区和广西壮族自治区共12个省区市。除以上西部地区外的其他地区为东部地区。

（5）企业发展阶段的确定。

本书借鉴 Anthony 和 Ramesh（1992），高松等（2011），李云鹤、李湛（2012）的研究，将上市公司分为成长期、成熟期和衰退期共三个发展阶段。以主营业务收入增长率、企业年龄、留存收益率和资本支出率共四个变量作为划分标准，对企业的发展阶段进行确定（判断标准及其赋值详见表4-1）。本书的判断步骤如下：首先，对上市公司按行业进行分类。行业的分类依据是中国证监会2012年修订的《上市公司行业分类指引》，其中，制造业按照大类进行划分，而其他行业均按照门类进行划分。其次，对于每一个行业，分别按照主营业务收入增长率、资本支出率、企业年龄、留存收益率的大小进行排序，对于主营业务收入增长率和资本支出率，数值最大的1/3企业赋值为3，中间的1/3赋值为2，最小的1/3赋值为1。企业年龄和留存收益率则相反，数值最大的1/3企业赋值为1，中间的1/3赋值为2，最小的1/3赋值为3。最后，对于每一个行业，将所有的赋值进行加总，得到每个企业的分数。按照分数再进行一次排序，得分最高的1/3企业为“成长期”企业，得分中间的1/3企业为“成熟期”企业，得分最低的1/3企业为“衰退期”企业。

表4-1　　企业发展阶段判别标准

阶段	主营业务收入增长率		资本支出率		企业年龄		留存收益率	
	数值	赋值	数值	赋值	数值	赋值	数值	赋值
成长期	大	3	大	3	大	1	大	1
成熟期	中	2	中	2	中	2	中	2
衰退期	小	1	小	1	小	3	小	3

（6）金融危机期间的确定。

金融危机2007年始于美国，2008年波及我国，使我国出口大幅下降，制造业产能过剩问题进一步凸显，经济发展面临巨大压力。从宏观数据可以看出，自

2008年下半年至2009年上半年，我国的GDP增速、制造业采购经理人指数和企业景气指数均跌入谷底（关勇军、洪开荣，2012；连立帅等，2016），出口增长率也在2009年首次降为-16.01%（董二磊、王博，2015）。因此，本书借鉴Hud和Hussinger（2015），Brautzsch et al.（2015），陈艳、张明悦（2011），董二磊、王博（2015），张信东、郝盼盼（2016）的研究，将金融危机期间确定为2008年和2009年。

4.2.3 控制变量的度量

本书借鉴潘红波、余明桂（2010），Meuleman和Maeseneire（2012），程新生等（2012），肖华、张国清（2013），杨淑娥、苏坤（2009）的研究，充分考虑控制内部融资，同时适当兼顾控制企业的科技创新意愿因素，选取了以下控制变量：

（1）企业规模。通常而言，大企业与外部资金提供者之间的信息不对称程度可能较小，而且其破产的概率也相对较小（Hovakimian，2001）。因此，能吸引更多的外部融资。但是，大公司的科技创新投入强度可能低于小公司。为了控制企业规模的影响，本书将其作为控制变量，以期初总资产的自然对数计量。

（2）资产负债率。当企业的资产负债率较高时，破产的概率也相对较高（Harris and Raviv，1991），因此对于外部融资的吸引力降低。而且资产负债率较高的企业也不愿意对科技创新活动投入更多的资金（Singh and Faireloth，2005）。因此，为了控制企业已有负债的影响，本书将其作为控制变量，以负债除以期初总资产计量。

（3）自由现金流。自由现金流代表了企业的内部融资能力（Haan and Hinloopen，2003），如果企业的内部融资能力较强，就会降低对外部融资的需求，但是会增加对科技创新活动的投入。因此，为了控制内部融资的影响，本书将其作为控制变量，以企业经营活动产生的现金净流量除以期初总资产计量。

（4）流动资产。流动资产也代表了企业的内部融资能力，内部融资能力会直接影响企业的外部融资需求以及企业对科技创新活动的资金投入。因此，为了控制这一影响，本书将其作为控制变量，以流动资产除以期初总资产计量。

（5）应收股利。通常情况下，应收股利越多代表企业对外的投资越多，风险较大，进一步获得外部融资的可能性较小（Meuleman and Maeseneire，2012）。而且企业继续进行科技创新投资的可能性也较小。因此，为了控制这一影响，本书将其作为控制变量，以应收股利除以期初总资产计量。

（6）无形资产。无形资产的专用性较强，不能作为合格的抵押品，提高了代理成本，从而不利于企业获得外部融资。但是，无形资产较多是企业已经进行了大量科技创新活动产生的结果，说明企业较为重视科技创新活动，可能会在科技创新方面进行更多的投资。因此，为了控制这一影响，本书将其作为控制变量，以无形资产除以期初总资产计量。

（7）企业年龄。新成立的企业较为重视创新，对于科技创新活动的投入强度较大。因此，为了控制这一影响，本书将其作为控制变量，以企业成立至样本计算当期的时间跨度取对数计量。

（8）成长性。成长性较好的企业通常更重视科技创新活动，对于科技创新活动的投入更多。而且成长性较好的公司通常具有较好的内部融资能力，对科技创新活动会进行更多的投入。因此，本书为了控制这一影响，将其作为控制变量，以本期的主营业务收入减去上期的主营业务收入，再除以上期的主营业务收入计量。

（9）年度虚拟变量。本书以 2007 ~2014 年的数据为样本，因此，以 2007 年作为参照组，共设置了 7 个年度虚拟变量。

（10）行业虚拟变量。企业的行业类型按照中国证监会 2012 年修订的《上市公司行业分类指引》中的行业分类进行统计，以“农林牧渔业”作为参照组设置虚拟变量。

4.3 检验方法和模型构建

本节主要介绍对假设进行检验的主要方法以及主要实证模型的构建。

4.3.1　检验方法

为了检验第 3 章提出的研究假设，本书主要运用以下方法对其进行检验：

（1）描述性统计分析。

描述性统计分析是整理、描述、解释数据的系统方法和统计技术。通常研究中收集到的数据十分庞大，如何用简单、明了的统计量对这一庞大数据进行描述和概括，对研究的进一步进行至关重要。描述性统计分析的主要任务正是解决这一问题，通过对数据进行初步的整理，帮助分析者掌握数据的基本统计特征、把握数据的总体分布形态。描述性统计分析主要包括数据的频数分析、数据的集中趋势分析、数据的离散程度分析、数据的分布以及其他一些基本的统计图形。可以说，描述性统计分析是进行数据回归分析之前至关重要的一步。

（2）相关性分析。

相关性分析是指对两个或多个具备相关性的变量进行分析。如果变量间具有密切关联，但是又不能用函数关系进行精确表达，那么，在统计上被称为变量间的统计关系或相关关系，对这一统计关系的分析被称为相关性分析。

相关系数是反映变量间相关关系的数值，常用的相关系数有 Pearson 相关系数和 Spearman 秩相关系数。Pearson 相关系数又被称为相关系数或自相关系数，一般用 r 表示，它是描述线性相关强度的量，取值在 -1 和 1 之间，当两个变量具有很强的线性相关性时，该相关系数接近于 1 或 -1，当两个变量不相关时，该相关系数接近于 0。Spearman 秩相关系数与 Pearson 相关系数的定义类似，只是定义中把点的坐标变成各自样本的秩。Spearman 秩相关系数的取值也在 -1 和 1 之间，与 Pearson 相关系数有类似的解释，通过它可以进行不依赖于总体分布的非参数检验。

（3）多元线性回归分析。

多元线性回归分析是一元线性回归分析的进一步推广，即：在线性回归分析中，如果存在两个或两个以上的自变量，则被称为多元线性回归分析。在实际情况中，某种经济问题往往是与许多影响因素相联系的，所以运用多个自变量的最优组合来共同估计或预测因变量通常更加符合实际情况。而且由于多元线性回归分析考虑到了变量间的相互关系，能得到一个更加综合的结论。因此，与一元线性回归分析相比，多元线性回归分析的实际意义更大，在学术研究中的运用也更为广泛。

多元线性回归分析首先要确定自变量和因变量，将所关心的变量确定为因变量，把影响因变量的多个变量确定为自变量。多元回归分析的主要任务就是确定自变量与因变量之间的定量关系表达式，即回归方程。随后，进行回归参数的估计。对多元线性回归方程中未知参数进行估计的方法为普通最小二乘法。对于每一个样本的观测值（x_i，y_i），最小二乘法考虑观测值 y_i 与其期望值 $E(y_i)$ 的差越小越好，特别要求考虑 n 个差的平方和达到最小。接着，需要对回归方程的显著性进行检验。通常在进行回归参数的估计前，用多元回归模型去拟合随机变量 y 与变量 x_1，x_2，……，x_p 之间的关系，只是根据定性分析所做出的一种假设，因此，当求出线性方程后，应对回归方程进行显著性检验。检验方法主要有两种：拟合优度检验和 F 检验。另外，回归系数的显著性检验也是研究中需要关注的重要问题。简单地说，回归系数的显著性检验就是检验某一个自变量 x_i 的系数是否为 0。如果某一自变量显著，则说明其系数显著不为 0，从而可以根据系数判断自变量与因变量之间的关系。

（4）门槛回归分析。

门槛回归分析是一种较为客观的研究方法，通过门槛变量自身的情况来确定分界点，进而运用门槛变量的观察值估计出适当的门槛值，这一方法可以较好地避免主观判断分界点所形成的偏误。

对于具有结构变化的相关问题，典型的检验方法有：加入二次项进行检验、加入虚拟变量及其交乘项进行检验、分组进行回归检验等。但是，上述方法均存在一定的问题，例如，加入二次项的方法通常会存在严重的共线性问题，所得结果的可靠性受到质疑；加入虚拟变量和分组检验的方法通常需要主观判断结构变化点，因而也可能产生一定的偏误。由此可见，门槛回归方法能有效避免多重共线、主观判断等产生的偏误，从而更加客观准确地反映出相关问题的结构变化情况。

本书运用门槛回归的方法进行研究，其适用性主要表现在以下两个方面：一方面，科技创新补贴对于外部融资的影响是否具有结构性变化？如果有结构性变化，到底是“U”型、“L”型或是“S”型？在本书之前并没有大量权威的文献予以证实。门槛回归的方法能根据数据自身的特点确定分界点，并得到数据的结构性特点，因此更为准确。另一方面，主观确定的分界点通常会产生较为严重的偏误，而运用门槛回归模型估计出的分界点更加准确。而客观准确地确定出科技创新补贴对于外部融资影响的分界点，对于相关科技创新补贴政策的完善具有更加重要的实际意义。

本书的门槛回归分析方法借鉴了 Hansen（1999）的门槛模型。根据这一方法，应先建立单一门槛模型，随后扩展至多重门槛模型。单一门槛模型的基本模型为：

$$y_{it} = \mu_i + \beta_1 x_{it} \cdot I(g_{it} \leq \gamma) + \beta_2 x_{it} \cdot I(g_{it} > \gamma) + \varepsilon_{it} \quad (4-1)$$

其中，i 代表公司，t 代表年份。y_{it}代表被解释变量，x_{it}代表解释变量。g_{it}代表门槛变量，γ 代表门槛值，ε_{it}代表随机干扰项。I（·）代表一个指标函数，当满足相关条件时取值为 1，不满足相关条件时取值为 0。为了进行参数估计，需要先去除个体效应，因此，对每个观测值减去组内平均值。此时，模型变为：

$$y_{it}^* = \mu_i + \beta_1 x_{it}^* \cdot I(g_{it} \leq \gamma) + \beta_2 x_{it}^* \cdot I(g_{it} > \gamma) + \varepsilon_{it}^* \quad (4-2)$$

将所有的观察值累叠，并运用矩阵形式可以表现为：

$$y^* = X^*(\gamma)\beta + \varepsilon^* \quad (4-3)$$

对于给定的 γ 值，可以采用普通最小二乘法得到参数 β 的估计值，即：

$$\hat{\beta}(\gamma) = [X^*(\gamma)'X^*(\gamma)]^{-1}X^*(\gamma)'Y^* \quad (4-4)$$

相应的残差平方和是：

$$S_1(\gamma)=\hat{e}^*(\gamma)'\hat{e}^*(\gamma) \tag{4-5}$$

相应的残差向量是：

$$\hat{e}^*(\gamma)=Y^*-X^*(\gamma)\beta^*(\gamma) \tag{4-6}$$

根据 Hansen（1999），可以运用最小二乘法来估计 γ 值。因此，可以通过最小化的 $S_1(\gamma)$ 得到 γ 的估计值：

$$\hat{\gamma}=\arg\min_{\gamma} S_1(\gamma) \tag{4-7}$$

于是，可以得到 $\hat{\beta}=\hat{\beta}(\hat{\gamma})$，残差向量 $\hat{e}^*=\hat{e}^*(\hat{\gamma})$，以及残差的方差是：

$$\hat{\sigma}=\hat{\sigma}^2(\hat{\gamma})=\frac{1}{n(T-1)}\hat{e}^{*\prime}\hat{e}^*=\frac{1}{n(T-1)}S_1(\hat{\sigma}) \tag{4-8}$$

接着，需要检验门槛效应是否显著，原假设为门槛效应不存在，即：

$$H_0:\ \beta_1=\beta_2$$

相应的备择假设是：

$$H_1:\ \beta_1\neq\beta_2$$

似然比检验的统计量为：

$$F_1=\frac{S_0-S_1(\hat{\gamma})}{\sigma_\varepsilon^2} \tag{4-9}$$

其中，S_0 是在原假设下得到的残差平方和。而在原假设下，门槛值 γ 是无法识别的，统计量 F_1 的分布是非标准的。Hansen（1999）认为采用“自抽样法”可以模拟似然比检验的渐进分布，基于此得到的 p 值也是渐进有效的。

随后，需要检验门槛的估计值是否等于真实值。原假设为门槛的估计值与真实值是一致的，即 H_0：$\gamma=\gamma_0$，此时的似然比统计量为：

$$LR_1(\gamma)=\frac{S_1(\gamma)-S_1(\hat{\gamma})}{\hat{\sigma}^2} \tag{4-10}$$

当 $LR_1(\gamma)$ 的值足够大时，就可以拒绝原假设。根据 Hansen（1999），以 α 代表显著性水平，则拒绝域的临界值为：

$$c(\alpha)=-2\ln(1-\sqrt{1-\alpha}) \tag{4-11}$$

当 $LR_1(\gamma_0)\leqslant c(\alpha)$ 时，是在 $1-\alpha$ 的置信水平上的“非拒绝域”，此时不能拒绝原假设。

对于双重门槛，其基本模型为：

$$y_{it}=\mu_i+\beta_1 x_{it}\cdot I(g_{it}\leqslant\gamma_1)+\beta_2 x_{it}\cdot I(\gamma_1<g_{it}\leqslant\gamma_2)+\beta_3 x_{it}\cdot I(g_{it}>\gamma_2)+\varepsilon_{it} \tag{4-12}$$

其中，$\gamma_1<\gamma_2$。假设运用单一门槛模型中估计的门槛值 $\hat{\gamma}_1$ 为已知，接着进行第二个门槛值的搜索，筛选的标准为：

$$S_2^{\gamma}(\gamma_2)=\begin{cases}S(\hat{\gamma}_1,\ \gamma_2)，若\ \hat{\gamma}_1<\gamma_2\\ S(\gamma_2,\ \hat{\gamma}_1)，若\ \gamma_2<\hat{\gamma}_1\end{cases} \tag{4-13}$$

从而得到第二个门槛估计值为：

$$\hat{\gamma}_2^{\gamma}=\arg\min_{\gamma_2} S_2^{\gamma}(\gamma_2) \tag{4-14}$$

根据 Bai（1997）的研究，$\hat{\gamma}_2^{\gamma}$ 是渐进有效的，但是 $\hat{\gamma}_1$ 的估计值却不具备这一性质，因此，需要固定 $\hat{\gamma}_2^{\gamma}$，重新估计 $\hat{\gamma}_1^{\gamma}$，这一更新后得到的估计值是渐进有效的。双重门槛下的假设检验与单一门槛下的假设检验基本一致，由于篇幅所限，在此不再陈述。

另外，双重门槛以外的多重门槛与双重门槛的计算和检验方法基本一致，只须进行适当的扩展，因此不再赘述。

（5）中介效应分析。

中介效应分析作为一个重要的分析方法，近年来在社会科学的研究中被广泛运用。假设因变量为 Y，自变量为 X，如果变量 X 通过影响另一变量 M，进而影响变量 Y，则认为，变量 M 起到了中介作用，变量 M 被称为中介变量。中介效应分析是在已知变量 Y 和变量 X 关系的基础上，进一步探索这一关系的产生机理，从而解释已知关系背后的作用机制，具有重要的理论意义和现实意义。中介效应的相关原理可以参见图 4－1。

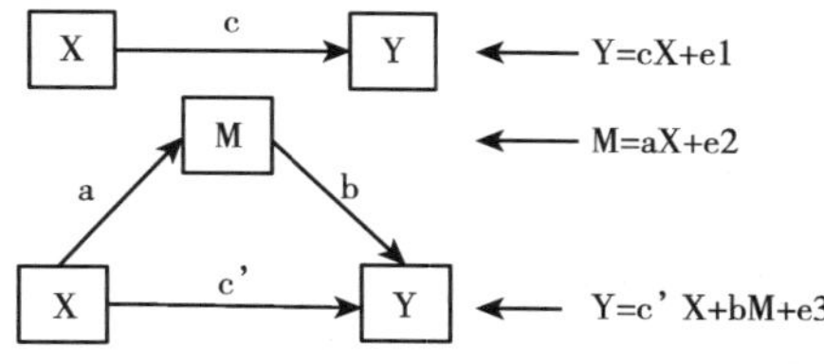

图 4－1　中介效应示意图

中介效应的检验方法通常有两种：因果步骤法和系数乘积法。根据 Baron 和 Kenny（1986），因果步骤法主要分为以下三步：首先，检验系数 c 是否显著；其次，检验系数 a 是否显著；最后，检验系数 c' 和 b 是否显著。如果系数 a，b，c 均显著，说明中介效应显著。如果系数 c' 不显著，则称这一效应为完全中介效应。如果系数 c' 显著，但是，c' <c，则称这一效应为部分中介效应。系数乘积法主要检验系数 a、b 是否显著不为零，而对系数 c 是否显著并没有强制要求。Mackinnon 等（2002）的研究认为系数乘积法的有效性大于因果步骤法。在系数乘积法中，应用最为广泛的是 Sobel 检验法。Sobel 检验法主要是确定一个 z 值。z 值的计算方法如下：

$$z = \frac{\hat{a}\hat{b}}{s_{ab}} \tag{4-15}$$

其中，$\hat{a}$ 和 $\hat{b}$ 分别是系数 a 和系数 b 的估计值，S_{ab}的计算公式如下：

$$s_{ab} = \sqrt{\hat{a}^2 s_b^2 + \hat{b}^2 s_a^2} \tag{4-16}$$

其中，s_a 和 s_b 分别是 a 和 b 的标准误。

将计算出的 z 值与基于标准正态分布的临界 z 值进行对比，如果计算出的 z 值大于临界的 z 值，则说明中介效应显著，否则，说明中介效应不显著。

温忠麟等（2004）在借鉴前人研究的基础上，提出了一个包括以上两种方法（因果步骤法和系数乘积法）的中介效应检验程序。这一检验程序既可以检验完全中介效应，也可以检验部分中介效应。而且这一程序的第一类错误率和第二类错误率之和较小，优于单一的检验方法。另外，这一检验方法的实施也比较容易。因此，本书也借鉴这一程序对中介效应进行检验。具体的检验步骤可参见图 4－2。

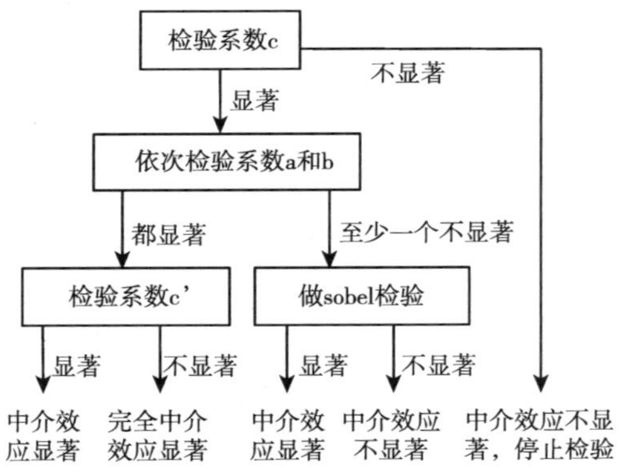

图 4－2　中介效应检验程序

4.3.2　模型构建

本节将对本书运用的模型进行详细描述，分别对科技创新补贴对外部融资的影响、外部融资对科技创新投入的影响以及科技创新补贴对于科技创新投入的影响建立多元回归模型或门槛回归模型进行检验。为了消除极端值的影响，在下列检验过程中，对全部变量均进行了上下1%的Winsorize处理。具体的模型构建如下：

（1）科技创新补贴对外部融资的影响检验。

首先，检验科技创新补贴是否能提高企业的外部融资，设计模型：

$$\begin{aligned} EDT_t/DT_t/ET_t = {} & \alpha_0 + \alpha_1 QRDS_{t/t-1} + \alpha_2 LA_{t-1} + \alpha_3 CFO_{t-1} + \alpha_4 DV_{t-1} + \alpha_5 INGA_{t-1} \\ & + \alpha_6 SIZE_{t-1} + \alpha_7 LEV_{t-1} + \sum_i \beta_i YEAR \\ & + \sum_i \gamma_i IND + \varepsilon \end{aligned} \tag{4-17}$$

其中，α_0代表截距，$\alpha_1 \sim \alpha_7$以及β、γ均代表系数，ε代表残差。模型中其他变量的含义如下：

①因变量：模型中的因变量为企业的外部融资情况。其中，EDT_t代表总的外部融资，是债权融资数量和权益融资数量之和。DT_t代表企业的债权融资数量，ET_t代表企业的权益融资数量。

②自变量：模型中的自变量为企业获得的科技创新补贴。考虑到科技创新补贴对外部融资的影响可能具有时滞性，因此，对科技创新补贴当年和前一年的数值均进行检验。其中，$QRDS_t$代表企业当年获得的科技创新补贴，$QRDS_{t-1}$代表企业前一年获得的科技创新补贴。

③控制变量：控制变量主要选取了以下变量：流动资产（LA）、应收股利（DV）、现金流量（CFO）、无形资产（INGA）、总资产的对数（SIZE）、资产负债率（LEV），以及年度（YEAR）和行业（IND）虚拟变量。

其次，检验科技创新补贴对外部融资的影响是否存在门槛效应。运用门槛回归模型进行检验，单一门槛的基本模型如下：

$$\begin{aligned} EDT_t/DT_t/ET_t = {} & \mu_i + \beta_1 QRDS_{t/t-1} \cdot I(QRDS_{t/t-1} \leqslant \gamma) + \beta_2 QRDS_{t/t-1} \cdot I(QRDS_{t/t-1} > \gamma) \\ & + \sum \beta_k CONTROLVARIABLE + \varepsilon_{it} \end{aligned} \tag{4-18}$$

其中，因变量$EDT_t/DT_t/ET_t$为企业的外部融资情况，自变量$QRDS_{t/t-1}$为企业当年或前一年获得的科技创新补贴，门槛变量也是企业当年或前一年获得的科技创新补贴（$QRDS_{t/t-1}$），CONTROLVARIABLE代表各控制变量，选取情况与模型（4－17）相同。双重门槛或其他多重门槛模型的原理与单一门槛模型基本一致，在此不再赘述。

不同类型科技创新补贴对外部融资的影响检验模型与模型（4－17）基本一致，只是自变量的选取为各类科技创新补贴的数值，即：各类科技创新补贴的实际数量除以期初总资产。

最后，关于行业因素、地区因素和危机因素对于科技创新补贴与外部融资关系影响的检验，本书引入各因素变量与科技创新补贴变量的交互项进行检验。具体模型如下：

$$\begin{aligned} EDT_t/DT_t/ET_t = {} & \alpha_0 + \alpha_1 HIND/EST/FC \times QRDS_{t/t-1} + \alpha_2 HIND/EST/FC + \alpha_3 QRDS_{t/t-1} \\ & + \alpha_4 LA_{t-1} + \alpha_5 CFO_{t-1} + \alpha_6 DV_{t-1} + \alpha_7 INGA_{t-1} + \alpha_8 SIZE_{t-1} \\ & + \alpha_9 LEV_{t-1} + \sum_i \beta_i YEAR + \sum_i \gamma_i IND + \varepsilon \end{aligned} \tag{4-19}$$

其中，HIND 代表行业因素，当企业属于高科技行业时取值为 1，否则，取值为 0；EST 代表地区因素，当企业位于东部地区时取值为 1，否则，取值为 0；FC 代表危机因素，当企业处于金融危机时期时取值为 1，否则，取值为 0。

企业发展阶段分为成长期、成熟期和衰退期共三个阶段。如果以是否处于某一发展阶段设置 0～1 变量，会掩盖另两个发展阶段的特征，准确性较差。因此，不能简单地以 0～1 变量进行衡量。本书将样本分为成长期企业组、成熟期企业组和衰退期企业组，对每组样本分别运用模型（4－17）进行检验，并运用 sunset 检验组间系数的差异，得到的结果较为准确。

（2）外部融资对科技创新投入的影响检验。

首先，为了检验外部融资的增加是否使企业提高对科技创新活动的投入，设计模型（4－20）进行检验：

$$\begin{aligned} RD_t = {} & \alpha_0 + \alpha_1 EDT_{t/t-1}/DT_{t/t-1}/ET_{t/t-1} + \alpha_2 SIZE_{t-1} + \alpha_3 LEV_{t-1} + \alpha_4 AGE_{t-1} \\ & + \alpha_5 INGA_{t-1} + \alpha_6 GOW_{t-1} + \alpha_7 CFO_{t-1} + \alpha_8 LA_{t-1} \\ & + \alpha_9 DV_{t-1} + \sum_i \beta_i YEAR + \sum_i \gamma_i IND + \varepsilon \end{aligned} \tag{4-20}$$

其中，α_0代表截距，$\alpha_1 \sim \alpha_9$以及 β、γ 均代表系数，ε 代表残差。模型中其他变量的含义如下：

①因变量：模型中的因变量为企业的科技创新投入强度，以 RD 表示。科技创新投入的数量是按照万得数据库中披露的研发费用进行计量的。同时，为了更加明确地显示出这一变量是企业自身对于科技创新活动的投入，需要减去企业当期获得的科技创新补贴数额。最后，需要除以期初的主营业务收入。

②自变量：模型中的自变量为企业的外部融资情况，以 EDT/DT/ET 表示。

与前面一样，EDT 代表总的外部融资，是债权融资数量和权益融资数量之和。DT 代表企业的债权融资数量，ET 代表企业的权益融资数量。

③控制变量。控制变量选取了以下变量：SIZE 代表企业规模；LEV 代表资产负债率；AGE 代表企业的成立年龄；INGA 代表无形资产；CFO 为自由现金流；DV 代表应收股利；LA 代表流动资产；GOW 代表成长性；YEAR 代表企业的年度虚拟变量；IND 代表企业的行业类型虚拟变量。

另外，关于行业因素、地区因素和危机因素对外部融资与科技创新投入关系影响的检验，本书引入各个影响因素的虚拟变量与外部融资变量组成交互项进行检验。关于企业发展阶段对于外部融资与科技创新投入关系影响的检验，由于不能简单地以 0～1 变量进行衡量，因此，本书将样本分为成长期企业组、成熟期企业组和衰退期企业组，对每组样本分别运用模型（4－20）进行检验。

（3）科技创新补贴对科技创新投入的影响检验。

首先检验科技创新补贴对科技创新投入的直接影响，设计模型：

$$RD_t = \alpha_0 + \alpha_1 QRDS_{t/t-1} + \alpha_2 SIZE_{t-1} + \alpha_3 LEV_{t-1} + \alpha_4 AGE_{t-1} + \alpha_5 INGA_{t-1} + \alpha_6 GOW_{t-1} + \alpha_7 CFO_{t-1} + \alpha_8 LA_{t-1} + \alpha_9 DV_{t-1} + \sum_i \beta_i YEAR + \sum_i \gamma_i IND + \varepsilon \tag{4-21}$$

其中，α_0代表截距，$\alpha_1 \sim \alpha_9$以及 β、γ 均代表系数，ε 代表残差。模型中其他变量的含义如下：

①因变量：模型中的因变量为科技创新投入强度，以 RD 表示。该变量按万得数据库中列示的研发费用减去企业当期获得的科技创新补贴计量，同时，应除以期初的主营业务收入。

②自变量：模型中的自变量为企业获得的科技创新补贴。$QRDS_t$代表企业当年获得的科技创新补贴，$QRDS_{t-1}$代表企业前一年获得的科技创新补贴。

③控制变量。控制变量主要选取了以下变量：SIZE 代表企业规模；LEV 代表企业的资产负债率；AGE 代表企业的成立年龄；INGA 代表无形资产；CFO 代表自由现金流；DV 代表应收股利；LA 代表流动资产；GOW 代表成长性；YEAR 代表企业的年度虚拟变量；IND 代表企业的行业类型虚拟变量。

另外，关于行业因素、地区因素和危机因素对科技创新补贴与科技创新投入直接关系影响的检验，本书引入各个影响因素的虚拟变量与科技创新补贴变量组成交互项进行检验。关于企业发展阶段对于科技创新补贴与科技创新投入直接关系影响的检验，由于不能简单地以 0～1 变量进行衡量，因此，本书将样本分为成长期企业组、成熟期企业组和衰退期企业组，对每组样本分别运用模型（4－21）进行检验。

其次，为了检验科技创新补贴是否能通过外部融资的中介作用，进而提高企业的科技创新投入，本书借鉴 Baron 和 Kenny（1986）、温忠麟等（2004）的方法建立回归方程：

$$RD_t = \alpha_0 + \alpha_1 QRDS_t + \sum \alpha_k CONTROLVARIABLE + \varepsilon \qquad (4-22)$$

$$EDT_t/DT_t/ET_t = \beta_0 + \beta_1 QRDS_t + \sum \beta_k CONTROLVARIABLE + \varepsilon_1 \qquad (4-23)$$

$$RD_t = \gamma_0 + \gamma_1 QRDS_t + \gamma_2 EDT_t/DT_t/ET_t + \sum \gamma_k CONTROLVARIABLE + \varepsilon_2 \qquad (4-24)$$

进一步，进行 Sobel 检验，确定科技创新补贴是否通过中介变量 EDT/DT/ET 对企业的科技创新投入产生影响。其中，相关变量与前面的介绍是一致的，具体而言，主要的变量有：EDT/DT/ET 代表企业的外部融资，EDT 为总的外部融资数量，是债权融资和权益融资数量之和，DT 代表债权融资数量，ET 代表权益融资数量；RD 代表企业自身对于科技创新活动的投入；QRDS 代表企业获得的科技创新补贴，当检验不同科技创新补贴种类的影响时，可用各类科技创新补贴的数量对这一变量进行替换。CONTROLVARIABLE 代表各控制变量，具体控制变量的选取情况与模型（4－21）相同。

关于行业因素、地区因素、企业发展阶段和危机因素对科技创新补贴与科技创新投入间接关系影响的检验，本书进行了分组检验。在按不同标准划分的各组样本中，均运用模型（4－22）～模型（4－24）进行检验。

此部分均运用分组的方法进行检验的原因在于，根据中介效应模型，对于一个中介效应的检验，需要对三个不同的方程进行回归分析，随后，根据三个方程的系数以及系数的标准误进行 Sobel 检验，确定 z 值，并根据 z 值判断中介效应是否显著。中介效应这一方法的特点决定了无法运用交乘项进行检验，因此，本书运用了分组的结果进行检验。

4.4 本章小结

本章主要对本书的研究设计进行了详细的介绍。首先，介绍了样本的选取情况以及数据的来源情况。其次，详细阐述了本书所涉及的各变量的度量情况。最后，介绍了本书中运用的主要研究方法以及相关模型。本章的内容为第 5 章的实证检验奠定了基础。各变量符号、名称和测量方法的汇总表可参见表 4－2。

表 4-2　　变量的名称与测量汇总表

符号	指标名称	测量方法
QRDS	科技创新补贴	企业当年获得的科技创新补贴金额/期初总资产
RDS01	新产品和新技术研发类补贴	企业当年获得新产品和新技术研发类补贴金额/期初总资产
RDS02	技术改进类补贴	企业当年获得的技术改进类补贴金额/期初总资产
RDS03	科技成果转化类补贴	企业当年获得的科技成果转化类补贴金额/期初总资产
RDS04	专利和科技奖励类补贴	企业当年获得的专利和科技奖励类补贴金额/期初总资产
RDS05	其他类补贴	企业当年获得的其他类补贴金额/期初总资产
DT	债权融资	(取得借款收到的现金 + 发行债券收到的现金)/期初总资产
ET	权益融资	吸收权益性投资收到的现金/期初总资产
EDT	外部融资	(取得借款收到的现金 + 发行债券收到的现金 + 吸收权益性投资收到的现金)/期初总资产
RD	科技创新投入	(研发费用 - 科技创新补贴金额) /期初主营业务收入
SIZE	企业规模	期初总资产的自然对数
LEV	资产负债率	负债总额/期初总资产
CFO	自由现金流	经营活动产生的现金净流量/期初总资产
LA	流动资产	流动资产/期初总资产
DV	应收股利	应收股利/期初总资产
INGA	无形资产	无形资产/期初总资产
AGE	企业年龄	企业成立至样本计算当期的时间跨度取对数
GOW	成长性	(本期主营业务收入 - 上期主营业务收入)/上期主营业务收入
YEAR	年度虚拟变量	以 2007 年为参照组设置年度虚拟变量
IND	行业虚拟变量	以“农林牧渔业”为参照组设置行业虚拟变量
HIND	高科技企业	当企业属于高科技行业时，取值为 1，否则，取值为 0
EST	东部地区企业	当企业位于东部地区时，取值为 1，否则，取值为 0
FC	金融危机	当处于金融危机时期，取值为 1，否则，取值为 0

第 5 章

实证检验结果

为了验证第 3 章提出的研究假设，本章运用描述性统计分析、相关性统计分析、门槛回归分析、多元线性回归分析和中介效应分析等研究方法，对第 4 章的模型进行检验，得到了研究假设的检验结果。随后，进行了稳健性检验，保证了研究结果的可靠性。

5.1 科技创新补贴的现状分析

本节对 2007～2014 年民营上市公司获得的科技创新补贴总体情况进行了整理和分析。具体而言，首先，分析了民营企业获得科技创新补贴的整体现状；其次，分行业和地区详细分析了民营企业获得科技创新补贴的情况。

5.1.1 整体情况

表 5－1 显示了我国民营上市公司 2007～2014 年间获得科技创新补贴的整体情况。

表 5－1　我国民营上市公司获得科技创新补贴的总体情况　单位：百万元

	2007 年	2008 年	2009 年	2010 年	2011 年	2012 年	2013 年	2014 年
企业所获补贴总额	809.53	1179.15	1983.85	3933.69	6944.01	8407.56	5843.95	7119.58
获得补贴企业个数	180	239	347	496	834	817	855	1056
获补贴企业平均补贴	4.50	4.93	5.72	7.93	8.33	10.29	6.84	6.74
获得补贴公司比例	27.52%	34.44%	42.42%	45.17%	63.66%	58.23%	59.17%	68.66%

从表 5－1 中可以看出，政府对于民营上市公司的科技创新补贴总额从 2007 年的 8.10 亿元增长至 2014 年的 71.20 亿元，增长了近 8 倍。平均每个获得科技创新补贴的企业所获科技创新补贴金额从 2007 年的 450 万元增加至 2014 年的

674 万元。这说明政府对于企业科技创新活动的重视程度不断提高。获得科技创新补贴的民营上市公司从 2007 年的 180 个增长至 2014 年的 1056 个，增长了近 5 倍。获得科技创新补贴的民营上市公司数量占全部民营上市公司数量的百分比从 2007 年的 27.52% 增长至 2014 年的 68.66%，增长了近 2 倍，也就是说，在 2014 年有 2/3 的民营上市公司获得了政府的科技创新补贴。这说明获得科技创新补贴的企业数量不断增加，科技创新补贴已成为民营上市公司普遍运用的一种工具，企业依赖政府补贴从事科技创新活动的情况较为普遍（吕久琴，2012）。

民营企业获得科技创新补贴的整体趋势可参见图 5－1。从图 5－1 可以看出，总体而言，民营上市公司的科技创新补贴总额具有上升趋势；获得科技创新补贴的上市公司比例也呈上升趋势；企业平均获得的科技创新补贴金额也有所提高，但是提高的幅度并不明显，呈现较为平稳的趋势。另外，在 2011 年和 2012 年，政府对民营上市公司的科技创新补贴达到一个较高的水平，随后的 2013 年和 2014 年则有所下降。

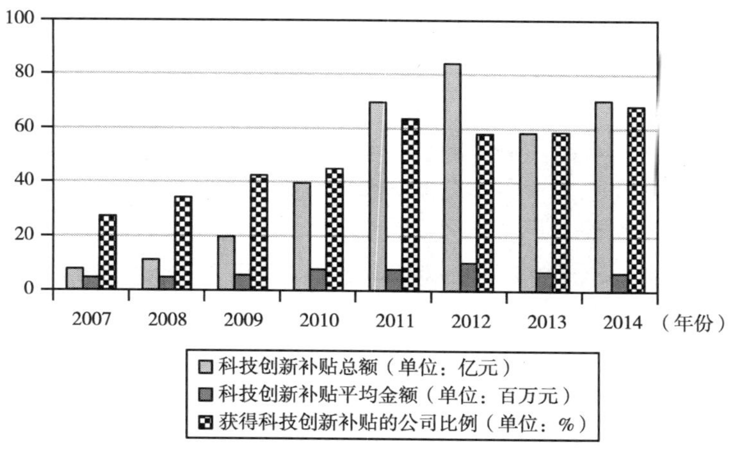

图 5－1　民营企业科技创新补贴趋势

本书根据上市公司年报的财务报表附注，依据科技创新补贴的投放用途，将科技创新补贴分为五类。对五类科技创新补贴在 2007～2014 年共八年的数据进行加总，得到科技创新补贴的总体构成情况。具体可参见图 5－2。

从图 5－2 可以看出，新产品和新技术研发类补贴所占的比例最大，占总额的 43%；技术改进类补贴次之，占总额的 21%；科技成果转化类补贴占总额的 7%；而专利和科技奖励类补贴则占总额的 4%。另外，其他类补贴占科技创新补贴总额的 25%。其他类补贴所占比例较大的原因在于，这一项目包括披露模糊以至于无法对其准确归类的科技创新补贴。这些披露模糊的科技创新补贴占

“其他项目”总数的91%，占科技创新补贴总数的23%。其他类补贴中除了披露模糊的科技创新补贴外，其他无法归入以上类别的科技创新补贴，仅占“其他项目”的总额的9%，占科技创新补贴总数的2%。

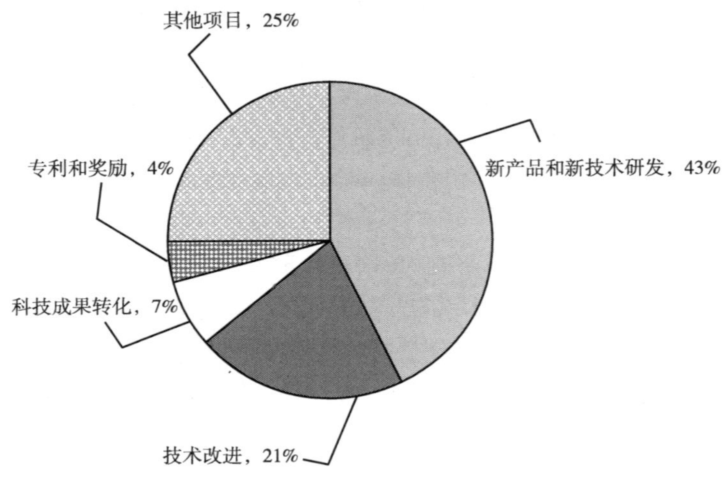

图5-2　科技创新补贴的构成情况

这五类科技创新补贴的分年度情况可参见表5-2。从表中可以看出，对于各类科技创新补贴的整体趋势而言，整体呈上升趋势，到2012年达到一个峰值，在2013年和2014年数量有所回落。从获得科技创新补贴公司占民营上市公司总数的比例分析，新产品和新技术研发类补贴的占比呈逐年上升趋势，其他各类型的补贴大致呈上升趋势，到2012年达到峰值，在2013年和2014年数量有所回落。这说明政府对于新产品和新技术研发类补贴较为重视，不断地推动这类补贴的覆盖面。从获得科技创新补贴企业的平均科技创新补贴金额分析，大致呈上升趋势，到2012年达到峰值，在2013年和2014年数量有所回落。

表5-2　各类别科技创新补贴的分年度情况表　单位：百万元

年份	项目	新产品和新技术研发	技术改进	科技成果转化	专利及科技奖励	其他
2007年	补贴总额	284.22	233.73	106.11	12.86	173.45
	获得补贴公司占比	0.16	0.11	0.07	0.09	0.18
	平均获得补贴	2.71	3.25	2.41	0.22	1.50
2008年	补贴总额	499.22	172.94	110.94	50.61	345.44
	获得补贴公司占比	0.24	0.11	0.07	0.13	0.22
	平均获得补贴	3.06	2.34	2.47	0.56	2.28

续表

年份	项目	新产品和新技术研发	技术改进	科技成果转化	专利及科技奖励	其他
2009年	补贴总额	769.73	490.08	168.31	63.50	492.23
	获得补贴公司占比	0.28	0.16	0.08	0.22	0.27
	平均获得补贴	3.41	3.72	2.55	0.36	2.21
2010年	补贴总额	1498.53	964.13	366.77	103.25	1001.01
	获得补贴公司占比	0.25	0.18	0.09	0.23	0.30
	平均获得补贴	5.30	4.87	3.53	0.40	3.03
2011年	补贴总额	2744.68	1184.19	487.43	216.74	2310.97
	获得补贴公司占比	0.39	0.24	0.14	0.32	0.43
	平均获得补贴	5.30	3.70	2.63	0.51	4.02
2012年	补贴总额	3396.17	1920.32	672.71	426.28	1992.08
	获得补贴公司占比	0.37	0.24	0.16	0.31	0.40
	平均获得补贴	6.51	5.57	2.96	0.96	3.51
2013年	补贴总额	2502.57	1500.51	317.58	175.38	1347.19
	获得补贴公司占比	0.38	0.21	0.09	0.29	0.37
	平均获得补贴	4.50	4.82	2.34	0.41	2.48
2014年	补贴总额	3938.01	1122.08	417.41	295.46	1346.62
	获得补贴公司占比	0.43	0.21	0.10	0.33	0.39
	平均获得补贴	5.88	3.42	2.55	0.58	2.21

5.1.2　分行业现状

表5-3显示了我国民营上市公司2007~2014年获得科技创新补贴的分行业状况。由于篇幅所限，表中的数据均为2007~2014年数据的平均值。

表5-3　　**科技创新补贴的分行业现状**　　单位：百万元

序号	项　目	总额	RDS01	RDS02	RDS03	RDS04	RDS05
A	农、林、牧、渔、业	63.74	35.79	9.83	5.42	0.54	12.16
B	采矿业	22.26	5.65	7.32	1.15	0.45	7.68
C13	农副食品加工业	55.75	24.29	14.98	2.67	1.00	11.80
C14	食品制造业	25.54	7.97	13.50	0.59	0.37	3.12
C15	酒、饮料和精制茶制造业	10.88	1.36	5.48	0.16	0.05	3.83
C17	纺织业	62.05	8.91	24.85	3.28	5.02	19.99

续表

序号	项　　目	总额	RDS01	RDS02	RDS03	RDS04	RDS05
C18	纺织服装、服饰业	19.19	3.66	5.33	0.35	1.99	7.87
C19	皮革、毛皮、羽毛及其制品和制鞋业	5.41	1.38	1.62	0.00	0.15	2.26
C20	木材加工及木、竹、藤、棕、草制品业	3.05	0.51	1.07	0.69	0.38	0.40
C21	家具制造业	3.80	0.75	1.80	0.04	0.11	1.11
C22	造纸及纸制品业	20.10	4.54	5.23	0.38	2.74	7.22
C23	印刷和记录媒介复制业	7.71	3.15	1.50	1.68	0.23	1.14
C24	文教、工美、体育和娱乐用品制造业	11.25	3.05	4.72	0.00	0.54	2.94
C25	石油加工、炼焦及核燃料加工业	18.53	11.30	2.44	0.00	0.50	4.29
C26	化学原料及化学制品制造业	250.75	75.07	92.95	13.52	20.40	48.80
C27	医药制造业	554.03	263.75	121.38	56.81	9.24	102.86
C28	化学纤维制造业	57.11	5.97	30.42	1.51	1.48	17.73
C29	橡胶和塑料制品业	143.01	35.49	60.17	11.51	4.07	31.77
C30	非金属矿物制品业	107.69	18.06	26.69	6.62	26.89	29.44
C31	黑色金属冶炼及压延加工业	19.98	4.47	13.94	0.06	0.41	1.10
C32	有色金属冶炼及压延加工业	94.88	34.67	34.26	4.10	1.63	20.22
C33	金属制品业	60.55	13.13	19.68	3.30	3.91	20.53
C34	通用设备制造业	172.14	57.86	47.53	13.03	10.46	43.27
C35	专用设备制造业	311.01	134.20	62.72	27.66	11.76	74.67
C36	汽车制造业	362.47	237.67	73.27	5.54	7.57	38.41
C37	铁路船舶、航空航天和其他运输设备制造业	24.99	9.27	9.56	0.94	1.13	4.08
C38	电气机械及器材制造业	548.12	144.16	117.78	68.23	21.02	196.94
C39	计算机、通信和其他电子设备制造业	924.03	499.23	60.91	42.02	16.55	305.32
C40	仪器仪表制造业	56.58	34.14	5.16	3.32	3.82	10.15
C41	其他制造业	36.09	20.66	5.32	2.10	2.90	5.12
C42	废弃资源综合利用业	5.66	1.27	0.76	1.81	0.51	1.31
C43	金属制品、机械和设备修理业	0.83	0.05	0.09	0.69	0.00	0.00
D	电力、热力、燃气及水生产和供应业	5.33	2.31	1.51	0.00	0.21	1.29
E	建筑业	43.54	14.09	15.40	1.26	2.88	9.91
F	批发和零售业	31.35	13.83	5.53	2.34	0.70	8.95
G	交通运输、仓储和邮政业	0.94	0.01	0.04	0.00	0.62	0.28
H	住宿业	0.06	0.00	0.00	0.00	0.00	0.06
I	信息传输、软件和信息技术服务业	286.10	177.18	18.88	32.17	4.50	53.38

续表

序号	项　　目	总额	RDS01	RDS02	RDS03	RDS04	RDS05
K	房地产业	9.04	1.51	6.02	0.06	0.16	1.30
L	租赁和商务服务业	1.21	0.37	0.12	0.00	0.12	0.59
M	科学研究和技术服务业	20.30	11.01	2.69	1.20	0.61	4.79
N	水利、环境和公共设施管理业	13.15	6.36	2.39	2.22	0.03	2.15
O	服务业	0.31	0.04	0.00	0.06	0.03	0.19
R	文化、体育和娱乐业	4.51	3.74	0.00	0.00	0.00	0.77
S	综合	52.62	22.21	13.66	11.44	0.32	4.99

从表 5－3 可以看出，获得科技创新补贴最多的行业是计算机、通信和其他电子设备制造业（C39），每年平均会得到政府 9.24 亿元的科技创新补贴。对于不同种类的科技创新补贴而言，获得新产品和新技术研发类补贴、其他类补贴最多是计算机、通信和其他电子设备制造业（C39）；获得技术改进类补贴最多的是医药制造业（C27）；获得科技成果转化类补贴最多的是电气机械及器材制造业（C38）；而获得专利及科技奖励最多的是非金属矿物制品业（C30）。

为了更加直观地显示出科技创新补贴的行业特征，本书按照各行业所获科技创新补贴占全部科技创新补贴的比例进行排序，并将其绘制成图 5－3。从图 5－3 中可以看出，获得科技创新补贴最多的十个行业分别是：计算机、通信和其他电子设备制造业（C39），医药制造业（C27），电气机械及器材制造业（C38），汽车制造业（C36），专用设备制造业（C35），信息传输、软件和信息技术服务业（I），化学原料及化学制品制造业（C26），通用设备制造业（C34），橡胶和塑料制品业（C29）和非金属矿物制品业（C30）。前十位行业所获科技创新补贴占全部行业所获科技创新补贴的 80.82%，也就是说，前十位的行业组成了民营企业获得科技创新补贴的主体。在这十个行业中，虽然只有四个行业属于高科技行业（计算机、通信和其他电子设备制造业，医药制造业，信息传输、软件和信息技术服务业，化学原料及化学制品制造业），但是，这四个行业的科技创新补贴总额占前十位行业科技创新补贴总额的 55.06%。另外，政府对于汽车制造行业的科技创新补贴主要是对新能源汽车科技创新的补贴，可见汽车行业的大部分科技创新补贴实际也是对于高科技项目的补贴。因此，本书认为政府的科技创新补贴更加倾向于高科技行业。

为了进一步分析高科技行业与非高科技行业获得的科技创新补贴是否有所差异，本书将全部样本分为高科技行业组和非高科技行业组，分析了两组样本平均获得的科技创新补贴金额以及获得科技创新补贴的企业占行业中企业数量的百分比，具体结果可参见图 5－4。从图中可以看出，高科技行业获得科技创新补贴的平均金额为 645.05 万元，而非高科技行业平均获得的科技创新补贴仅为 413.09 万元。另外，在高科技行业中，有 59.10% 的企业会获得科技创新补贴，而在非高科技行业中，仅有 39.26% 的企业会获得科技创新补贴。因此，无论是企业获得科技创新补贴的平均数，还是获得科技创新补贴的企业数量，高科技行业均高于非高科技行业，说明政府的科技创新补贴对高科技企业有所倾斜。

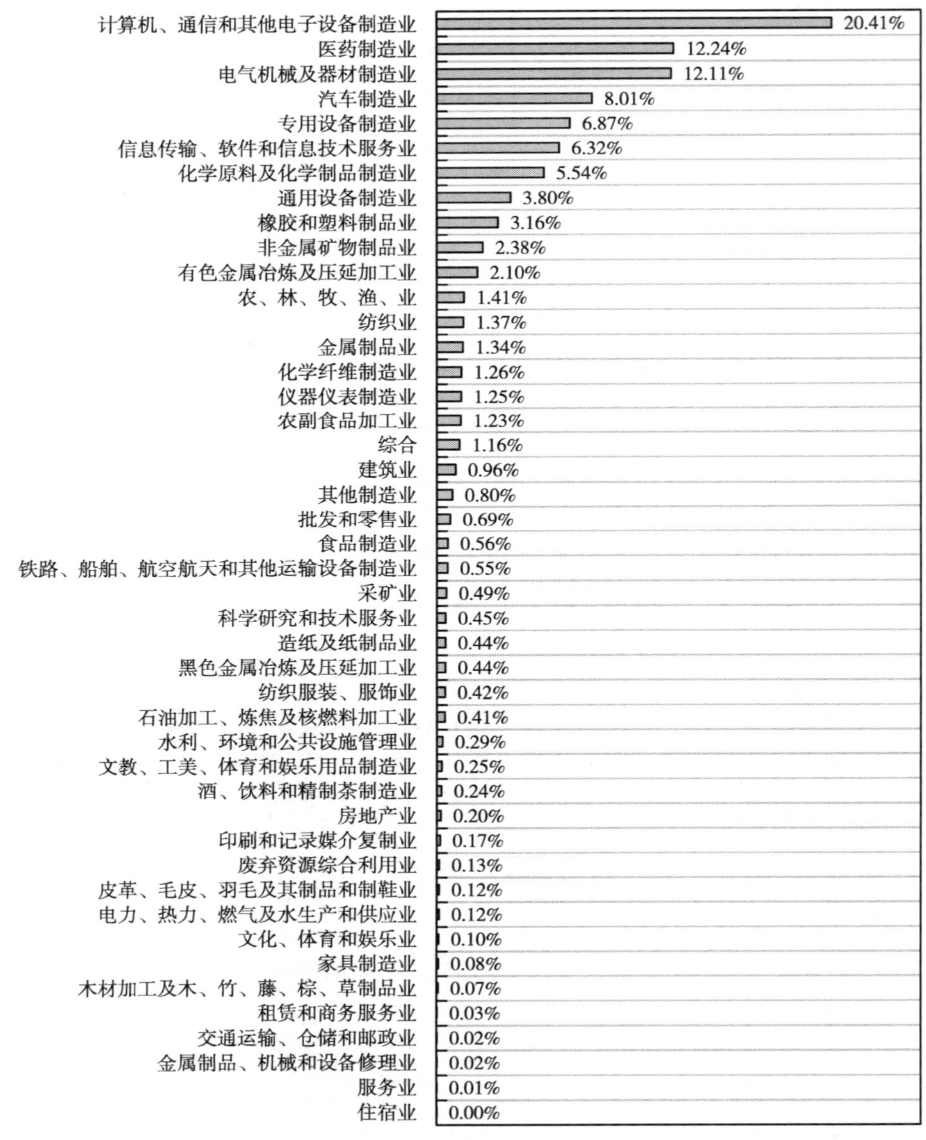

图 5－3 各行业所获科技创新补贴占科技创新补贴总额的百分比列示

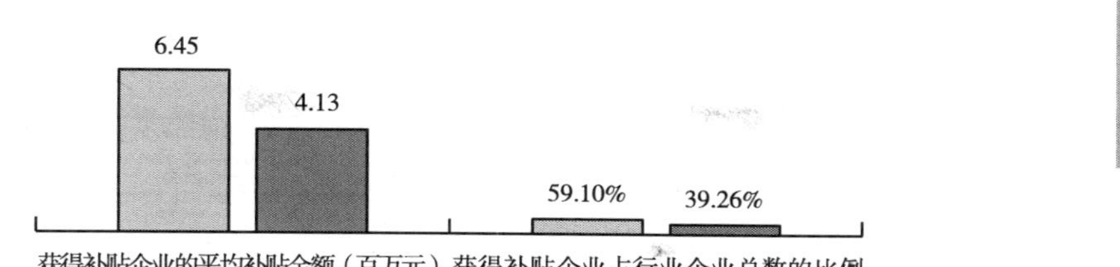

图 5－4　高科技行业和非高科技行业所获科技创新补贴情况比较

5.1.3　分地区现状

表 5－4 显示了我国民营上市公司 2007～2014 年所获科技创新补贴的分地区状况。由于篇幅所限，表中的数据均是 2007～2014 年数据的平均值。

表 5－4　科技创新补贴的分地区现状　单位：百万元

地　区	总额	RDS01	RDS02	RDS03	RDS04	RDS05
安徽省	90.00	40.07	14.64	6.58	8.21	20.50
北京市	277.04	181.37	14.33	33.63	3.47	44.23
福建省	79.97	29.19	20.59	8.49	5.03	16.68
甘肃省	35.61	23.95	5.93	3.98	0.11	1.64
广东省	974.75	540.85	145.09	57.78	20.89	210.15
广西壮族自治区	40.56	8.97	15.42	1.27	0.36	14.54
贵州省	21.74	6.64	10.85	0.36	2.64	1.25
海南省	67.95	27.83	23.10	2.71	1.19	13.12
河北省	117.95	79.25	25.67	4.68	1.70	6.65
河南省	117.31	63.81	12.35	5.16	6.70	29.29
黑龙江省	18.20	5.31	9.09	0.44	0.13	3.24
湖北省	313.75	62.71	21.25	10.40	5.97	213.42
湖南省	126.07	49.34	14.48	4.33	23.00	34.92
吉林省	91.00	29.16	21.13	7.44	0.35	32.91
江苏省	576.43	289.68	125.20	48.77	15.47	97.31
江西省	23.54	5.59	11.84	1.73	0.71	3.66
辽宁省	95.04	42.24	34.29	2.98	0.62	14.91

续表

地　区	总额	RDS01	RDS02	RDS03	RDS04	RDS05
内蒙古自治区	18.98	5.19	7.62	0.29	0.16	5.73
宁夏回族自治区	17.47	3.60	7.74	0.66	0.64	4.82
青海省	20.30	6.90	7.04	0.80	0.14	5.43
山东省	241.13	88.08	47.13	13.89	14.90	77.14
山西省	26.29	10.56	9.58	0.34	0.36	5.46
陕西省	12.22	1.43	3.67	2.49	0.43	4.21
上海市	205.45	51.12	41.14	58.29	10.92	43.98
四川省	141.03	46.55	69.02	7.92	4.51	13.03
天津市	53.04	24.50	5.91	9.57	1.61	11.46
西藏自治区	15.00	10.47	0.94	2.09	0.13	1.39
新疆维吾尔自治区	96.61	13.91	43.81	7.78	0.72	30.40
云南省	23.76	13.51	2.96	1.24	0.32	5.73
浙江省	562.58	181.05	167.81	22.69	34.94	156.09
重庆市	26.88	11.26	8.89	2.15	1.71	2.88

从表5－4中可以看出，获得科技创新补贴最多的是广东省。广东省的民营上市公司在2007～2014年平均每年会得到9.75亿元的科技创新补贴。也就是说，仅在广东省，每年我国政府对于民营上市公司的科技创新资助就达到了近10亿元人民币，可见科技创新补贴金额之巨大。对于不同的科技创新补贴种类而言，获得新产品和新技术研发类以及其他类补贴最多的也是广东省；获得技术改进类以及专利和科技奖励类补贴最多的是浙江省；获得科技成果转化类补贴最多的是上海市。

为了更加直观地显示出科技创新补贴在地区分布上的特征，本书将各地区所获科技创新补贴占科技创新补贴总额的比例进行排序，绘制成图5－5。从图中可以看出，获得科技创新补贴最多的十个省市分别为：广东省、江苏省、浙江省、湖北省、北京市、山东省、上海市、四川省、湖南省、河北省。这排名前十位的省市获得的科技创新补贴占全国科技创新补贴总额的78.10%。可见，民营企业获得的科技创新补贴主要分布在这十个省市。在这十个省市中，只有四川省属于西部地区，其他九个省市均属于东部地区。由此可以看出，我国政府对企业发放的科技创新补贴主要分布在东部地区，西部地区企业获得的科技创新补贴相对较少。

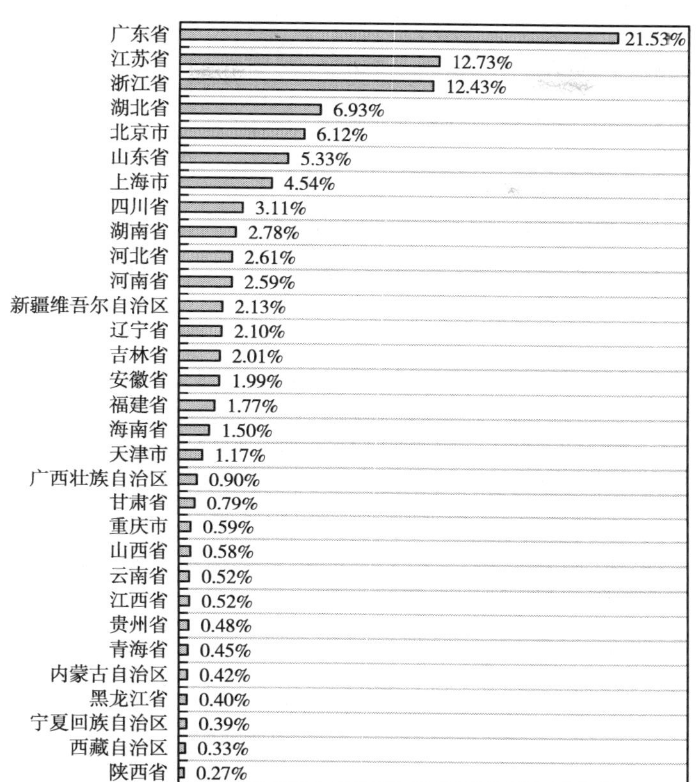

图5－5　各地区科技创新补贴占全国科技创新补贴总额的百分比列示图

为了进一步分析西部地区与东部地区所获科技创新补贴是否有所差异，本书将全部样本分为西部地区组和东部地区组，比较分析了两组企业获得的科技创新补贴占科技创新补贴总额的百分比、平均获得的科技创新补贴金额以及获得科技创新补贴的企业数量占该地区所有企业数量的百分比，具体结果可参见图5－6。从图中可以看出，西部地区企业获得的科技创新补贴占总补贴的百分比仅为10.38%，而东部地区企业获得的科技创新补贴占科技创新补贴总额的百分比为89.62%，可见东部地区的科技创新补贴总额明显高于西部地区。西部地区获得科技创新补贴的企业数量占该地区所有企业数量的百分比为40.37%，东部地区获得科技创新补贴的企业数量占该地区所有企业数量的百分比为45.22%，可见东部地区获得科技创新补贴的企业比例也略高于西部地区。

另外，根据图5－6，西部地区获得科技创新补贴企业的平均科技创新补贴金额为790.74万元，而东部地区获得科技创新补贴企业的平均科技创新补贴金额仅为670.03万元，西部地区企业平均获得的科技创新补贴金额高于东部地区。

究其原因，可能一方面与西部地区的企业数量较少有关；另一方面，可能由于西藏自治区、新疆维吾尔自治区的上市公司多为新能源企业及医药企业，属于国家重点扶持行业。因此，企业平均获得的科技创新补贴金额较多。

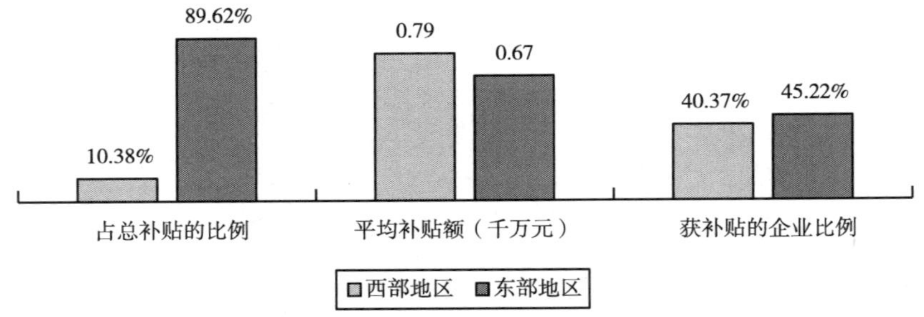

图 5 –6　西部地区和东部地区科技创新补贴情况比较图

5.2 描述性统计结果

各主要变量的总体特征情况可参见表 5 –5。从表中可以看出，当年和前一年科技创新补贴的均值、最大值、最小值以及四分位数均相同。企业获得的科技创新补贴平均占企业总资产的 0.1%，获得科技创新补贴最多的企业，其科技创新补贴数量占企业总资产的 8.8%。这说明，企业获得的科技创新补贴是企业资金的一个来源，但是其数量较少，并不是企业获得资金的主要来源。

表 5 –5　各主要变量的描述性统计

stats	mean	max	min	p25	p50	p75
EDT_t	0.224	0.895	0.000	0.032	0.174	0.350
DT_t	0.190	0.822	0.000	0.014	0.143	0.300
ET_t	0.034	0.618	0.000	0.000	0.000	0.006
$QRDS_t$	0.001	0.088	0.000	0.000	0.00007	0.001
$QRDS_{t-1}$	0.001	0.088	0.000	0.000	0.000	0.001
RD_t	0.025	1.498	0.000	0.000	0.013	0.036
LA_{t-1}	0.621	0.987	0.102	0.483	0.638	0.778
CFO_{t-1}	0.034	0.281	−0.250	−0.009	0.036	0.081
DV_{t-1}	0.000	0.004	0.000	0.000	0.000	0.000
$INGA_{t-1}$	0.048	0.895	0.000	0.015	0.033	0.059
$SIZE_{t-1}$	21.211	28.802	10.842	20.548	21.142	21.863

续表

stats	mean	max	min	p25	p50	p75
LEV_{t-1}	0. 431	2. 258	0. 031	0. 218	0. 395	0. 577
AGE_{t-1}	11. 053	30. 497	0. 000	7. 000	10. 867	14. 997
GOW_{t-1}	0. 239	6. 732	-0. 814	-0. 005	0. 096	0. 281

关于企业的外部融资数据，从表 5 - 5 中可以看出，总体而言，企业获得的外部融资金额平均占企业资产的22. 4%，可见，外部融资是企业获得资金的主要来源，对企业的发展具有重要意义。同时，债权融资的数量大于权益融资的数量。企业获得的债权融资金额平均占企业资产的 19%，企业获得的权益融资金额平均占企业资产的 3. 4%，由此可见，对于我国的民营企业而言，债权融资仍然是企业获得外部资金的主要渠道，权益融资的金额仍然不及债权融资的金额。另外，与科技创新补贴的平均数相比，企业获得的外部融资平均数和最大值均远高于科技创新补贴，这说明外部融资为企业提供的资金远大于企业获得的科技创新补贴。因此，通过科技创新补贴的信号作用吸引更多的外部融资，对企业的发展具有重要的作用。

对于企业的科技创新投入而言，根据表 5 - 5，企业对于科技创新活动的投入平均占企业主营业务收入的 2. 5%，科技创新投入最多的企业对科技创新活动的投入达到主营业务收入的 1. 498 倍。值得注意的是，这里的科技创新投入是企业自身的科技创新投入，不包括企业将获得的科技创新补贴投入科技创新活动中的金额。也就是说，除了企业应该将其获得的科技创新补贴专款专用投入科技创新活动中之外，企业仍需要对科技创新活动投入较多的资金。由此可见，科技创新补贴并不能完全满足企业科技创新活动的资金需求，需要企业运用内部资金或进行外部融资从事科技创新活动。

综上所述，科技创新补贴是企业的资金来源之一，但是，外部融资为企业提供的资金远大于企业获得的科技创新补贴资金。企业对科技创新活动需要投入较多的资金，这些资金需要通过外部融资进行筹集。因此，研究科技创新补贴通过外部融资提高企业的科技创新投入具有重要意义。

为了进一步显示科技创新补贴中各类补贴的情况，本书将获得科技创新补贴企业的各类补贴数量进行汇总，编制了表 5 - 6。可以发现，新产品和新技术研发类补贴的均值最大，达到资产总额的0. 21%。最小的专利和科技奖励类补贴仅为资产总额的0. 02%。技术改进类补贴和其他类补贴也较多，都达到了资产总额的 0. 1% 以上。另外，新产品和新技术研发类补贴的最大值也最高，达到了资产总额的 8. 75%。专利及科技奖励类补贴的最大值最低，仅为企业总资产的2. 13%。这说明新产品和新技术研发类补贴的数值最大，专利及科技奖励类补贴的数值最小。

表 5－6　　各类科技创新补贴的描述性统计

	mean	max	min	P25	P50	p75
$RDS01_t$	0.002131	0.087545	0.000000	0.000246	0.000785	0.002227
$RDS02_t$	0.001660	0.038220	0.000001	0.000191	0.000615	0.001724
$RDS03_t$	0.001394	0.023156	0.000001	0.000164	0.000552	0.001417
$RDS04_t$	0.000242	0.021320	0.000000	0.000025	0.000074	0.000202
$RDS05_t$	0.000967	0.067052	0.000001	0.000123	0.000347	0.000899

为了进一步考察行业因素、地区因素、企业成长阶段、危机因素的影响，本书将样本进行了分组，分别对每组变量进行了描述性分析。由于篇幅所限，仅列示各组变量的均值，可参见表 5－7。

表 5－7　　按各影响因素分组后的主要变量均值统计

	高科技	非高科技	西部地区	东部地区	成长期	成熟期	衰退期	危机期间	非危机期间
EDT_t	0.205	0.234	0.204	0.227	0.238	0.228	0.210	0.246	0.222
DT_t	0.165	0.203	0.174	0.192	0.188	0.192	0.183	0.210	0.185
ET_t	0.039	0.031	0.030	0.035	0.049	0.036	0.025	0.034	0.035
$QRDS_t$	0.002	0.001	0.001	0.002	0.002	0.002	0.001	0.001	0.002
$QRDS_{t-1}$	0.002	0.001	0.001	0.001	0.001	0.001	0.001	0.001	0.001
RD_t	0.039	0.017	0.013	0.026	0.028	0.027	0.023	0.011	0.028
LA_{t-1}	0.630	0.617	0.552	0.632	0.640	0.627	0.600	0.581	0.629
CFO_{t-1}	0.040	0.029	0.027	0.037	0.046	0.035	0.030	0.056	0.031
DV_{t-1}	0.000	0.001	0.000	0.000	0.000	0.000	0.001	0.000	0.000
$INGA_{t-1}$	0.047	0.049	0.056	0.047	0.044	0.047	0.053	0.052	0.047
$SIZE_{t-1}$	20.948	21.348	21.097	21.229	21.341	21.324	20.964	20.883	21.272
LEV_{t-1}	0.378	0.459	0.516	0.418	0.353	0.389	0.541	0.529	0.412
AGE_{t-1}	10.144	11.525	12.516	10.826	7.178	10.942	14.184	10.163	11.229
GOW_{t-1}	0.235	0.241	0.278	0.233	0.322	0.296	0.108	0.145	0.258

对于外部融资的相关变量，从表 5－7 可以看出，高科技企业的外部融资总额和债权融资总额的平均值均低于非高科技企业，说明高科技企业确实存在融资难的情况。但是，高科技企业获得的权益融资额却高于非高科技企业，这说明高科技企业对于权益融资的吸引力较强。分地区的比较可见，无论是外部融资总

体，还是其中的债权融资和权益融资，东部地区企业的融资额均高于西部地区企业，说明东部地区企业能获得的外部融资机会较西部地区更多。对于企业发展阶段的比较可见，成长期企业获得的外部融资最多，其次是成熟期企业，衰退期企业获得的外部融资最少。但是，成熟期企业的债权融资金额却高于成长期企业，说明债权人比较倾向于成熟期企业。对于金融危机因素的比较可见，金融危机期间企业获得的外部融资相对较多，且主要来自债权融资，说明金融危机期间政府采用宽松的货币政策，鼓励银行等债权人对企业放款。

对于科技创新补贴的相关变量，从表5－7可以看出，总体而言，高科技企业的科技创新补贴多于非高科技企业，东部地区企业的科技创新补贴多于西部地区企业，成长期和成熟期企业的科技创新补贴多于衰退期企业，非金融危机期间企业获得的科技创新补贴多于金融危机期间。

对于科技创新投入的相关变量，从表5－7可以看出，高科技企业的科技创新投入高于非高科技企业，东部地区企业的科技创新投入高于西部地区企业，成长期企业和成熟期企业的科技创新投入高于衰退期企业，金融危机期间企业的科技创新投入低于非金融危机期间。

各主要变量的相关系数如表5－8所示。表的左下角部分显示各变量的Person相关系数，右上角部分显示各变量的Spearman秩相关系数。从表中可以看出以下几点：

首先，对于科技创新补贴和外部融资的相关系数，Person相关系数与Spearman秩相关系数的结果并不一致。当年及前一年科技创新补贴与总的外部融资以及债权融资的Person相关系数均显著为负，而与权益融资的Person相关系数并不显著。但是，当年科技创新补贴与总的外部融资和债权融资的Spearman秩相关系数为正却并不显著，而与权益融资的Spearman秩相关系数显著为正，前一年科技创新补贴与总的外部融资、债权融资以及权益融资的Spearman秩相关系数均显著为正。这说明，一方面，科技创新补贴与外部融资的关系通过相关系数的检验并不能得到一致的结论，两者之间的关系可能较为复杂；另一方面，与债权融资相比，科技创新补贴与权益融资的正向关系更加明显。

其次，对于外部融资与科技创新投入的关系，Pearson相关系数与Spearman秩相关系数的结果基本一致，即：总的外部融资与科技创新投入的相关系数显著为负，而权益融资与科技创新投入的相关系数则显著为正。

最后，对于科技创新补贴与科技创新投入之间的关系，Person相关系数和Spearman秩相关系数的检验结果也并不一致。当年科技创新补贴与科技创新投入的Person相关系数并不显著，但是，当年和前一年科技创新补贴与科技创新投入的Spearman秩相关系数却显著为正。因此，有必要对这两者的关系做进一步的检验。

表 5－8　各主要变量的相关系数情况

	EDT_t	DT_t	ET_t	$QRDS_t$	$QRDS_{t-1}$	RD_t	LA_{t-1}	CFO_{t-1}	DV_{t-1}	$INGA_{t-1}$	$SIZE_{t-1}$	LEV_{t-1}	AGE_{t-1}	GOW_{t-1}
EDT_t	1	0.903***	0.316***	0.014	0.040***	-0.132***	-0.205***	-0.089***	0.045***	0.115***	0.301***	0.455***	-0.013	0.085***
DT_t	0.881***	1	0.059***	0	0.038***	-0.205***	-0.221***	-0.158***	0.059***	0.103***	0.365***	0.479***	0.011	0.073***
ET_t	0.444***	-0.032***	1	0.084***	0.095***	0.139***	0.044***	0.064***	0.006	0.006	0.141***	0.042***	-0.060***	0.157***
$QRDS_t$	-0.066***	-0.065***	-0.016	1	0.525***	0.261***	0.041***	0.071***	-0.050***	0.151***	0.040***	-0.244***	-0.194***	0.070***
$QRDS_{t-1}$	-0.030***	-0.039***	0.01	0.346***	1	0.353***	-0.043***	0.071***	-0.026**	0.166***	0.112***	-0.152***	-0.092***	0.109***
RD_t	-0.128***	-0.186***	0.082***	0.017	0.114***	1	0.206***	0.043***	-0.089***	0.064***	-0.054***	-0.440***	-0.231***	0.030***
LA_{t-1}	-0.140***	-0.145***	-0.021**	0.033***	-0.012	0.178***	1	-0.180***	-0.103***	-0.436***	-0.050***	-0.185***	-0.136***	0.026**
CFO_{t-1}	-0.008	-0.012	0.005	0.005	0.004	0.003	-0.012	1	-0.006	0.104***	0.018*	-0.127***	-0.039***	0.061***
DV_{t-1}	-0.025**	-0.023**	-0.008	-0.01	-0.008	-0.015	0.018*	-0.007	1	0.014	0.139***	0.107***	0.083***	-0.012
$INGA_{t-1}$	0.018*	-0.003	0.044***	0.007	0.026**	-0.028***	-0.378***	0.011	-0.016	1	-0.023**	0.006	-0.055***	-0.013
$SIZE_{t-1}$	0.235***	0.297***	-0.067***	-0.054***	-0.024**	-0.077***	-0.030***	-0.030***	-0.061***	-0.089***	1	0.292***	0.075***	0.148***
LEV_{t-1}	-0.015	-0.01	-0.013	-0.031***	-0.025**	-0.051***	-0.008	0.011	0.049***	-0.006	-0.225***	1	0.288***	0.016
AGE_{t-1}	-0.018*	0.001	-0.042***	-0.094***	-0.034***	-0.158***	-0.152***	-0.008	0.045***	0.056***	0.049***	0.055***	1	-0.057***
GOW_{t-1}	0	0.002	-0.003	-0.007	-0.006	-0.01	0.021**	-0.003	-0.001	-0.011	0.031***	0.001	0.028***	1

注：***、** 和 *，分别代表在 1%、5% 和 10% 的水平下显著，下同。

5.3 回归分析结果

本节运用门槛回归分析方法以及多元回归分析方法，检验科技创新补贴对外部融资和科技创新投入的影响。具体而言，首先，检验科技创新补贴对外部融资的影响；其次，检验外部融资对科技创新投入的影响；最后，检验科技创新补贴对科技创新投入的直接影响，以及科技创新补贴通过外部融资对科技创新投入的间接影响。

5.3.1 科技创新补贴对外部融资影响的检验

科技创新补贴对外部融资影响的检验，根据模型（4－17），以全部样本为检验对象，以科技创新补贴作为自变量，以外部融资作为因变量，进行回归分析。考虑到科技创新补贴对于外部融资的影响可能不会在当年显现，因此，选择当年和前一年两个会计年度数据进行检验。回归结果见表 5－9。

表 5－9　　科技创新补贴对于外部融资影响的回归结果

	EDT_t	EDT_t	DT_t	DT_t	ET_t	ET_t
	(1)	(2)	(3)	(4)	(5)	(6)
$QRDS_t$	−2.317*** (−3.879)		−1.824*** (−3.565)		−0.493 (−1.566)	
$QRDS_{t-1}$		−1.237** (−2.002)		−0.822 (−1.564)		−0.415 (−1.249)
LA_{t-1}	−0.146*** (−11.455)	−0.165*** (−12.316)	−0.125*** (−11.417)	−0.140*** (−12.322)	−0.021*** (−3.175)	−0.025*** (−3.417)
CFO_{t-1}	−0.001 (−0.340)	−0.001 (−0.318)	−0.002 (−0.760)	−0.002 (−0.707)	0.001 (0.591)	0.001 (0.528)
DV_{t-1}	−0.048 (−0.359)	−0.054 (−0.408)	−0.007 (−0.064)	−0.014 (−0.127)	−0.041 (−0.577)	−0.040 (−0.557)
$INGA_{t-1}$	−0.074* (−1.788)	−0.062 (−1.436)	−0.100*** (−2.836)	−0.093** (−2.535)	0.026 (1.219)	0.031 (1.338)
$SIZE_{t-1}$	0.047*** (21.950)	0.046*** (20.798)	0.056*** (30.301)	0.055*** (29.274)	−0.009*** (−7.608)	−0.009*** (−7.617)
LEV_{t-1}	0.003*** (3.473)	0.003*** (3.780)	0.004*** (5.790)	0.004*** (6.043)	−0.001*** (−2.822)	−0.001** (−2.525)
IND	控制	控制	控制	控制	控制	控制
YEAR	控制	控制	控制	控制	控制	控制

续表

	EDT_t	EDT_t	DT_t	DT_t	ET_t	ET_t
	(1)	(2)	(3)	(4)	(5)	(6)
_cons	-0.612 *** (-12.409)	-0.589 *** (-11.477)	-0.835 *** (-19.764)	-0.820 *** (-18.799)	0.223 *** (8.584)	0.231 *** (8.385)
N	8960	8309	8960	8309	8960	8309
adj. R^2	0.105	0.105	0.158	0.158	0.044	0.046
R^2	0.108	0.108	0.161	0.161	0.048	0.049
F	36.365	34.629	57.318	55.172	14.937	14.816
p	0.000	0.000	0.000	0.000	0.000	0.000

从表5-9中可以看出，无论是当年获得的科技创新补贴还是前一年获得的科技创新补贴，其系数全部为负。如果仅从这张表进行判断，可以认为科技创新补贴对于企业的外部融资不仅没有提高作用，反而会降低企业获得外部融资的机会。但是，通过本书第3章的分析可知，科技创新补贴与外部融资的负向关系可能是由于科技创新补贴证实作用的边际递减，融资替代作用，或风险较大的科技创新补贴类型造成的。因此，需要对科技创新补贴的数量和种类进行进一步的细化分析。

（1）科技创新补贴的数量差异对外部融资影响的检验。

为了分析科技创新补贴数量对于外部融资的影响，本书运用Hansen（1999）的门槛回归模型进行分析，从而根据数据自身特点内生性的划分相应区间，进而研究不同区间中的科技创新补贴与外部融资的关系。具体而言，门槛回归的结果汇总如下：

①当年科技创新补贴对外部融资总体的影响进行门槛回归分析，确定模型的门槛个数。通过对单一门槛、双重门槛以及三重门槛的检验，得到最终的F统计量以及运用自抽样法得到的P值。本书中的自抽样法对于第一个门槛、第二个门槛均采用反复抽样500次，第三个门槛采用反复抽样300次。具体的检验结果可见表5-10。从表中可以看出，单一门槛和双重门槛的检验结果均显著，三重门槛的检验结果并不显著。因此，方程应该存在双重门槛。但是，深入分析可知，单一门槛的检验结果更加准确。

表5-10　　科技创新补贴与外部融资总体的门槛检验结果

模型	F值	P值	BS次数	临界值		
				1%	5%	10%
单一门槛	6.016 **	0.042	500	8.900	5.668	3.561
双重门槛	5.473 **	0.042	500	9.441	4.975	3.119
三重门槛	2.849	0.137	300	8.425	5.179	3.595

注：以科技创新补贴为门槛变量对表5-9中的模型（1）进行门槛回归检验。

为了进一步显示门槛回归的结果，将相应门槛的估计值及其 95% 的置信区间进行列示，见表 5－11。从表中可以看出，在双重门槛中，第二个门槛的 95% 置信区间为（0.002，0.006），而第一个门槛的 95% 置信区间为（0.000，0.015）。第二个门槛的置信区间包括在第一个门槛的置信区间之中，这说明第二个门槛的值并不准确。因此，对于这一模型，存在单一门槛的结论应该更为准确。另外，为了进一步显示单一门槛的准确性，绘制了模型的似然比函数图，见图 5－7。其中，图 5－7（a）列示了单一门槛时门槛的似然比函数图，图 5－7（b）列示了双重门槛时第二个门槛的似然比函数图。

表 5－11　　科技创新补贴与外部融资的门槛估计结果

	门槛估计值	95% 置信区间
单一门槛模型：	0.005	（0.000，0.015）
双重门槛模型：		
Ito1	0.008	（0.000，0.015）
Ito2	0.006	（0.002，0.006）
三重门槛模型：	0.002	（0.000，0.015）

从图 5－7（a）中可以看出，单一门槛估计值的 LR 值小于显著性水平在 5% 以下的临界值 7.5（图形中的虚线）的门槛估计值构成的区间，即：单一门槛值 0.0050 是准确的。但是，在图 5－7（b）中，我们发现 LR 值的曲线与临界值的虚线并没有相交，这说明第二个门槛是不准确的。因此，结合前面的分析，认为这一模型存在单一门槛，即 0.0050。

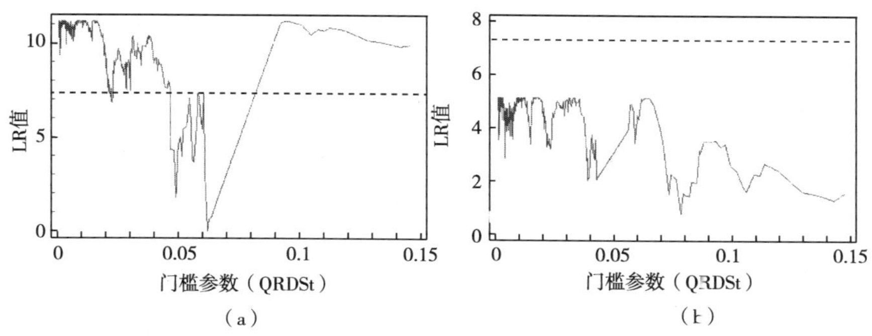

图 5－7　当年科技创新补贴与外部融资总体模型门槛的似然比函数图

②当年科技创新补贴对于债权融资的影响进行门槛回归分析，确定模型的门槛个数。具体的检验结果可见表 5－12。

表 5-12　　科技创新补贴与债权融资的门槛检验结果

模型	F 值	P 值	BS 次数	临界值		
				1%	5%	10%
单一门槛	7.052**	0.020	500	10.548	4.782	3.488
双重门槛	3.561*	0.098	500	6.969	4.535	3.458
三重门槛	1.390	0.273	300	8.660	5.108	3.531

注：以科技创新补贴为门槛变量对表 5-9 中的模型（3）进行门槛回归检验。

从表 5-12 中可以看出，单一门槛和双重门槛的检验结果均显著，三重门槛的检验结果不显著。但是从表 5-13 可知，第二个门槛的置信区间包括在第一个门槛的置信区间之中，这说明第二个门槛值并不准确。因此，存在单一门槛的结论应该更为准确。

表 5-13　　科技创新补贴与债权融资的门槛估计结果

	门槛估计值	95%置信区间
单一门槛模型：	0.005	(0.000, 0.015)
双重门槛模型：		
Ito1	0.008	(0.000, 0.015)
Ito2	0.005	(0.000, 0.007)
三重门槛模型：	0.004	(0.000, 0.015)

另外，通过图 5-8 的似然比函数图可以看出，单一门槛的 LR 值曲线与虚线相交，但是，第二个门槛的 LR 值曲线与临界值的虚线并没有相交，这说明第二个门槛是不准确的。因此，结合前面的分析，认为这一模型存在单一门槛，即 0.0050。

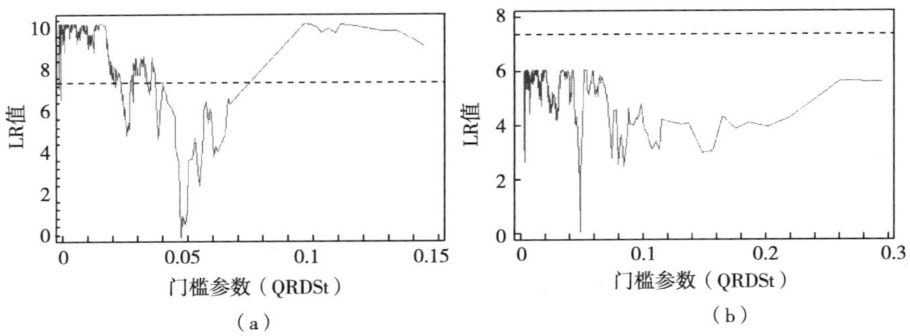

图 5-8　当年科技创新补贴与债权融资模型门槛的似然比函数图

③当年科技创新补贴对于权益融资的门槛回归分析结果见表 5 - 14。

表 5 - 14　　　　当年科技创新补贴与权益融资的门槛检验结果

模型	F 值	P 值	BS 次数	临界值		
				1%	5%	10%
单一门槛	6. 246 ***	0. 000	500	8. 326	4. 543	3. 461
双重门槛	4. 533	0. 333	500	10. 253	7. 347	5. 438
三重门槛	2. 809	0. 523	300	9. 785	0. 745	0. 893

注：以科技创新补贴为门槛变量对表 5 - 9 中的模型（5）进行门槛回归检验。

从表 5 - 14 可以看出，单一门槛的检验结果显著，为了进一步显示门槛回归的结果，将相应门槛的估计值及其 95% 的置信区间进行列示，见表 5 - 15。

表 5 - 15　　　　当年科技创新补贴与权益融资的门槛估计结果

	门槛估计值	95% 置信区间
单一门槛模型：	0. 001	（0. 000，0. 029）
双重门槛模型：		
Ito1	0. 000	（0. 000，0. 029）
Ito2	0. 001	（0. 000，0. 029）
三重门槛模型：	0. 006	（0. 000，0. 029）

为了进一步显示单一门槛的准确性，绘制了模型的似然比函数图，见图 5 - 9。从图中可以看出，单一门槛的 LR 值曲线与虚线相交，具有单一门槛。因此，认为这一模型存在单一门槛 0. 0007。

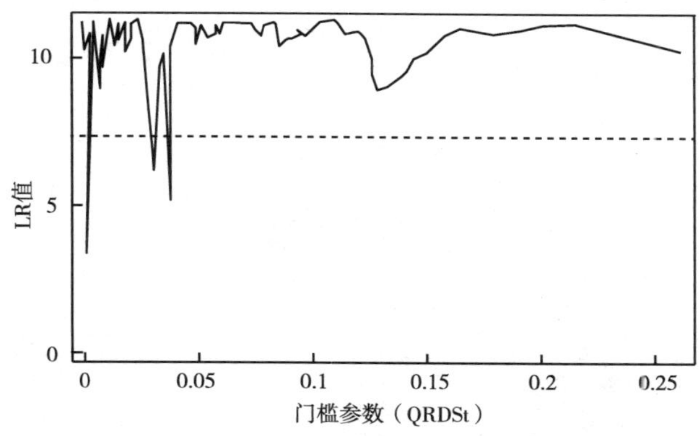

图 5 - 9　当年科技创新补贴与权益融资模型门槛的似然比函数图

④前一年的科技创新补贴对于外部融资总体的门槛回归分析，具体检验结果可见表5－16。

表5－16　t－1年科技创新补贴与外部融资总体的门槛检验结果

模型	F值	P值	BS次数	临界值		
				1%	5%	10%
单一门槛	4.730***	0.002	500	3.789	0.948	0.503
双重门槛	5.588*	0.075	500	7.856	2.904	2.043
三重门槛	3.965	0.436	300	9.786	7.509	4.231

注：以科技创新补贴为门槛变量对表5－9中的模型（2）进行门槛回归检验。

从表5－16中可以看出，单一门槛和双重门槛的检验结果均显著，三重门槛的检验结果不显著。但是，从表5－17中可以看出，在双重门槛中，第一个门槛与第二个门槛的置信区间完全重合，这说明双重门槛并不准确。

表5－17　t－1年科技创新补贴与外部融资总体的门槛估计结果

	门槛估计值	95%置信区间
单一门槛模型：	0.004	（0.000，0.015）
双重门槛模型：		
Ito1	0.000	（0.000，0.015）
Ito2	0.001	（0.000，0.015）
三重门槛模型：	0.004	（0.000，0.015）

从模型的似然比函数图5－10中可以看出，在第二个门槛的似然比函数图中，LR值的曲线与临界值的虚线并没有相交，这说明第二个门槛是不准确的。因此，结合前面的分析，认为这一模型存在单一门槛，即0.0040。

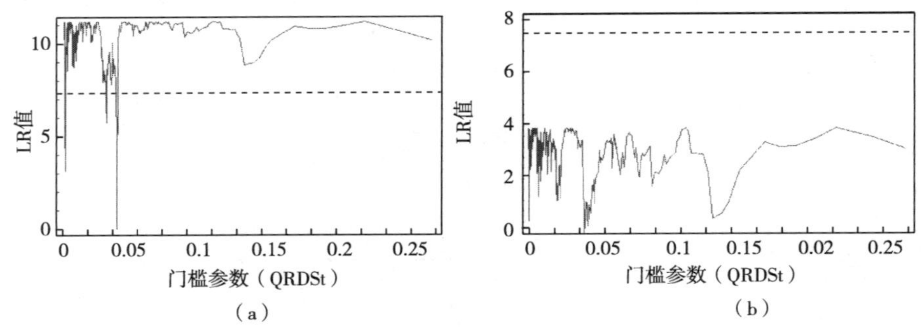

图5－10　t－1年科技创新补贴与外部融资总体模型门槛的似然比函数图

⑤对前一年科技创新补贴对于债权融资（表 5－9 中的模型 4）以及前一年科技创新补贴对于权益融资（表 5－9 中的模型 6）进行了门槛回归分析。检验结果发现，无论是对单一门槛、双重门槛以及三重门槛的检验，结果均不显著。因此，说明前一年的科技创新补贴对于债权融资以及权益融资的方程均不存在门槛值。

综上所述，通过当年以及前一年科技创新补贴对于外部融资相关变量的门槛回归分析，得到以下结果：①当年科技创新补贴对于外部融资总体的门槛值是 0.0050。②当年科技创新补贴对于债权融资的门槛值是 0.0050。③当年科技创新补贴对于权益融资的门槛值是 0.0007。④前一年科技创新补贴对于外部融资总体的门槛值是 0.0040。

根据 Hansen（1999）的门槛回归模型，所用数据必须是平衡面板数据，因而做分析前，首先应将数据整理成平衡面板数据，这意味着大量的数据被删除。以当年的科技创新补贴进行门槛分析为例，将所有数据整理成平衡面板数据后，有 3960 个数据被删除。因此，为了使检验结果更加具有可靠性和普遍性，本书结合门槛值的结果，以全部面板数据为样本，将样本分为两组：大于门槛值的组和小于门槛值的组，分别对各组进行多元回归分析。具体的结果见表 5－18。

表 5－18　　科技创新补贴对于外部融资的分组检验结果

	大于 0.5%	小于 0.5%	大于 0.4%	小于 0.4%	大于 0.5%	小于 0.5%	大于 0.07%	小于 0.07%
	EDT_t	EDT_t	EDT_t	EDT_t	DT_t	DT_t	ET_t	ET_t
$QRDS_t$	－1.935*** （－2.863）	－0.377 （－0.166）			－1.490** （－2.574）	－1.972 （－0.985）	－0.768** （－2.284）	20.083** （2.252）
$QRDS_{t-1}$			－2.012*** （－2.585）	0.696 （0.239）				
LA_{t-1}	－0.197*** （－4.948）	－0.139*** （－10.364）	－0.195*** （－4.295）	－0.158*** （－11.189）	－0.203*** （－5.976）	－0.118*** （－10.181）	－0.001 （－0.041）	－0.020** （－2.499）
CFO_{t-1}	－0.144** （－1.976）	－0.001 （－0.241）	－0.087 （－1.064）	－0.001 （－0.212）	－0.346*** （－5.577）	－0.002 （－0.562）	0.179*** （6.825）	0.001 （0.335）
DV_{t-1}	－2.587 （－1.033）	－0.034 （－0.253）	－1.524 （－0.435）	－0.046 （－0.339）	－2.541 （－1.175）	0.005 （0.041）	1.327 （1.019）	－0.038 （－0.525）
$INGA_{t-1}$	0.154 （1.004）	－0.090** （－2.118）	0.013 （0.085）	－0.071 （－1.577）	－0.094 （－0.728）	－0.106*** （－2.877）	0.148*** （2.831）	0.004 （0.164）
$SIZE_{t-1}$	0.016** （2.110）	0.047*** （21.086）	0.017** （2.163）	0.046*** （19.808）	0.025*** （3.902）	0.056*** （29.071）	－0.020*** （－8.400）	－0.008*** （－6.036）
LEV_{t-1}	0.327*** （12.509）	0.002*** （3.214）	0.389*** （14.117）	0.003*** （3.421）	0.272*** （12.183）	0.004*** （5.576）	0.084*** （8.661）	－0.001*** （－2.877）
IND	控制	控制	控制	控制	控制	控制	控制	控制

续表

	大于0.5%	小于0.5%	大于0.4%	小于0.4%	大于0.5%	小于0.5%	大于0.07%	小于0.07%
	EDT_t	EDT_t	EDT_t	EDT_t	DT_t	DT_t	ET_t	ET_t
YEAR	控制	控制	控制	控制	控制	控制	控制	控制
_cons	-0.138 (-0.804)	-0.613*** (-11.908)	-0.047 (-0.258)	-0.603*** (-11.154)	-0.221 (-1.516)	-0.851*** (-19.111)	0.377*** (6.882)	0.224*** (7.250)
N	799	8161	880	7429	828	8132	3063	5897
adj. R^2	0.309	0.101	0.277	0.104	0.348	0.155	0.087	0.043
R^2	0.330	0.104	0.299	0.108	0.368	0.158	0.095	0.048
F	15.247	31.736	13.984	30.800	18.685	50.742	11.005	9.790
p	0.000	0.000	0.000	0.000	0.000	0.000	0.000	0.000

根据表5-18，科技创新补贴对于外部融资总体的影响，无论是当年还是前一年的科技创新补贴，在大于门槛值的样本中，科技创新补贴项目的系数均显著为负；而在小于门槛值的样本中，科技创新补贴系数均不显著。在科技创新补贴对于债权融资影响的检验中，也出现了同样的现象，即：在大于门槛值的样本中，科技创新补贴项目的系数显著为负；而在小于门槛值的样本中，科技创新补贴项目的系数并不显著。这说明，当科技创新补贴的数量大于门槛值时，科技创新补贴对于外部融资总体和债权融资具有负向影响；当科技创新补贴的数量小于门槛值时，科技创新补贴对于外部融资整体和债权融资的提高作用并不明显。

根据表5-18，在科技创新补贴对权益融资影响的检验中，门槛值的作用较为明显。当科技创新补贴大于0.0007时，科技创新补贴项目的系数显著为负。但是，当科技创新补贴小于0.0007时，科技创新补贴项目的系数显著为正，说明此时科技创新补贴能够帮助企业获得更多的外部融资机会。这一结果与假设1相符。

另外，从前面的检验结果可以看出，当企业获得的科技创新补贴数量低于总资产的0.07%时，科技创新补贴仅对权益融资具有正向的提高作用，而对债权融资的提高作用并不明显。由此可见，科技创新补贴对于不同融资方式的影响是有所差异的，获得科技创新补贴对于权益融资方式的影响较大，能够使企业获得更多的权益融资机会。这一检验结果与假设3相符。

（2）科技创新补贴的不同种类对外部融资影响的检验。

本书将科技创新补贴分为五类，分别检验这五类补贴对外部融资的影响。检验方法与前面相同，即：首先，检验不同类型科技创新补贴整体对于外部融资的影响；其次，运用门槛回归方法检验每一类科技创新补贴是否存在门槛值；最后，按照门槛值对全样本进行分组，比较不同样本组中科技创新补贴对外部融资的影响。

①新产品和新技术研发类补贴。

对于新产品和新技术研发类补贴的检验，以当年和前一年该类补贴为自变量，按照模型（4－17）进行回归分析。具体的结果见表 5－19。

表 5－19　新产品和新技术研发类补贴对外部融资影响的检验结果

	EDT_t	EDT_t	DT_t	DT_t	ET_t	ET_t
$RDS01_t$	－3.879 *** （－4.500）		－3.036 *** （－4.110）		－0.843 * （－1.856）	
$RDS01_{t-1}$		－2.288 ** （－2.507）		－2.074 *** （－2.673）		－0.213 （－0.434）
LA_{t-1}	－0.145 *** （－11.399）	－0.164 *** （－12.268）	－0.124 *** （－11.366）	－0.140 *** （－12.283）	－0.021 *** （－3.151）	－0.024 *** （－3.391）
CFO_{t-1}	－0.001 （－0.339）	－0.001 （－0.315）	－0.002 （－0.760）	－0.002 （－0.703）	0.001 （0.592）	0.001 （0.525）
DV_{t-1}	－0.047 （－0.350）	－0.054 （－0.405）	－0.006 （－0.055）	－0.014 （－0.126）	－0.040 （－0.573）	－0.040 （－0.554）
$INGA_{t-1}$	－0.073 * （－1.782）	－0.061 （－1.423）	－0.100 *** （－2.832）	－0.092 ** （－2.516）	0.027 （1.222）	0.031 （1.332）
$SIZE_{t-1}$	0.047 *** （21.968）	0.046 *** （20.803）	0.056 *** （30.321）	0.055 *** （29.268）	－0.009 *** （－7.608）	－0.009 *** （－7.590）
LEV_{t-1}	0.003 *** （3.486）	0.003 *** （3.779）	0.004 *** （5.803）	0.004 *** （6.030）	－0.001 *** （－2.819）	－0.001 ** （－2.506）
IND	控制	控制	控制	控制	控制	控制
YEAR	控制	控制	控制	控制	控制	控制
_cons	－0.613 *** （－12.424）	－0.589 *** （－11.483）	－0.836 *** （－19.782）	－0.820 *** （－18.790）	0.223 *** （8.584）	0.231 *** （8.355）
N	8960	8309	8960	8309	8960	8309
adj. R^2	0.106	0.105	0.158	0.159	0.044	0.046
R^2	0.109	0.108	0.161	0.162	0.048	0.049
F	36.559	34.717	57.484	55.365	14.972	14.766
p	0.000	0.000	0.000	0.000	0.000	0.000

从表 5－19 可以看出，当年和前一年新产品和新技术研发类补贴的系数均为负，说明新产品和新技术研发类补贴并不能提高企业获得外部融资的机会。

但是，根据前面的分析可知，科技创新补贴的数量对外部融资可能具有重要影响。因此，本书运用 Hansen（1999）的门槛回归模型，对新产品和新技术研发类补贴是否具有门槛值进行检验。检验结果发现，无论是对单一门槛、双重门槛以及三重门槛的检验，结果均不显著，说明新产品和新技术研发类补贴对于外部融资整体、债权融资以及权益融资的影响均不存在门槛值。

综上所述，新产品和新技术研发类补贴的信号作用较弱，并不能帮助企业获得更多的外部融资。

②技术改进类补贴。

对于技术改进类补贴的检验，以当年和前一年技术改进类补贴的整体为自变量，按照模型 4－17 进行回归分析。具体的结果见表 5－20。

表 5－20　　技术改进类补贴对外部融资影响的检验结果

	EDT_t	EDT_t	DT_t	DT_t	ET_t	ET_t
$RDS02_t$	0.754 (0.501)		1.096 (0.851)		－0.342 (－0.432)	
$RDS02_{t-1}$		1.844 (1.195)		2.751 ** (2.097)		－0.907 (－1.093)
LA_{t-1}	－0.147 *** (－11.503)	－0.164 *** (－12.205)	－0.125 *** (－11.451)	－0.139 *** (－12.179)	－0.022 *** (－3.217)	－0.025 *** (－3.443)
CFO_{t-1}	－0.001 (－0.350)	－0.001 (－0.325)	－0.002 (－0.769)	－0.002 (－0.713)	0.001 (0.587)	0.001 (0.524)
DV_{t-1}	－0.044 (－0.331)	－0.054 (－0.400)	－0.004 (－0.038)	－0.014 (－0.120)	－0.040 (－0.568)	－0.040 (－0.555)
$INGA_{t-1}$	－0.075 * (－1.830)	－0.063 (－1.454)	－0.101 *** (－2.875)	－0.093 ** (－2.550)	0.026 (1.201)	0.031 (1.327)
$SIZE_{t-1}$	0.047 *** (22.080)	0.046 *** (20.880)	0.056 *** (30.427)	0.056 *** (29.365)	－0.009 *** (－7.564)	－0.009 *** (－7.599)
LEV_{t-1}	0.003 *** (3.595)	0.003 *** (3.833)	0.004 *** (5.906)	0.004 *** (6.093)	－0.001 *** (－2.779)	－0.001 ** (－2.506)
IND	控制	控制	控制	控制	控制	控制
YEAR	控制	控制	控制	控制	控制	控制
_cons	－0.619 *** (－12.547)	－0.594 *** (－11.571)	－0.841 *** (－19.897)	－0.824 *** (－18.902)	0.222 *** (8.539)	0.231 *** (8.366)
N	8960	8309	8960	8309	8960	8309
adj. R^2	0.104	0.104	0.157	0.159	0.044	0.046
R^2	0.107	0.107	0.160	0.161	0.047	0.049
F	35.812	34.529	56.842	55.252	14.858	14.803
p	0.000	0.000	0.000	0.000	0.000	0.000

从表 5－20 可以看出，在前一年技术改进类补贴对债权融资影响的方程中，该类补贴项目的系数为正的 2.751，而且显著为正，说明前一年的技术改进类补贴对于债权融资具有一定的提高作用。由此可见，技术改进类补贴能帮助企业获得更多的外部融资机会，特别是债权融资机会。

随后，运用门槛回归分析方法，检验是否具有门槛值。具体的检验方法与前面相同，由于篇幅所限，在此不再赘述，门槛回归分析得到的结果如下：①当年技术改进类补贴对于外部融资总体的门槛值是0.0009。②当年技术改进类补贴对于债权融资的门槛值是0.0008和0.0010。③当年技术改进类补贴对于权益融资的门槛值是0.0061。④前一年技术改进类补贴对于外部融资总体的门槛值是0.0011。

为了使检验结果更具可靠性和普遍性，以全部面板数据为样本，将样本按照门槛值进行分组，对各组进行多元回归分析。具体的回归结果见表5－21。

根据表5－21可知，对于外部融资总体而言，当技术改进类补贴的数量小于0.0009时，该类补贴项目的系数显著为正；而当技术改进类补贴的数量大于0.0009时，该类补贴项目的系数则显著为负。这说明当企业获得的技术改进类补贴数量小于0.0009时，该类补贴能帮助企业获得较多的外部融资机会。

对于债权融资而言，当技术改进类补贴的数量小于0.0008时，该类补贴项目的系数显著为正；而当技术改进类补贴的数量在0.0008至0.0010之间以及大于0.0010时，该类补贴项目的系数显著为负。这说明当技术改进类补贴的数量小于0.0008时，该类补贴能帮助企业获得更多的债权融资。

对于权益融资而言，当技术改进类补贴的数量小于0.0061时，该类补贴项目的系数显著为正；当技术改进类补贴的数量大于0.0061时，该类补贴项目的系数为－1.690，且并不显著。这说明当企业获得的技术改进类补贴数量小于0.0061时，该类补贴能帮助企业获得更多的权益融资。

综上所述，技术改进类补贴对于企业外部融资具有较强的信号作用，能帮助企业获得更多的外部融资。具体而言，首先，对于外部融资整体而言，企业当年获得的技术改进类补贴数量占企业总资产的比例小于0.09%时，该类补贴能帮助企业获得较多的外部融资机会。其次，对于债权融资而言，企业当年获得的技术改进类补贴数量占企业总资产的比例小于0.08%时，该类补贴能帮助企业获得更多的债权融资。而且企业前一年获得的技术改进类补贴可以帮助企业获得更多的债权融资。最后，对于权益融资而言，企业当年获得的技术改进类补贴数量占企业总资产的比例小于0.61%时，该类补贴能帮助企业获得较多的权益融资。

③科技成果转化类补贴。

对于科技成果转化类补贴的检验，以当年和前一年该类补贴的整体为自变量，按照模型4－17进行回归分析。具体的结果可见表5－22。

表 5 – 21　　技术改进类补贴的分组检验结果

	大于 0.09%	小于 0.09%	大于 0.10%	0.08% ~ 0.10%	小于 0.08%	大于 0.61%	小于 0.61%	大于 0.11%	小于 0.11%
	EDT_t	EDT_t	DT_t	DT_t	DT_t	ET_t	ET_t	EDT_t	EDT_t
$RDS02_t$	−3.290*	58.845***	−3.044*	−528.932**	64.482***	−1.690	2.941*		
	(−1.915)	(3.315)	(−1.937)	(−1.997)	(4.003)	(−1.164)	(1.739)		
$RDS02_{t-1}$								−3.861*	20.805
								(−1.908)	(1.333)
LA_{t-1}	−0.208***	−0.139***	−0.240***	−0.236*	−0.115***	0.048	−0.019***	−0.196***	−0.156***
	(−4.165)	(−10.483)	(−5.083)	(−1.900)	(−10.143)	(0.731)	(−2.913)	(−3.095)	(−11.337)
CFO_{t-1}	−0.124	−0.001	−0.326***	0.126	−0.002	0.111	0.001	−0.061	−0.001
	(−1.314)	(−0.228)	(−3.702)	(0.467)	(−0.591)	(1.098)	(0.459)	(−0.515)	(−0.266)
DV_{t-1}	−2.836	−0.041	−4.969	−55.446	−0.002	16.503***	−0.041	−3.517	−0.051
	(−0.634)	(−0.307)	(−1.241)	(−1.033)	(−0.020)	(2.892)	(−0.602)	(−0.684)	(−0.381)
$INGA_{t-1}$	−0.430**	−0.069	−0.632***	−1.285**	−0.082**	−0.117	0.039*	−0.471**	−0.052
	(−2.247)	(−1.641)	(−3.563)	(−2.561)	(−2.288)	(−0.475)	(1.857)	(−2.002)	(−1.189)
$SIZE_{t-1}$	−0.021**	0.047***	0.003	−0.006	0.056***	−0.013	−0.008***	0.008	0.046***
	(−2.200)	(21.365)	(0.284)	(−0.225)	(29.472)	(−0.925)	(−7.143)	(0.674)	(19.986)
LEV_{t-1}	0.603***	0.003***	0.466***	0.547***	0.004***	0.081	−0.001***	0.636***	0.003***
	(16.025)	(3.453)	(13.169)	(5.620)	(5.804)	(1.563)	(−2.797)	(13.902)	(3.545)
IND	控制	控制	控制	控制	控制	控制	控制	控制	控制
YEAR	控制	控制	控制	控制	控制	控制	控制	控制	控制
_cons	0.603***	−0.627***	0.126	0.833	−0.850***	0.208	0.199***	0.222	−0.586***
	(2.804)	(−12.316)	(0.620)	(1.489)	(−19.518)	(0.613)	(7.849)	(0.855)	(−11.187)
N	700	8260	631	94	8235	98	8862	556	7753
adj. R^2	0.349	0.108	0.353	0.320	0.164	0.019	0.042	0.340	0.106
R^2	0.370	0.111	0.376	0.459	0.167	0.211	0.045	0.366	0.109
F	17.273	34.167	15.924	3.299	54.649	1.100	13.941	13.985	32.531
p	0.000	0.000	0.000	0.000	0.000	0.368	0.000	0.000	0.000

表 5 – 22 科技成果转化类补贴对外部融资的检验结果

	EDT_t	EDT_t	DT_t	DT_t	ET_t	ET_t
$RDS03_t$	–6.058 ** (–2.425)		–7.202 *** (–3.367)		2.922 ** (1.995)	
$RDS03_{t-1}$		–6.658 ** (–2.185)		–6.088 *** (–2.834)		–0.559 (–0.447)
LA_{t-1}	–0.146 *** (–11.429)	–0.158 *** (–11.929)	–0.124 *** (–11.357)	–0.139 *** (–12.244)	–0.017 *** (–2.705)	–0.019 *** (–2.773)
CFO_{t-1}	–0.001 (–0.341)	–0.001 (–0.404)	–0.002 (–0.757)	–0.002 (–0.710)	0.001 (0.432)	0.001 (0.380)
DV_{t-1}	–0.046 (–0.347)	–0.053 (–0.403)	–0.007 (–0.060)	–0.015 (–0.134)	–0.037 (–0.563)	–0.037 (–0.559)
$INGA_{t-1}$	–0.074 * (–1.804)	–0.049 (–1.155)	–0.100 *** (–2.839)	–0.093 ** (–2.539)	0.037 * (1.856)	0.044 ** (2.062)
$SIZE_{t-1}$	0.047 *** (21.998)	0.048 *** (21.789)	0.056 *** (30.319)	0.055 *** (29.261)	–0.007 *** (–6.616)	–0.007 *** (–6.666)
LEV_{t-1}	0.003 *** (3.544)	0.003 *** (3.964)	0.004 *** (5.835)	0.004 *** (6.037)	–0.001 *** (–2.726)	–0.001 ** (–2.533)
IND	控制	控制	控制	控制	控制	控制
YEAR	控制	控制	控制	控制	控制	控制
_cons	–0.615 *** (–12.470)	–0.635 *** (–12.497)	–0.837 *** (–19.794)	–0.820 *** (–18.794)	0.130 *** (7.434)	0.217 *** (8.464)
N	8960	8309	8960	8309	8960	8309
adj. R^2	0.104	0.109	0.158	0.159	0.039	0.040
R^2	0.107	0.113	0.161	0.162	0.042	0.043
F	36.023	36.100	57.263	55.402	13.098	12.931
p	0.000	0.000	0.000	0.000	0.000	0.000

从表 5 – 22 可以看出，科技成果转化类补贴能帮助企业获得更多的权益融资。具体而言，首先，从外部融资总体和债权融资方程可以看出，当年和前一年该类补贴项目的系数均显著为负。其次，从权益融资方程可以看出，当年科技成果转化类补贴项目的系数为 2.922，而且显著为正，这说明当年科技成果转化类补贴能使企业获得更多的权益融资。因此，科技成果转化类补贴对于外部融资整体呈现出的无提高作用的特征，主要是由于其对于债权融资的负面影响，而对于权益融资则具有较强的提高作用。

随后，运用门槛回归分析方法，确定门槛值。由于篇幅所限，具体的检验过程在此不再赘述，仅列示检验结果：①当年的科技成果转化类补贴对于债权融资的门槛值是 0.0002。②前一年的科技成果转化类补贴对于外部融资总体的门槛值是 0.0015。③当年的科技成果转化类补贴对于权益融资的门槛值是 0.0014。

为了使检验结果更具有可靠性和普遍性，本书以全部面板数据为样本，将样本按照门槛值进行分组，分别对各组进行多元回归分析。具体的回归结果见表5-23。

表5-23　　科技成果转化类补贴的分组检验结果

	大于 0.02%	小于 0.02%	大于 0.15%	小于 0.15%	大于 0.14%	小于 0.14%
	DT_t	DT_t	EDT_t	EDT_t	ET_t	ET_t
$RDS03_t$	-4.468** (-2.436)	-40.378 (-0.485)			-2.142 (-1.006)	16.392*** (2.645)
$RDS03_{t-1}$			-5.590** (-2.123)	-33.423 (-2.285)		
LA_{t-1}	-0.180*** (-4.808)	-0.121*** (-10.515)	-0.203*** (-2.734)	-0.156*** (-11.499)	-0.053*** (-4.917)	-0.001 (-1.409)
CFO_{t-1}	-0.357*** (-4.802)	-0.002 (-0.581)	-0.264 (-1.624)	-0.001 (-0.330)	0.134*** (3.233)	0.000 (-1.160)
DV_{t-1}	-6.033 (-1.547)	-0.002 (-0.014)	-14.696 (-0.632)	-0.047 (-0.359)	0.054 (0.257)	0.019 (1.189)
$INGA_{t-1}$	-0.127 (-0.986)	-0.119*** (-3.241)	-0.027 (-0.104)	-0.050 (-1.153)	0.311*** (2.806)	0.000 (-0.135)
$SIZE_{t-1}$	0.006 (0.958)	0.056*** (29.369)	-0.018 (-1.167)	0.049*** (21.684)	-1.216 (-0.112)	-0.017 (-0.338)
LEV_{t-1}	0.509*** (18.284)	0.004*** (5.698)	0.560*** (10.273)	0.003*** (3.857)	-0.019 (-0.313)	-0.014*** (-2.906)
IND	控制	控制	控制	控制	控制	控制
YEAR	控制	控制	控制	控制	控制	控制
_cons	0.133 (0.900)	-0.855*** (-19.223)	0.496 (1.366)	-0.655*** (-12.625)	1.042*** (4.307)	0.046** (2.409)
N	617	8343	200	8109	235	8725
adj. R^2	0.513	0.158	0.443	0.108	0.158	0.029
R^2	0.531	0.161	0.493	0.111	0.226	0.033
F	29.167	52.564	9.788	34.470	3.304	9.482
p	0.000	0.000	0.000	0.000	0.000	0.000

从表5-23可知，门槛回归模型计算出的门槛值是可靠的，分组结果中出现了明显的门槛特征。当科技成果转化类补贴数值占总资产的比例小于0.14%时，该类补贴对权益融资的影响系数显著为正，这说明科技成果转化类补贴对权益融资具有显著的提高作用。同时，与表5-22进行对比可知，总体而言，科技成果转化类补贴对于权益融资的正面影响，主要来自数值占总资产的比例小于0.14%的样本。

综上所述，科技成果转化类补贴对于权益融资具有较强的信号作用，能帮助企业获得更多的权益融资。而且当科技成果转化类补贴的数量小于总资产的0.14%时，该类补贴对于权益融资的提高作用更加明显。

④专利及科技奖励类补贴。

为了检验专利及科技奖励类补贴对于外部融资的影响，本书以当年和前一年该类补贴为自变量，以外部融资总体、债权融资和权益融资为因变量，进行回归方程的检验。具体的结果可见表5-24。

表5-24 专利及科技奖励类补贴对外部融资影响的检验结果

	EDT_t	EDT_t	DT_t	DT_t	ET_t	ET_t
$RDS04_t$	-7.761 (-1.547)		-5.900 (-1.373)		-1.861 (-0.704)	
$RDS04_{t-1}$		-4.528 (-0.813)		-4.605 (-0.972)		0.076 (0.025)
LA_{t-1}	-0.147*** (-11.534)	-0.165*** (-12.287)	-0.126*** (-11.491)	-0.140*** (-12.305)	-0.022*** (-3.210)	-0.024*** (-3.392)
CFO_{t-1}	-0.001 (-0.351)	-0.001 (-0.323)	-0.002 (-0.770)	-0.002 (-0.711)	0.001 (0.586)	0.001 (0.524)
DV_{t-1}	-0.045 (-0.338)	-0.054 (-0.403)	-0.005 (-0.045)	-0.014 (-0.125)	-0.040 (-0.568)	-0.040 (-0.553)
$INGA_{t-1}$	-0.076* (-1.833)	-0.063 (-1.456)	-0.102*** (-2.878)	-0.093** (-2.551)	0.026 (1.200)	0.031 (1.326)
$SIZE_{t-1}$	0.047*** (22.048)	0.046*** (20.842)	0.056*** (30.393)	0.055*** (29.304)	-0.009*** (-7.569)	-0.009*** (-7.580)
LEV_{t-1}	0.003*** (3.575)	0.003*** (3.817)	0.004*** (5.884)	0.004*** (6.069)	-0.001*** (-2.782)	-0.001** (-2.498)
IND	控制	控制	控制	控制	控制	控制
YEAR	控制	控制	控制	控制	控制	控制
_cons	-0.618*** (-12.520)	-0.592*** (-11.535)	-0.840*** (-19.867)	-0.822*** (-18.843)	0.222*** (8.543)	0.230*** (8.345)
N	8960	8309	8960	8309	8960	8309
adj. R^2	0.104	0.104	0.157	0.158	0.044	0.046
R^2	0.107	0.107	0.160	0.161	0.047	0.049
F	35.892	34.500	56.888	55.110	14.869	14.759
p	0.000	0.000	0.000	0.000	0.000	0.000

从表5-24可以看出，无论是对于外部融资的总体，还是债权融资或权益融资，专利及科技奖励类补贴项目的系数均不显著。这说明，专利及科技奖励类补贴对外部融资不具有信号作用，不能帮助企业获得更多的外部融资机会。

为了检验专利及科技奖励类补贴的数量差异是否对外部融资具有不同的影

响，本书运用 Hansen（1999）的门槛回归模型进行了检验。检验结果发现，无论是对单一门槛、双重门槛以及三重门槛的检验，结果均不显著。由此可见，专利及科技奖励类补贴对于外部融资的影响不存在门槛值。因此，专利及科技奖励类补贴信号作用的检验结果以表 5－24 的结果为准，即：专利及科技奖励类补贴对于外部融资不存在提高作用。

综上所述，专利及科技奖励类补贴对于外部融资的信号作用并不明显，该类补贴的获得并不能帮助企业获得更多的外部融资。

⑤其他类补贴。

对于其他类补贴，以其他类补贴为自变量，以外部融资总体以及债权融资、权益融资为因变量，进行回归检验。检验结果可见表 5－25。

表 5－25　　　　其他类补贴对外部融资影响检验表

	EDT_t	DT_t	ET_t	EDT_t	DT_t	ET_t
$RDS05_t$	－1.377 (－0.899)	－1.113 (－0.848)	－0.264 (－0.327)			
$RDS05_{t-1}$				－0.801 (－0.515)	－0.306 (－0.232)	－0.494 (－0.591)
LA_{t-1}	－0.148*** (－11.523)	－0.126*** (－11.404)	－0.023*** (－3.331)	－0.166*** (－12.270)	－0.140*** (－12.201)	－0.026*** (－3.524)
CFO_{t-1}	－0.001 (－0.350)	－0.002 (－0.760)	0.001 (0.571)	－0.001 (－0.324)	－0.002 (－0.703)	0.001 (0.509)
DV_{t-1}	－0.046 (－0.341)	－0.005 (－0.042)	－0.041 (－0.578)	－0.055 (－0.408)	－0.014 (－0.123)	－0.041 (－0.564)
$INGA_{t-1}$	－0.074* (－1.795)	－0.100*** (－2.822)	0.026 (1.181)	－0.062 (－1.434)	－0.092** (－2.514)	0.030 (1.308)
$SIZE_{t-1}$	0.047*** (21.827)	0.056*** (30.216)	－0.009*** (－7.690)	0.046*** (20.623)	0.056*** (29.135)	－0.009*** (－7.712)
LEV_{t-1}	0.003*** (3.586)	0.004*** (5.914)	－0.001*** (－2.806)	0.003*** (3.799)	0.004*** (6.079)	－0.001** (－2.546)
IND	控制	控制	控制	控制	控制	控制
YEAR	控制	控制	控制	控制	控制	控制
_cons	－0.616*** (－12.359)	－0.843*** (－19.759)	0.227*** (8.660)	－0.590*** (－11.398)	－0.826*** (－18.767)	0.236*** (8.473)
N	8960	8960	8960	8309	8309	8309
adj. R^2	0.104	0.157	0.044	0.104	0.158	0.046
R^2	0.107	0.160	0.048	0.107	0.161	0.049
F	35.612	56.571	14.890	34.239	54.764	14.825
p	0.000	0.000	0.000	0.000	0.000	0.000

从表 5－25 可以看出，在所有的方程中，其他类补贴的系数均不显著。由此可见，其他类补贴对于外部融资，包括债权融资和权益融资，均不存在信号作用，对企业外部融资的增加没有显著的推动作用。

随后，为了检验其他类补贴的数量是否会对外部融资产生不同的影响，本书运用门槛回归分析方法，检验了其他类补贴对外部融资的影响是否存在门槛值。通过检验发现，单一门槛、双重门槛以及三重门槛的检验结果均不显著，这说明，该模型并不存在门槛值。由此可见，其他类补贴对外部融资影响的检验结果应以表 5－25 的结果为准，即：其他类补贴对于外部融资不存在正向的提高作用。

综上所述，其他类补贴对于外部融资的信号作用并不明显，该类补贴对企业的外部融资不具有明显的提高作用。

综合上述各类科技创新补贴对外部融资影响的检验结果，发现技术改进类补贴和科技成果转化类补贴对外部融资的提高作用较为明显，而新产品和新技术研发类补贴、专利及科技奖励类补贴、其他类补贴对外部融资的提高作用均不显著。由此可见，技术改进类补贴和科技成果转化类补贴更有助于企业获得外部融资，与假设 2 不符。

另外，本书运用门槛回归分析方法，检验了不同行业和不同地区的科技创新补贴对于外部融资的影响。具体而言，首先，对高科技企业和非高科技企业以及东部地区和西部地区企业的样本分别按照模型（4－17）进行多元回归检验；其次，运用门槛回归方法确定各模型中科技创新补贴的门槛值；最后，以各行业和各地区的全部面板数据为样本，按门槛值进行分组，并对各组样本进行多元回归检验。表 5－26 列示了科技创新补贴在各模型中的门槛值，其中，加粗的门槛值表示当科技创新补贴小于该门槛值（或在两个门槛值之间）时，科技创新补贴对外部融资具有显著的提高作用。

从表 5－26 可以看出，总体而言，影响债权融资的科技创新补贴门槛值略高于影响权益融资的科技创新补贴门槛值；东部地区企业的科技创新补贴门槛值略高于西部地区的科技创新补贴门槛值；非高科技企业和西部地区企业科技创新补贴门槛值的个数相对较少。

（3）高科技与非高科技企业的科技创新补贴对外部融资影响的检验。

由于高科技企业与非高科技企业在科技创新补贴的发放、重视程度、效果等方面存在明显不同，本书认为高科技企业和非高科技企业获得的科技创新补贴对企业外部融资的影响也存在一定差异。为了检验这一差异，本书了引入高科技企业与科技创新补贴的交互项，对于样本总体和门槛值以下样本分别进行检验。具体的结果见表 5－27。

从表 5－27 可以看出，对于全样本的检验，所有的交互项均不显著，说明科

表 5-26　分行业和分地区的科技创新补贴门槛值汇总

	EDT_t		DT_t		ET_t		EDT_t		DT_t		ET_t	
	高科技	非高科技	高科技	非高科技	高科技	非高科技	西部	东部	西部	东部	西部	东部
$QRDS_t$	无	无	0.27%	**0.11%~0.44%**	**0.10%**	**0.11%**	**0.06%**	0.49%	无	无	无	无
$QRDS_{t-1}$	无	0.40%	0.06%	**0.40%**	**0.10%**	无	**0.01%**	0.40%	无	**0.04%**	无	无
$RDS01_t$	0.11%	无	0.37%	无	0.12%	无	无	0.16%	无	无	无	0.01%
$RDS01_{t-1}$	无	0.30%	0.02%	无	0.07%	无	无	0.02%	无	无	无	无
$RDS02_t$	**0.09%**	无	**0.08%**	0.04%	**0.01%**	无	**0.01%**	**0.09%**	无	**0.21%**	**0.01%**	无
$RDS02_{t-1}$	0.05%	无	0.05%	无	无	无	0.04%	**0.11%**	**0.04%**	无	无	无
$RDS03_t$	0.01%	无	0.10%	无	无	无	无	无	无	无	无	无
$RDS03_{t-1}$	无	无	无	无	无	0.01%	无	无	无	无	无	无
$RDS04_t$	0.01%	无	0.01%	无	无	无	无	无	无	0.01%	0.01%	无
$RDS04_{t-1}$	无	无	无	无	0.02%	0.02%	无	无	无	无	无	0.02%
$RDS05_t$	无	**0.04%**	**0.24%**	**0.04%**	无	**0.03%**	0.05%	无	**0.01%**	无	无	**0.07%**
$RDS05_{t-1}$	**0.09%**	0.03%	无	0.02%	**0.01%**	0.03%	0.01%	0.10%	无	无	无	无

注：加粗部分的门槛值表示当科技创新补贴小于该门槛值（或在两个门槛值之间）时，科技创新补贴对外部融资具有显著的提高作用。

表 5-27　高科技企业对科技创新补贴与外部融资关系影响

	EDT_t	DT_t	ET_t	EDT_t	DT_t	ET_t	小于 0.07%	小于 0.07%	小于 0.07%
							EDT_t	DT_t	ET_t
$QRDS_{t\_}$	-2.650	-1.768	-0.886				56.616*	64.335**	-3.812
HIND	(-1.632)	(-1.305)	(-1.052)				(1.780)	(2.387)	(-0.235)
$QRDS_t$	0.070 (0.063)	0.290 (0.316)	-0.100 (-0.175)				17.345 (0.913)	-4.966 (-0.309)	22.399** (2.316)
$QRDS_{t-1}$				-1.044	-1.357	0.360			
_HIND				(-0.675)	(-1.061)	(0.436)			
$QRDS_{t-1}$				0.508 (0.446)	1.438 (1.529)	-0.840 (-1.385)			
HIND	-0.004 (-0.756)	-0.005 (-1.042)	0.001 (0.264)	-0.006 (-1.061)	-0.005 (-0.952)	-0.002 (-0.496)	-0.011 (-1.426)	-0.015** (-2.243)	0.004 (0.911)
LA_{t-1}	-0.131*** (-10.708)	-0.125*** (-12.213)	-0.006 (-0.882)	-0.144*** (-11.288)	-0.136*** (-12.979)	-0.006 (-0.943)	-0.120*** (-8.440)	-0.113*** (-9.321)	-0.008 (-1.115)
CFO_{t-1}	-0.192*** (-7.604)	-0.343*** (-16.273)	0.141*** (10.772)	-0.192*** (-7.293)	-0.350*** (-16.109)	0.147*** (10.482)	-0.171*** (-5.928)	-0.294*** (-12.017)	0.115*** (7.817)
DV_{t-1}	-12.963*** (-3.524)	-13.726*** (-4.472)	0.487 (0.255)	-15.432*** (-4.026)	-16.118*** (-5.085)	0.355 (0.174)	-11.599*** (-2.802)	-10.494*** (-2.991)	-1.077 (-0.511)
$INGA_{t-1}$	-0.095** (-2.096)	-0.137*** (-3.623)	0.047** (1.990)	-0.098** (-2.058)	-0.150*** (-3.819)	0.057** (2.249)	-0.056 (-1.122)	-0.091** (-2.164)	0.033 (1.320)
$SIZE_{t-1}$	0.049*** (23.683)	0.059*** (34.068)	-0.009*** (-7.925)	0.047*** (21.923)	0.057*** (32.621)	-0.009*** (-8.193)	0.053*** (21.918)	0.061*** (29.821)	-0.007*** (-5.812)
LEV_{t-1}	0.147*** (20.550)	0.129*** (21.513)	0.017*** (4.698)	0.178*** (23.466)	0.154*** (24.580)	0.022*** (5.509)	0.040*** (7.440)	0.043*** (9.443)	-0.002 (-0.854)
IND	控制	控制	控制	控制	控制	控制	控制	控制	控制
YEAR	控制	控制	控制	控制	控制	控制	控制	控制	控制

续表

	EDT_t	DT_t	ET_t	EDT_t	DT_t	ET_t	小于0.07%	小于0.07%	小于0.07%
							EDT_t	DT_t	ET_t
_cons	-0.738*** (-15.544)	-0.959*** (-24.202)	0.192*** (7.779)	-0.685*** (-14.022)	-0.948*** (-23.473)	0.230*** (8.821)	-0.785*** (-14.083)	-0.989*** (-20.926)	0.184*** (6.471)
N	8960	8960	8960	8309	8309	8309	5897	5897	5897
adj. R^2	0.165	0.247	0.057	0.180	0.266	0.060	0.132	0.213	0.049
R^2	0.168	0.250	0.060	0.183	0.268	0.063	0.137	0.217	0.054
F	56.207	92.808	17.893	59.720	97.832	18.039	28.869	50.482	10.338
p	0.000	0.000	0.000	0.000	0.000	0.000	0.000	0.000	0.000

注：***、**和*，分别代表在1%、5%和10%的水平下显著。

技创新补贴的信号作用在高科技企业和非高科技企业间并不存在显著差异。但是，当把样本缩小到门槛值以下时，外部融资方程以及债务融资方程中的交互项系数均显著为正，这说明，当科技创新补贴的数值在一定门槛值以下时，高科技企业获得的科技创新补贴对于外部融资的提高作用显著高于非高科技企业。

随后，分别检验不同类型的科技创新补贴在高科技企业和非高科技企业中对外部融资的影响是否具有差异。由于篇幅的限制，只列示交互项系数显著为正的相关结果。具体结果见表 5－28。从表中可以看出，对于新产品和新技术研发类补贴和其他类补贴，所有的交互项均不显著，说明高科技企业没有显示出更强的信号作用。对于技术改进类补贴，交互项均显著为正，说明高科技企业获得的该类补贴，信号作用明显强于非高科技企业。对于科技成果转化类补贴、专利及技术奖励类补贴，在权益融资的方程中，交互项均显著为正，说明高科技企业获得的该类补贴，对于权益融资的提高作用强于非高科技企业。

综上所述，无论是对整体还是对不同类型的科技创新补贴的检验，均显示高科技企业获得的科技创新补贴对外部融资的提高作用明显高于非高科技企业。与假设 11a 一致。

表 5－28 高科技企业对不同类型科技创新补贴与外部融资关系的影响差异

	小于 0.09%	小于 0.08%	小于 0.61%		
	EDT_t	DT_t	ET_t	ET_t	ET_t
$RDS02_t$_HIND	96.376*** (3.002)	77.944** (2.525)	6.774* (1.732)		
$RDS02_t$	25.000 (1.229)	34.931* (1.777)	2.076 (0.935)		
$RDS03_t$_HIND				5.222* (1.730)	
$RDS03_t$				−0.743 (−0.226)	
$RDS04_{t-1}$_HIND					49.387** (2.089)
$RDS04_{t-1}$					−13.751 (−1.378)
HIND	−0.014** (−2.574)	−0.013*** (−2.796)	−0.002 (−0.697)	−0.002 (−0.625)	−0.003 (−1.091)
LA_{t-1}	−0.124*** (−9.882)	−0.115*** (−11.035)	−0.022*** (−3.326)	−0.005 (−0.865)	−0.005 (−0.725)
CFO_{t-1}	−0.189*** (−7.250)	−0.337*** (−15.588)	0.001 (0.486)	0.139*** (10.579)	0.150*** (10.622)
DV_{t-1}	−12.185*** (−3.198)	−12.779*** (−4.040)	−0.041 (−0.588)	0.477 (0.249)	0.324 (0.152)

续表

	小于 0.09%	小于 0.08%	小于 0.61%	ET_t	ET_t
	EDT_t	DT_t	ET_t		
$INGA_{t-1}$	-0.087 * (-1.860)	-0.113 *** (-2.910)	0.028 (1.320)	0.045 * (1.930)	0.054 ** (2.128)
$SIZE_{t-1}$	0.049 *** (23.245)	0.059 *** (33.356)	-0.009 *** (-7.645)	-0.008 *** (-7.867)	-0.010 *** (-8.580)
LEV_{t-1}	0.136 *** (18.849)	0.119 *** (19.837)	-0.001 *** (-2.856)	0.018 *** (4.879)	0.028 *** (6.477)
IND	控制	控制	控制	控制	控制
YEAR	控制	控制	控制	控制	控制
_cons	-0.744 *** (-15.295)	-0.965 *** (-23.826)	0.217 *** (8.339)	0.190 *** (7.743)	0.209 *** (7.986)
N	8260	8235	8862	8960	8309
adj. R^2	0.163	0.250	0.044	0.057	0.061
R^2	0.167	0.253	0.047	0.060	0.065
F	51.448	86.426	13.548	17.850	18.524
p	0.000	0.000	0.000	0.000	0.000

（4）西部地区与东部地区企业科技创新补贴对外部融资影响的检验。

由于西部地区和东部地区在资源禀赋、文化观念以及国家政策方面具有较大差异，因此，科技创新补贴对外部融资的影响可能也存在一定差异。为了检验这一差异是否存在，本书引入科技创新补贴与东部地区企业交互项进行检验。具体的检验结果见表 5-29。

表 5-29　　东西部地区科技创新补贴对外部融资影响差异检验

	EDT_t	DT_t	ET_t	EDT_t	DT_t	ET_t	小于 0.07%
							ET_t
$QRDS_t$_EST	-2.453 (-1.078)	-2.284 (-1.203)	0.056 (0.047)				-17.101 (-0.767)
$QRDS_t$	0.629 (0.299)	1.174 (0.668)	-0.619 (-0.566)				32.826 (1.572)
$QRDS_{t-1}$_EST				-0.992 (-0.419)	-2.606 (-1.331)	1.744 (1.379)	
$QRDS_{t-1}$				0.628 (0.283)	2.835 (1.544)	-2.203 * (-1.858)	
EST	0.043 *** (6.405)	0.036 *** (6.394)	0.006 * (1.722)	0.042 *** (6.112)	0.037 *** (6.405)	0.005 (1.253)	0.005 (1.143)
LA_{t-1}	-0.137 *** (-11.214)	-0.130 *** (-12.712)	-0.006 (-1.021)	-0.150 *** (-11.797)	-0.142 *** (-13.502)	-0.007 (-1.061)	-0.011 (-1.419)

续表

	EDT_t	DT_t	ET_t	EDT_t	DT_t	ET_t	小于 0.07%
							ET_t
CFO_{t-1}	−0.195*** (−7.732)	−0.345*** (−16.416)	0.141*** (10.738)	−0.196*** (−7.473)	−0.354*** (−16.328)	0.147*** (10.469)	0.123*** (8.135)
DV_{t-1}	−12.381*** (−3.371)	−13.254*** (−4.325)	0.587 (0.307)	−14.782*** (−3.864)	−15.643*** (−4.946)	0.520 (0.254)	0.172 (0.080)
$INGA_{t-1}$	−0.094** (−2.079)	−0.137*** (−3.614)	0.047** (2.009)	−0.098** (−2.067)	−0.151*** (−3.857)	0.053** (2.289)	0.019 (0.742)
$SIZE_{t-1}$	0.049*** (23.649)	0.059*** (34.112)	−0.009*** (−8.038)	0.046*** (21.907)	0.057*** (32.661)	−0.009*** (−8.257)	−0.008*** (−6.144)
LEV_{t-1}	0.151*** (21.153)	0.132*** (22.105)	0.018*** (4.877)	0.183*** (24.088)	0.158*** (25.205)	0.023*** (5.672)	−0.001 (−0.236)
IND	控制	控制	控制	控制	控制	控制	控制
YEAR	控制	控制	控制	控制	控制	控制	控制
_cons	−0.764*** (−16.133)	−0.982*** (−24.849)	0.189*** (7.697)	−0.718*** (−14.783)	−0.947*** (−23.584)	0.198*** (7.631)	0.197*** (6.754)
N	8960	8960	8960	8309	8309	8309	5897
adj. R^2	0.169	0.251	0.057	0.184	0.269	0.060	0.052
R^2	0.172	0.253	0.061	0.187	0.272	0.064	0.057
F	57.843	94.607	17.993	61.463	99.771	18.237	11.102
p	0.000	0.000	0.000	0.000	0.000	0.000	0.000

从表 5－29 可知，所有方程的交互项均不显著，说明在科技创新补贴对于外部融资的提高作用方面，东西部地区不存在显著差异。另外，本书分别对五类科技创新补贴分别进行了检验，检验结果显示，所有交互项均不显著，由于篇幅所限，结果表格并未列示。由此可见，东部地区企业和西部地区企业获得的科技创新补贴对外部融资的影响不具有明显的差异，这一检验结果与假设 11b 不符。

（5）不同发展阶段企业的科技创新补贴对外部融资影响的检验。

处于不同发展阶段的企业，由于其经营特点、战略选择、融资能力等方面存在一定差异，因此，科技创新补贴与外部融资的关系可能也有所不同。为了检验这一问题，本书将样本分为成长期企业组、成熟期企业组和衰退期企业组，分别检验和比较了三组数据在科技创新补贴对外部融资提高作用方面的差异。

首先，检验了三组样本的总体情况，发现三组样本不存在显著差异。由于篇幅有限，在此不列示结果。其次，检验了当科技创新补贴的数量小于 0.07% 时，三组样本中科技创新补贴与权益融资的关系。之所以只检验科技创新补贴与权益融资的关系，是因为在 0.07% 这一门槛值下，外部融资只对权益融资产生提高作用。具体结果见表 5－30。

表 5-30　　不同发展阶段科技创新补贴对权益融资影响结果检验

	成长期 小于 0.07%	成熟期 小于 0.07%	衰退期 小于 0.07%
	ET_t	ET_t	ET_t
$QRDS_t$	-26.264 (-1.485)	34.649*** (3.042)	27.894* (1.809)
LA_{t-1}	-0.029 (-1.483)	0.007 (0.586)	-0.017 (-1.535)
CFO_{t-1}	0.319*** (8.191)	0.103*** (4.056)	0.000 (0.004)
DV_{t-1}	0.661 (0.752)	5.598 (1.406)	-0.021 (-0.300)
$INGA_{t-1}$	0.041 (0.660)	0.014 (0.317)	-0.028 (-0.884)
$SIZE_{t-1}$	-0.057*** (-14.537)	-0.018*** (-8.061)	-0.001 (-0.603)
LEV_{t-1}	0.296*** (14.266)	0.090*** (7.792)	0.000 (-0.558)
IND	控制	控制	控制
YEAR	控制	控制	控制
_cons	1.133*** (13.727)	0.368*** (7.467)	0.059 (1.373)
N	1491	2215	2191
adj. R^2	0.249	0.082	0.033
R^2	0.264	0.094	0.046
F	17.483	7.580	3.511
p	0.000	0.000	0.000

从表 5-30 可以看出，成长期企业的科技创新补贴项为负，且并不显著，成熟期和衰退期企业的科技创新补贴项则显著为正，分别为 34.65 和 27.89。同时运用 suest 检验分析这三个系数是否具有显著差异。结果显示，成长期企业组与成熟期企业组的科技创新补贴项差异显著（chi^2 的结果为 7.79，Prob > chi^2 的结果为 0.005），而成熟期企业组与衰退期企业组的科技创新补贴项差异则并不显著（chi^2 的结果为 0.006，Prob > chi^2 的结果为 0.805）。由此可见，成熟期和衰退期企业获得的科技创新补贴对于外部融资的提高作用较为明显。

随后，分别检验不同类型的科技创新补贴在不同发展阶段企业中对外部融资的影响是否具有差异。新产品和新技术研发类补贴、科技成果转化类补贴、专利及科技奖励类补贴、其他类补贴对于外部融资的作用在不同发展阶段企业中差异并不明显，由于篇幅的限制，在此不予列示，只列示具有显著差异的技术改进类补贴的结果。具体结果见表 5-31。

表 5－31 不同发展阶段企业的技术改进类补贴对外部融资的影响检验

	成长期小于 0.09%	成长期小于 0.08%	成长期小于 0.61%	成熟期小于 0.09%	成熟期小于 0.08%	成熟期小于 0.61%	衰退期小于 0.09%	衰退期小于 0.08%	衰退期小于 0.61%
	EDT_t	DT_t	ET_t	EDT_t	DT_t	ET_t	EDT_t	DT_t	ET_t
$RDS02_t$	37.124 (1.469)	54.427** (2.251)	-4.713 (-1.491)	39.416 (1.583)	42.998* (1.705)	4.218* (1.702)	86.690*** (2.779)	96.096*** (2.891)	5.722* (1.783)
LA_{t-1}	-0.226*** (-9.489)	-0.209*** (-10.644)	-0.014 (-0.868)	-0.159*** (-7.246)	-0.137*** (-7.210)	-0.020* (-1.790)	-0.049** (-2.523)	-0.040** (-2.345)	-0.013 (-1.287)
CFO_{t-1}	-0.182*** (-3.791)	-0.503*** (-12.713)	0.328*** (10.398)	-0.123*** (-6.459)	-0.121*** (-7.390)	0.000 (0.028)	-0.145*** (-3.867)	-0.193*** (-5.884)	0.000 (0.020)
DV_{t-1}	-41.646 (-1.499)	-29.407 (-1.288)	-12.749 (-0.692)	-1.134 (-0.797)	-1.660 (-1.357)	0.403 (0.566)	-6.505** (-2.229)	-5.325** (-2.085)	-0.022 (-0.327)
$INGA_{t-1}$	-0.130 (-1.300)	-0.278*** (-3.359)	0.154** (2.342)	0.016 (0.214)	-0.018 (-0.290)	0.053 (1.431)	-0.050 (-0.753)	-0.051 (-0.876)	0.004 (0.135)
$SIZE_{t-1}$	-0.046*** (-9.565)	0.011*** (2.790)	-0.055*** (-17.439)	0.049*** (13.229)	0.060*** (18.833)	-0.011*** (-5.988)	0.057*** (16.680)	0.058*** (19.342)	-0.002 (-1.089)
LEV_{t-1}	0.776*** (31.566)	0.482*** (23.776)	0.285*** (17.876)	0.009*** (2.749)	0.010*** (3.342)	0.000 (-0.114)	0.013*** (3.618)	0.013*** (4.197)	0.000 (-0.639)
IND	控制	控制	控制	控制	控制	控制	控制	控制	控制
YEAR	控制	控制	控制	控制	控制	控制	控制	控制	控制
_cons	1.153*** (11.357)	0.034 (0.401)	1.077*** (16.196)	-0.662*** (-7.752)	-0.930*** (-12.603)	0.259*** (6.012)	-0.972*** (-12.338)	-1.007*** (-14.576)	0.059 (1.551)
N	2161	2143	2335	3253	3222	3504	2857	2842	3019
adj. R^2	0.426	0.450	0.247	0.129	0.194	0.050	0.143	0.175	0.034
R^2	0.434	0.457	0.257	0.137	0.202	0.058	0.152	0.183	0.044
F	54.506	59.306	26.498	16.985	26.921	7.113	16.827	21.034	4.562
p	0.000	0.000	0.000	0.000	0.000	0.000	0.000	0.000	0.000

从表5－31可以看出，对于技术改进类补贴，从外部融资方程分析，衰退期企业组中该类补贴项的系数显著为正；从债权融资方程分析，该类补贴项的系数均显著为正，不存在显著差异；从权益融资方程分析，成熟期和衰退期企业组中该类补贴项系数显著为正，成长期企业组中该类补贴项系数为负。由此可见，成熟期和衰退期企业的技术改进类补贴对于外部融资具有较强的提高作用。

综上所述，与成长期企业相比，成熟期和衰退期企业获得的科技创新补贴对于外部融资的提高作用更强。这一检验结果与假设11c不符。

（6）金融危机对于科技创新补贴与外部融资关系影响的检验。

为了检验金融危机时期与非金融危机时期，企业获得的科技创新补贴是否对于外部融资具有不同的影响，本书引入科技创新补贴与金融危机的交互项进行检验。具体的检验结果见表5－32。

表5－32　金融危机对于科技创新补贴与外部融资关系的影响检验

	EDT_t	DT_t	ET_t	小于0.07% EDT_t	小于0.07% DT_t	小于0.07% ET_t
$QRDS_t\_FC$	6.754*** (3.303)	4.479*** (2.625)	2.362** (2.228)	131.698*** (2.798)	126.778*** (3.236)	5.427 (0.225)
$QRDS_t$	－2.428*** (－3.024)	－1.414** (－2.110)	－0.907** (－2.178)	8.417 (0.500)	－6.923 (－0.494)	17.441** (2.023)
FC	－0.003 (－0.265)	－0.026*** (－2.995)	0.022*** (4.018)	－0.008 (－0.675)	－0.028*** (－2.682)	0.018*** (2.838)
LA_{t-1}	－0.130*** (－10.668)	－0.124*** (－12.160)	－0.006 (－0.888)	－0.115*** (－7.889)	－0.106*** (－8.673)	－0.010 (－1.322)
CFO_{t-1}	－0.193*** (－7.646)	－0.344*** (－16.310)	0.141*** (10.755)	－0.179*** (－6.066)	－0.309*** (－12.535)	0.124*** (8.163)
DV_{t-1}	－13.039*** (－3.547)	－13.798*** (－4.497)	0.485 (0.254)	－10.647** (－2.544)	－10.984*** (－3.153)	0.112 (0.052)
$INGA_{t-1}$	－0.093** (－2.048)	－0.135*** (－3.573)	0.047** (2.003)	－0.072 (－1.399)	－0.086** (－2.018)	0.020 (0.776)
$SIZE_{t-1}$	0.049*** (23.830)	0.059*** (34.274)	－0.009*** (－7.984)	0.055*** (22.122)	0.063*** (30.757)	－0.008*** (－6.121)
LEV_{t-1}	0.148*** (20.720)	0.129*** (21.672)	0.018*** (4.763)	0.044*** (8.068)	0.045*** (9.739)	－0.001 (－0.270)
IND	控制	控制	控制	控制	控制	控制
YEAR	控制	控制	控制	控制	控制	控制
_cons	－0.739*** (－15.645)	－0.961*** (－24.374)	0.193*** (7.866)	－0.820*** (－14.409)	－1.040*** (－21.955)	0.200*** (6.871)

续表

	EDT_t	DT_t	ET_t	小于 0.07%	小于 0.07%	小于 0.07%
				EDT_t	DT_t	ET_t
N	8960	8960	8960	5897	5897	5897
adj. R^2	0.166	0.248	0.057	0.134	0.218	0.052
R^2	0.169	0.250	0.061	0.138	0.222	0.057
F	58.437	96.105	18.620	30.312	54.010	11.416
p	0.000	0.000	0.000	0.000	0.000	0.000

从表 5－32 可以看出，除了科技创新补贴低于 0.07% 的权益融资方程外，其他方程中科技创新补贴与金融危机的交互项均显著为正。由此可见，金融危机期间，科技创新补贴对外部融资的提高作用有所增强。

随后，检验不同类型的科技创新补贴在金融危机和非金融危机期间对外部融资的影响是否具有差异。具体结果参见表 5－33。由于篇幅所限，前一年各类科技创新补贴作为自变量的结果与当年各类科技创新补贴作为自变量的结果类似，并未列示；技术成果转化类补贴的交互项系数均不显著，并未列示；控制变量的具体结果也未列示。

从表 5－33 可以看出以下几点：第一，总体而言，交互项的系数大部分为正，说明在金融危机期间，科技创新补贴对于外部融资的提高作用更加明显。第二，科技创新补贴与债权融资的交互项系数全部显著为正，科技创新补贴与权益融资的交互项系数全部为正，但是并非全部显著，这说明金融危机期间，科技创新补贴对于债权融资的正面影响更为明显。

综上所述，在金融危机期间，科技创新补贴对于外部融资的提高作用有所增加。与假设 11d 是一致的。

5.3.2　外部融资对科技创新投入影响的检验

外部融资与企业科技创新投入关系的检验，以全部样本为检验对象，以外部融资作为自变量，以企业的科技创新投入作为因变量，进行回归分析。考虑到企业的科技创新投入可能以当年的外部融资金额为依据，也可能以前一年的外部融资金额为依据。因此，本书以当年和前一年的外部融资指标进行回归检验。具体的结果见表 5－34。

表 5-33　金融危机因素对于不同类型的科技创新补贴与外部融资关系影响的检验

	EDT_t	DT_t	ET_t	EDT_t	DT_t	ET_t	小于 0.09%	小于 0.08%	小于 0.61%	EDT_t	DT_t	ET_t	EDT_t	DT_t	ET_t
							EDT_t	DT_t	ET_t						
$RDS01_t$_FC	9.000** (2.514)	16.298** (2.408)	10.885*** (2.588)												
$RDS01_t$	-5.749*** (-4.353)	-3.894*** (-3.612)	-1.717** (-2.563)												
$RDS02_t$_FC				105.842*** (4.145)	93.702*** (4.399)	12.077 (0.911)	267.051** (2.147)	220.018* (1.768)	18.707* (1.603)						
$RDS02_t$				3.284 (1.463)	3.300* (1.763)	-0.018 (-0.016)	52.175*** (3.048)	59.037*** (3.526)	1.061 (0.587)						
$RDS04_t$_FC										477.111*** (4.163)	474.351*** (4.963)	9.550 (0.161)			
$RDS04_t$										-9.891 (-0.677)	-9.681 (-0.795)	0.752 (0.099)			
$RDS05_t$_FC													58.238*** (3.460)	46.464*** (3.308)	11.705* (1.641)
$RDS05_t$													-2.421 (-0.880)	-1.143 (-0.498)	-1.147 (-0.804)
FC	0.001 (0.116)	-0.025*** (-2.883)	0.022*** (4.010)	-0.005 (-0.481)	-0.030*** (-3.418)	0.023*** (4.305)	-0.003 (-0.255)	0.002 (0.268)	0.023*** (4.274)	-0.005 (-0.471)	-0.031*** (-3.508)	0.024*** (4.440)	-0.004 (-0.339)	-0.028*** (-3.175)	0.023*** (4.192)
Control Variables	控制	控制	控制	控制	控制	控制	控制	控制	控制	控制	控制	控制	控制	控制	控制
_cons	-0.738*** (-15.613)	-0.958*** (-24.287)	0.194*** (7.918)	-0.741*** (-15.686)	-0.961*** (-24.400)	0.191*** (7.811)	-0.759*** (-15.580)	-0.981*** (-24.173)	0.194*** (7.849)	-0.740*** (-15.669)	-0.960*** (-24.366)	0.191*** (7.784)	-0.742*** (-15.702)	-0.962*** (-24.413)	0.192*** (7.817)
N	8960	8960	8960	8960	8960	8960	8260	8235	8862	8960	8960	8960	8960	8960	8960
adj. R^2	0.166	0.248	0.058	0.167	0.249	0.057	0.157	0.244	0.057	0.166	0.249	0.057	0.166	0.248	0.057
R^2	0.169	0.251	0.061	0.170	0.252	0.060	0.160	0.247	0.060	0.169	0.252	0.060	0.168	0.250	0.060
F	58.645	96.391	18.730	58.824	96.995	18.408	50.649	86.453	18.265	58.550	96.819	18.379	58.336	96.234	18.444
p	0.000	0.000	0.000	0.000	0.000	0.000	0.000	0.000	0.000	0.000	0.000	0.000	0.000	0.000	0.000

表5-34 外部融资对企业科技创新投入的影响结果

	RD_t	RD_t	RD_t	RD_t	RD_t	RD_t
EDT_t	-0.011*** (-7.087)					
EDT_{t-1}		-0.007*** (-5.064)				
DT_t			-0.016*** (-8.724)			
DT_{t-1}				-0.014*** (-8.182)		
ET_t					0.007** (2.422)	
ET_{t-1}						0.004** (2.282)
$SIZE_{t-1}$	-0.002*** (-5.876)	-0.002*** (-6.150)	-0.001*** (-4.394)	-0.001*** (-4.496)	-0.002*** (-7.500)	-0.002*** (-8.016)
LEV_{t-1}	-0.018*** (-16.221)	-0.019*** (-19.130)	-0.018*** (-15.803)	-0.017*** (-16.419)	-0.020*** (-19.594)	-0.019*** (-18.793)
$INGA_{t-1}$	-0.002 (-0.392)	-0.007 (-1.097)	-0.003 (-0.467)	-0.005 (-0.778)	-0.005 (-0.907)	-0.010* (-1.803)
CFO_{t-1}	0.003 (0.837)	0.004 (1.151)	0.000 (-0.060)	0.004 (1.004)	0.006* (1.777)	0.008** (2.513)
AGE_{t-1}	-0.001*** (-14.675)	-0.001*** (-15.619)	-0.001*** (-14.593)	-0.001*** (-15.490)	-0.001*** (-14.975)	-0.001*** (-15.117)
GOW_{t-1}	-0.001*** (-3.590)	-0.001*** (-3.748)	-0.001*** (-3.641)	-0.001*** (-3.612)	-0.001*** (-3.643)	-0.001*** (-3.597)
IND	控制	控制	控制	控制	控制	控制
YEAR	控制	控制	控制	控制	控制	控制
_cons	0.048*** (6.946)	0.048*** (7.353)	0.040*** (5.687)	0.039*** (5.811)	0.052*** (8.124)	0.053*** (8.592)
N	8960	8960	8960	8960	8960	8960
adj. R^2	0.393	0.396	0.395	0.399	0.395	0.401
R^2	0.395	0.398	0.397	0.401	0.397	0.403
F	193.708	195.035	195.126	197.315	193.943	197.308
p	0.000	0.000	0.000	0.000	0.000	0.000

从表5-34可以看出，当外部融资总体作为自变量时，当年和前一年的外部融资总体系数均显著为负，这说明外部融资就整体而言对于企业的科技创新投入没有正向的提高作用，反而具有负向的抑制作用。随后，分析债权融资和权益融资的情况。当以债权融资作为自变量时，当年和前一年的债权融资系数均显著为负，这说明债权融资的增加反而会使企业降低对科技创新活动的投入。当以权益

融资作为自变量时，当年和前一年的权益融资系数全部显著为正，这说明企业获得的权益融资对于科技创新投入具有正向的提高作用，较多的权益融资被用于企业的科技创新活动。由此可见，总的外部融资对于企业科技创新投入的负向影响主要来源于债权融资对于科技创新投入的负向影响，而权益融资则有利于企业提高科技创新投入。这可能是因为银行等债权人更加谨慎，不愿意投资风险较高的科技创新活动。

综上所述，外部融资对科技创新投入具有正向的提高作用。因此，该检验结果与假设 4 一致。

另外，从表 5 – 34 也可以看出，不同的融资方式对于企业科技创新投入的影响具有显著差异。具体而言，一方面债权融资对于企业科技创新投入的影响系数显著为负，说明债权融资的增加并不会提高企业对于科技创新活动的投入；另一方面，权益融资对于企业科技创新投入的影响系数显著为正，这说明权益融资的增加会提高企业对于科技创新活动的投入。因此，与债权融资相比，权益融资的增加更有助于企业提高科技创新投入。该结果与假设 5 是一致的。

为了检验行业因素对于外部融资与科技创新投入关系的影响，即：高科技企业与非高科技企业相比，外部融资对科技创新投入是否具有更好的提高作用。本书引入外部融资与高科技企业的交互项进行检验。具体的回归结果见表 5 – 35。运用前一年的外部融资数据进行检验的结果与当年类似，由于篇幅所限，并未列示（下同）。从表 5 – 35 可以看出，在外部融资整体方程和债权融资方程中，交互项的系数均不显著，但是，在权益融资方程中，交互项的系数却显著为正。这说明与非高科技企业相比，高科技企业获得的权益融资对企业的科技创新投入具有更好的提高作用。与假设 11a 相符。

表 5 – 35　行业、地区以及金融危机对于外部融资和科技创新投入关系的影响

	RD_t	RD_t	RD_t	RD_t	RD_t	RD_t	RD_t	RD_t	RD_t
EDT_t_HIND	−0.012 (−1.560)								
DT_t_HIND		−0.017 (−1.020)							
ET_t_HIND			0.012** (2.155)						
EDT_t_EST				−0.004 (−0.797)					
DT_t_EST					−0.008 (−1.514)				
ET_t_EST						0.021** (2.268)			

续表

	RD_t	RD_t	RD_t	RD_t	RD_t	RD_t	RD_t	RD_t	RD_t
EDT_t_FC							0.015 *** (3.722)		
DT_t_FC								0.017 *** (3.594)	
ET_t_FC									0.004 (0.256)
EDT_t	-0.013 *** (-3.035)			-0.008 * (-1.948)			-0.013 *** (-7.992)		
DT_t		-0.010 *** (-4.858)			-0.009 ** (-2.095)			-0.019 *** (-9.439)	
ET_t			-0.002 (-0.644)			-0.017 ** (-2.035)			0.001 (0.217)
HIND	0.008 *** (2.932)	0.010 *** (9.826)	0.006 *** (7.963)						
EST				0.007 *** (5.355)	0.008 *** (6.496)	0.005 *** (5.545)			
FC							-0.004 ** (-2.402)	-0.004 ** (-2.360)	-0.001 (-0.524)
$SIZE_{t-1}$	-0.002 *** (-3.087)	-0.001 *** (-4.047)	-0.002 *** (-7.158)	-0.002 *** (-6.005)	-0.001 *** (-4.553)	-0.002 *** (-7.890)	-0.002 *** (-5.832)	-0.001 *** (-4.325)	-0.002 *** (-7.732)
LEV_{t-1}	-0.001 ** (-2.241)	-0.018 *** (-15.680)	-0.020 *** (-18.294)	-0.018 *** (-15.690)	-0.017 *** (-15.201)	-0.020 *** (-18.153)	-0.018 *** (-15.806)	-0.017 *** (-15.415)	-0.020 *** (-18.494)
$INGA_{t-1}$	-0.011 (-0.834)	-0.001 (-0.121)	-0.002 (-0.285)	-0.001 (-0.186)	-0.002 (-0.309)	-0.003 (-0.406)	-0.002 (-0.354)	-0.003 (-0.416)	-0.003 (-0.533)
CFO_{t-1}	0.000 (0.183)	0.000 (-0.101)	0.004 (1.055)	0.003 (0.776)	-0.001 (-0.184)	0.005 (1.294)	0.003 (0.771)	0.000 (-0.107)	0.005 (1.285)
AGE_{t-1}	-0.001 *** (-7.866)	-0.001 *** (-14.685)	-0.001 *** (-14.208)	-0.001 *** (-14.087)	-0.001 *** (-14.018)	-0.001 *** (-13.537)	-0.001 *** (-14.663)	-0.001 *** (-14.629)	-0.001 *** (-14.107)
GOW_{t-1}	0.000 (0.153)	-0.001 *** (-3.817)	-0.001 *** (-4.009)	-0.001 *** (-3.530)	-0.001 *** (-3.608)	-0.001 *** (-3.730)	-0.001 *** (-3.67[illegible])	-0.001 *** (-3.721)	-0.001 *** (-3.768)
IND	控制	控制	控制	控制	控制	控制	控制	控制	控制
YEAR	控制	控制	控制	控制	控制	控制	控制	控制	控制
_cons	0.055 *** (3.136)	0.036 *** (5.132)	0.053 *** (7.699)	0.043 *** (6.130)	0.034 *** (4.832)	0.053 *** (7.660)	0.048 *** (6.979)	0.040 *** (5.689)	0.057 *** (8.253)
N	8960	8960	8960	8960	8960	8960	8960	8960	8960
adj. R^2	0.401	0.402	0.396	0.396	0.398	0.393	0.394	0.396	0.390
R^2	0.399	0.404	0.398	0.399	0.401	0.395	0.395	0.398	0.392
F	185.891	188.262	183.331	184.097	185.637	181.456	188.177	189.502	184.784
p	0.000	0.000	0.000	0.000	0.000	0.000	0.000	0.000	0.000

为了检验西部地区和东部地区企业在外部融资对企业科技创新投入影响方面是否具有差异，本书引入外部融资与东部地区变量的交互项进行检验。具体的检验结果可见表 5-35。从表 5-35 中可见，对于外部融资总体和债权融资而言，

交互项的系数并不显著。但是，对于权益融资而言，交互项系数则显著为正。这说明与西部地区相比，东部地区企业获得的权益融资能更好地提高企业的科技创新投入。与假设 11b 相符。

为了检验金融危机和非金融危机期间企业获得的外部融资对科技创新投入影响是否具有差异，本书引入外部融资与金融危机变量的交互项进行检验。具体的检验结果可见表 5－35。从表 5－35 可见，对于外部融资总体和债权融资而言，交互项的系数均显著为正。随后，将样本分为金融危机组和非金融危机组，分别检验两组样本中债权融资与科技创新投入的关系（由于篇幅所限，并未以图表列示）。检验发现，在金融危机组，债权融资的系数为 －0.008，且显著；在非金融危机组，债权融资的系数为 －0.016，且显著。可见，与非金融危机期间相比，金融危机期间，债权融资对科技创新投入的负向影响有所减弱，却并未出现正向的提高作用。另外，对于权益融资，交互项系数虽然为正，却并不显著。这说明金融危机期间与非金融危机期间相比，权益融资与科技创新投入的关系并无显著差异。与假设 11d 相符。

为了检验处于不同发展阶段的企业所获外部融资对科技创新投入影响是否具有差异，本书将样本分为成长期企业组、成熟期企业组和衰退期企业组，分别进行检验。由于篇幅所限且结果类似，前一年外部融资作为自变量的结果未予列示。具体的回归结果见表 5－36。

从表 5－36 可见，关于外部融资总体对科技创新投入的影响，成长期的外部融资系数并不显著，而成熟期和衰退期的外部融资系数显著为负。关于债权融资对科技创新投入的影响，三个发展阶段的外部融资系数均显著为负，差异并不明显。关于权益融资对科技创新投入的影响，成长期和成熟期的外部融资系数均显著为正，衰退期外部融资的系数却显著为负。由此可见，对于成长期和成熟期企业，权益融资能显著提高企业的科技创新投入，但是衰退期企业的权益融资对于科技创新投入却不具有提高作用。即：与衰退期企业相比，成长期和成熟期企业的权益融资对于科技创新投入具有更加明显的提高作用。与假设 11c 基本相符。

5.3.3 科技创新补贴对科技创新投入影响的检验

本节主要检验科技创新补贴对于科技创新投入的直接影响，以及科技创新补贴通过外部融资对于科技创新投入的间接影响。

（1）直接影响的检验。

首先，以当年和前一年的科技创新补贴为自变量，以科技创新投入为因变量，检验科技创新补贴对科技创新投入的直接影响。具体的结果见表 5－37。

表5-36 不同发展阶段企业外部融资对科技创新投入的影响

	成长期	成长期	成长期	成熟期	成熟期	成熟期	衰退期	衰退期	衰退期
	RD_t	RD_t	RD_t	RD_t	RD_t	RD_t	RD_t	RD_t	RD_t
EDT_t	0.003 (0.791)			-0.008*** (-3.351)			-0.016*** (-5.961)		
DT_t		-0.007* (-1.884)			-0.015*** (-5.149)			-0.019*** (-6.394)	
ET_t			0.017*** (3.483)			0.010** (1.972)			-0.003 (-0.397)
$SIZE_{t-1}$	-0.002*** (-2.776)	-0.002*** (-2.836)	-0.001 (-1.624)	-0.001*** (-2.608)	-0.001** (-1.985)	-0.001** (-2.488)	-0.001 (-1.516)	-0.001 (-1.107)	-0.002*** (-3.433)
LEV_{t-1}	-0.032*** (-7.221)	-0.026*** (-6.353)	-0.034*** (-9.049)	-0.028*** (-9.861)	-0.026*** (-9.238)	-0.034*** (-13.165)	-0.003*** (-6.107)	-0.003*** (-6.001)	-0.004*** (-6.524)
$INGA_{t-1}$	0.034** (2.369)	0.034** (2.409)	0.031** (2.183)	-0.019** (-1.965)	-0.019** (-1.991)	-0.020** (-2.034)	-0.012 (-1.394)	-0.013 (-1.436)	-0.012 (-1.362)
CFO_{t-1}	0.008 (1.122)	0.004 (0.616)	0.002 (0.301)	-0.004 (-0.750)	-0.007 (-1.280)	-0.003 (-0.534)	0.010* (1.825)	0.009 (1.608)	0.013** (2.276)
AGE_{t-1}	-0.001*** (-4.047)	-0.001*** (-4.100)	-0.001*** (-4.071)	-0.001*** (-6.402)	-0.001*** (-6.473)	-0.001*** (-6.301)	-0.002*** (-12.562)	-0.002*** (-12.539)	-0.002*** (-12.348)
GOW_{t-1}	0.001 (0.819)	0.001 (0.842)	0.001 (0.878)	-0.001** (-2.120)	-0.001** (-2.216)	-0.001** (-1.984)	-0.002*** (-2.892)	-0.002*** (-2.950)	-0.002*** (-3.017)
IND	控制	控制	控制	控制	控制	控制	控制	控制	控制
YEAR	控制	控制	控制	控制	控制	控制	控制	控制	控制
_cons	0.043*** (2.825)	0.044*** (2.973)	0.028* (1.806)	0.036*** (3.479)	0.031*** (2.928)	0.036*** (3.369)	0.034*** (2.901)	0.031*** (2.590)	0.050*** (4.346)
N	2369	2369	2369	3542	3542	3542	3049	3049	3049
adj. R^2	0.430	0.431	0.433	0.435	0.437	0.434	0.333	0.334	0.325
R^2	0.438	0.438	0.440	0.440	0.442	0.439	0.340	0.341	0.332
F	59.925	60.098	60.606	90.313	91.220	89.878	50.837	51.105	49.073
p	0.000	0.000	0.000	0.000	0.000	0.000	0.000	0.000	0.000

表 5－37　　科技创新补贴对科技创新投入的影响检验

	RD_t	小于 0.14%	大于 0.14%	RD_t	大于 0.76%	小于 0.76%
		RD_t	RD_t		RD_t	RD_t
$QRDS_t$	－0.722 *** (－3.498)	7.095 ** (2.406)	－1.336 *** (－7.572)			
$QRDS_{t-1}$				0.854 *** (3.797)	0.349 (1.168)	2.786 *** (4.712)
LA_{t-1}	0.018 *** (4.077)	0.015 *** (2.790)	0.026 *** (3.371)	0.019 *** (3.950)	0.037 * (1.893)	0.019 *** (3.693)
CFO_{t-1}	0.000 (0.204)	0.000 (0.061)	－0.001 (－0.053)	0.000 (0.166)	－0.010 (－0.280)	0.000 (0.158)
AGE_{t-1}	－0.001 *** (－7.228)	－0.001 *** (－4.827)	－0.001 *** (－5.153)	－0.001 *** (－6.818)	－0.003 *** (－4.566)	－0.001 *** (－5.874)
GOW_{t-1}	0.000 (0.114)	0.000 (0.084)	0.000 (0.118)	0.000 (0.135)	－0.015 * (－1.796)	0.000 (0.107)
DV_{t-1}	－0.030 (－0.432)	－0.030 (－0.402)	0.640 (0.886)	－0.025 (－0.347)	－1.019 (－0.216)	－0.025 (－0.343)
$INGA_{t-1}$	0.006 (0.428)	－0.006 (－0.383)	0.130 *** (4.430)	0.000 (－0.008)	0.089 (1.420)	－0.003 (－0.177)
$SIZE_{t-1}$	－0.003 *** (－4.226)	－0.003 *** (－3.349)	－0.002 (－1.230)	－0.003 *** (－3.742)	－0.010 *** (－2.671)	－0.003 *** (－3.487)
LEV_{t-1}	－0.001 ** (－2.391)	－0.001 * (－1.899)	－0.046 *** (－8.207)	－0.001 * (－1.921)	－0.021 (－1.623)	－0.001 * (－1.792)
IND	控制	控制	控制	控制	控制	控制
YEAR	控制	控制	控制	控制	控制	控制
_cons	0.057 *** (3.237)	0.054 ** (2.545)	0.031 (1.014)	0.047 ** (2.495)	0.181 ** (2.159)	0.044 ** (2.257)
N	8960	6670	2290	8309	443	7866
adj. R^2	0.099	0.165	0.309	0.096	0.330	0.088
R^2	0.103	0.169	0.318	0.100	0.369	0.092
F	31.787	35.292	36.292	29.432	9.507	25.462
p	0.000	0.000	0.000	0.000	0.000	0.000

由表 5－37 可知，对于科技创新补贴总体而言，当年科技创新补贴项目的系数显著为负，而前一年科技创新补贴项目的系数显著为正，说明科技创新补贴与科技创新投入的关系较为复杂。运用门槛回归方法，检验科技创新补贴是否具有门槛值。检验结果表明，当年和前一年的科技创新补贴方程均具有单一门槛，门槛值分别为 0.14% 和 0.76%。随后，以门槛值为分界点，将总样本分为两组，分别对两组数据进行多元回归检验。检验结果见表 5－37。从表中可以看出，当年科技创新补贴占总资产比例小于 0.14% 时，科技创新补贴项目系数显著为正；当年科技创新补贴占总资产比例大于 0.14% 时，科技创新补贴项目系数显著为

负。前一年科技创新补贴占总资产比例小于0.76%时，科技创新补贴项目系数显著为正；前一年科技创新补贴占总资产比例大于0.76%时，科技创新补贴项目系数并不显著。由此可见，科技创新补贴对于科技创新投入的影响并非简单的线性关系，只有当科技创新补贴的数量小于一定门槛值时，科技创新补贴对于科技创新投入才具有激励作用。与假设6相符。

其次，检验各类科技创新补贴对于科技创新投入的影响。对于新产品和新技术研发类补贴，先进行回归检验，随后进行门槛回归检验，并根据门槛值，对全样本进行分组检验，检验结果见表5-38。

表5-38　新产品和新技术研发类补贴对科技创新投入的影响

	RD_t	大于0.32%	小于0.32%	RD_t	大于0.76%	小于0.76%
		RD_t	RD_t		RD_t	RD_t
$RDS01_t$	0.254 (0.851)	-0.559 (-1.629)	5.748*** (11.257)			
$RDS01_{t-1}$				0.854*** (3.797)	0.349 (1.168)	2.786*** (4.712)
LA_{t-1}	0.018*** (4.014)	0.013 (0.653)	0.018*** (10.853)	0.019*** (3.950)	0.037* (1.893)	0.019*** (3.693)
CFO_{t-1}	0.000 (0.200)	-0.022 (-0.621)	0.010*** (2.809)	0.000 (0.166)	-0.010 (-0.280)	0.000 (0.158)
AGE_{t-1}	-0.001*** (-7.055)	-0.002*** (-3.323)	-0.001*** (-12.496)	-0.001*** (-6.818)	-0.003*** (-4.566)	-0.001*** (-5.874)
GOW_{t-1}	0.000 (0.115)	-0.011* (-1.785)	-0.001*** (-4.286)	0.000 (0.135)	-0.015* (-1.796)	0.000 (0.107)
DV_{t-1}	-0.029 (-0.409)	0.890 (0.884)	-0.402 (-0.750)	-0.025 (-0.347)	-1.019 (-0.216)	-0.025 (-0.343)
$INGA_{t-1}$	0.005 (0.377)	0.350*** (5.145)	0.008 (1.255)	0.000 (-0.008)	0.089 (1.420)	-0.003 (-0.177)
$SIZE_{t-1}$	-0.003*** (-4.055)	0.008** (2.245)	-0.002*** (-8.429)	-0.003*** (-3.742)	-0.010*** (-2.671)	-0.003*** (-3.487)
LEV_{t-1}	-0.001** (-2.283)	-0.084*** (-5.552)	-0.016*** (-16.400)	-0.001* (-1.921)	-0.021 (-1.623)	-0.001* (-1.792)
IND	控制	控制	控制	控制	控制	控制
YEAR	控制	控制	控制	控制	控制	控制
_cons	0.054*** (3.057)	-0.165** (-2.145)	0.043*** (6.697)	0.047** (2.495)	0.181** (2.159)	0.044** (2.257)
N	8920	539	8421	8309	155	8154
adj. R^2	0.098	0.370	0.414	0.096	0.330	0.088
R^2	0.102	0.398	0.417	0.100	0.369	0.092
F	32.403	14.156	192.352	29.432	9.507	25.462
p	0.000	0.000	0.000	0.000	0.000	0.000

从表5－38可以看出，总体而言，新产品和新技术研发类补贴项系数均为正，当年该类补贴项系数并不显著，而前一年该类补贴项系数显著为正。另外，新产品和新技术研发类补贴存在门槛值，当年和前一年的该类补贴金额低于相应的门槛值（0.32%和0.76%）时，该类补贴项系数均显著为正；当年和前一年的该类补贴金额高于相应的门槛值时，该类补贴项系数则均不显著。由此可见，新产品和新技术研发类补贴对于科技创新投入具有提高作用，且该提高作用主要来自于相应门槛值以下的样本。

接着，对技术改进类补贴、科技成果转化类补贴、专利及科技奖励类补贴、其他类补贴与科技创新投入的关系进行检验。由于篇幅所限，在此仅列示科技创新补贴对于科技创新投入具有显著影响的结果。具体结果见表5－39。从表中可见，对于科技成果转化类补贴，总体而言，该类补贴项的系数为负，且并不显著。该类补贴存在门槛值，当该类补贴小于一定的门槛值时，对于科技创新投入具有提高作用。但是，该补贴项的系数却明显小于新产品与新技术研发类补贴项的系数，sunset检验证明两类补贴的系数存在明显差异（chi2为4.18，Prob > chi2）。因此，科技成果转化类补贴对于科技创新投入的提高作用不及新产品和新技术研发类补贴的提高作用。对于技术改进类补贴和其他类补贴，即使存在门槛值，也并不存在对科技创新投入的提高作用。对于专利及科技奖励类补贴，其系数既不显著，也不存在门槛值，说明该类补贴对科技创新投入不具有显著影响。由此可见，新产品和新技术研发类补贴对于科技创新投入的提高作用显著高于其他类型补贴对科技创新投入的提高作用。与假设7相符。

最后，检验行业因素、地区因素、企业发展阶段以及危机因素对于科技创新补贴和科技创新投入关系的影响。

为了检验高科技企业的科技创新补贴是否对科技创新投入具有更好的提高作用，本书引入科技创新补贴与高科技企业的交互项，对科技创新补贴总体及各类型科技创新补贴进行检验。具体的检验结果见表5－40。由于篇幅所限，只列示了交互项显著为正的结果，其他未列示的方程中，交互项均为正，但是并不显著。从表5－40可以看出，对于科技创新补贴总体而言，交互项无论在全样本方程还是门槛值以下的分组方程中，均显著为正，说明高科技企业的科技创新补贴对于科技创新投入具有更好的提高作用。在科技创新补贴的分类检验中，发现新产品和新技术研发类补贴、科技成果转化类补贴的交互项均显著为正，说明高科技企业的这两类补贴对科技创新投入具有更好的提高作用；而技术改进类补贴、专利及科技奖励类补贴、其他类补贴的交互项则并不显著，说明高科技企业的这三类科技创新补贴对于科技创新投入的提高作用与非高科技企业并无显著差异。由此可见，与非高科技企业相比，高科技企业获得的科技创新补贴对于科技创新投入具有更加明显的提高作用。与假设11a相符。

表 5-39 各类科技创新补贴对科技创新投入的影响

	RD_t	大于 0.03%	小于 0.03%	RD_t	大于 0.33%	小于 0.33%	RD_t	RD_t	大于 0.10%	小于 0.10%
		RD_t	RD_t		RD_t	RD_t			RD_t	RD_t
$RDS02_t$	-2.195***	-2.079***	-11.507							
	(-4.231)	(-6.756)	(-0.642)							
$RDS03_t$				-0.903	-3.797**	3.027***				
				(-1.047)	(-2.501)	(3.076)				
$RDS05_t$							-2.840***			
							(-5.389)			
$RDS05_{t-1}$								0.118	-1.396*	7.577
								(0.212)	(-1.951)	(1.608)
LA_{t-1}	0.018***	0.011	0.017***	0.018***	0.141***	0.018***	0.019***	0.020***	0.051**	0.018***
	(3.881)	(1.390)	(3.489)	(4.066)	(2.820)	(10.287)	(4.122)	(3.979)	(2.061)	(3.516)
CFO_{t-1}	0.000	0.001	0.000	0.000	0.056	0.010***	0.000	0.000	-0.023	0.000
	(0.198)	(0.067)	(0.168)	(0.204)	(0.787)	(2.806)	(0.206)	(0.164)	(-0.493)	(0.223)
AGE_{t-1}	-0.001***	-0.001**	-0.001***	-0.001***	-0.001	-0.001***	-0.001***	-0.001***	-0.002**	-0.001***
	(-7.257)	(-2.222)	(-6.864)	(-7.110)	(-1.132)	(-12.654)	(-7.018)	(-6.901)	(-2.193)	(-6.697)
GOW_{t-1}	0.000	0.000	0.000	0.000	-0.005	-0.002***	0.000	0.000	-0.008	0.000
	(0.118)	(-0.394)	(0.122)	(0.115)	(-0.438)	(-4.221)	(0.101)	(0.144)	(-0.750)	(0.128)
DV_{t-1}	-0.030	0.641	-0.031	-0.029	0.885	0.199	-0.030	-0.027	-1.061	-0.021
	(-0.424)	(0.878)	(-0.414)	(-0.416)	(0.122)	(0.371)	(-0.435)	(-0.367)	(-0.368)	(-0.292)
$INGA_{t-1}$	0.006	0.069**	0.002	0.006	0.650***	0.016**	0.006	0.005	0.014	-0.001
	(0.386)	(2.227)	(0.129)	(0.399)	(4.928)	(2.382)	(0.421)	(0.318)	(0.152)	(-0.037)
$SIZE_{t-1}$	-0.003***	-0.002	-0.003***	-0.003***	-0.004	-0.002***	-0.003***	-0.003***	-0.016***	-0.003***
	(-4.165)	(-1.366)	(-3.674)	(-4.118)	(-0.388)	(-7.255)	(-4.056)	(-3.968)	(-4.030)	(-3.095)
LEV_{t-1}	-0.001**	-0.033***	-0.001**	-0.001**	-0.036	-0.018***	-0.001**	-0.001**	0.071***	-0.001**
	(-2.339)	(-5.229)	(-2.127)	(-2.317)	(-0.945)	(-16.996)	(-2.350)	(-2.024)	(5.263)	(-2.058)
IND	控制	控制	控制	控制	控制	控制	控制	控制	控制	控制
YEAR	控制	控制	控制	控制	控制	控制	控制	控制	控制	控制

续表

	RD_t	大于 0.03%	小于 0.03%	RD_t	大于 0.33%	小于 0.33%	RD_t	RD_t	大于 0.10%	小于 0.10%
		RD_t	RD_t		RD_t	RD_t			RD_t	RD_t
_cons	0.056 *** (3.193)	0.049 (1.466)	0.054 *** (2.776)	0.055 *** (3.125)	-0.055 (-0.280)	0.040 *** (5.846)	0.054 *** (3.079)	0.055 *** (2.878)	0.224 ** (2.555)	0.041 ** (2.142)
N	8960	1083	7877	8960	107	8853	8960	8309	680	7629
adj. R^2	0.100	0.271	0.094	0.098	0.289	0.101	0.101	0.095	0.172	0.090
R^2	0.103	0.288	0.098	0.102	0.417	0.098	0.104	0.098	0.207	0.094
F	33.020	17.069	27.373	32.416	3.273	192.629	33.419	29.024	5.908	25.507
p	0.000	0.000	0.000	0.000	0.000	0.000	0.000	0.000	0.000	0.000

表 5-40　　高科技企业的科技创新补贴对于科技创新投入影响检验

	RD_t	小于 0.14%	小于 0.76%	小于 0.03%	RD_t	RD_t	小于 0.20%
		RD_t	RD_t	RD_t			RD_t
$QRDS_t$_HIND	0.773* (1.718)	3.641** (2.174)					
$QRDS_t$	-0.889*** (-2.761)	6.412*** (6.105)					
$QRDS_{t-1}$_HIND			0.759* (1.868)				
$QRDS_{t-1}$			1.859*** (6.410)				
$RDS01_t$_HIND				2.438** (2.407)			
$RDS01_t$				4.035*** (5.513)			
$RDS01_{t-1}$_HIND					0.679*** (2.603)		
$RDS01_{t-1}$					1.048*** (5.030)		
$RDS03_t$_HIND						3.719** (1.984)	
$RDS03_t$						0.931 (0.556)	
$RDS03_{t-1}$_HIND							7.111** (2.468)
$RDS03_{t-1}$							6.136** (2.535)
HIND	0.005** (2.174)	0.005*** (6.301)	0.005*** (6.032)	0.005*** (6.208)	0.006*** (7.334)	0.007*** (8.836)	0.006*** (8.025)
LA_{t-1}	0.019*** (4.194)	0.018*** (11.333)	0.020*** (11.418)	0.019*** (11.308)	0.020*** (10.893)	0.019*** (10.832)	0.020*** (10.825)
CFO_{t-1}	0.000 (0.183)	0.012*** (3.872)	0.007** (2.021)	0.009*** (2.791)	0.007* (1.837)	0.010*** (2.778)	0.008** (2.195)
AGE_{t-1}	-0.001*** (-7.058)	-0.001*** (-12.818)	-0.001*** (-11.710)	-0.001*** (-12.625)	-0.001*** (-12.451)	-0.001*** (-12.687)	-0.001*** (-12.315)
GOW_{t-1}	0.000 (0.102)	-0.001*** (-5.502)	-0.002*** (-4.544)	-0.001*** (-4.538)	-0.002*** (-4.361)	-0.002*** (-4.519)	-0.002*** (-4.485)
DV_{t-1}	-0.032 (-0.458)	-0.172 (-0.365)	0.143 (0.261)	-0.392 (-0.734)	-0.046 (-0.081)	0.107 (0.201)	-0.099 (-0.177)
$INGA_{t-1}$	0.007 (0.506)	0.008 (1.446)	0.014** (2.164)	0.009 (1.459)	0.019*** (2.825)	0.017*** (2.648)	0.015** (2.278)
$SIZE_{t-1}$	-0.003*** (-3.943)	-0.002*** (-8.793)	-0.002*** (-5.271)	-0.002*** (-7.966)	-0.002*** (-4.958)	-0.002*** (-6.717)	-0.002*** (-5.296)

续表

	RD_t	小于 0.14%	小于 0.76%	小于 0.03%	RD_t	RD_t	小于 0.20%
		RD_t	RD_t	RD_t			RD_t
LEV_{t-1}	-0.001** (-2.287)	-0.010*** (-14.562)	-0.020*** (-17.207)	-0.016*** (-16.165)	-0.022*** (-17.468)	-0.018*** (-16.697)	-0.021*** (-17.222)
IND	控制	控制	控制	控制	控制	控制	控制
YEAR	控制	控制	控制	控制	控制	控制	控制
_cons	0.053*** (2.977)	0.042*** (6.941)	0.024*** (3.460)	0.040*** (6.246)	0.024*** (3.334)	0.036*** (5.247)	0.026*** (3.648)
N	8960	6670	7866	7877	8309	8960	8149
adj. R^2	0.100	0.435	0.422	0.419	0.098	0.410	0.415
R^2	0.103	0.438	0.424	0.421	0.101	0.412	0.418
F	30.984	155.572	174.519	184.048	182.923	186.132	175.267
p	0.000	0.000	0.000	0.000	0.000	0.000	0.000

为了检验东西部地区企业获得的科技创新补贴对于科技创新投入的影响是否存在显著差异，本书引入科技创新补贴与东部地区企业的交互项，对科技创新补贴总体及各类科技创新补贴进行检验。具体的检验结果见表 5-41。由于篇幅所限，只列示了以当年科技创新补贴为自变量的方程，前一年科技创新补贴为自变量的方程结果与当年一致，相应门槛值以下的结果也与当年科技创新补贴为自变量的结果一致，因而未予列示。从表 5-41 可以看出，无论是科技创新补贴总体，还是分类的科技创新补贴，抑或是门槛值以下的科技创新补贴，其与东部地区企业的交互项系数均不显著，说明东部地区和西部地区企业所获科技创新补贴在对科技创新投入的影响方面并无显著差异。与假设 11b 不符。

表 5-41　　东部地区企业科技创新补贴对于科技创新投入影响检验

	RD_t	RD_t	RD_t	RD_t	RD_t	RD_t
$QRDS_t$_EST	0.573 (0.779)					
$QRDS_t$	-1.258* (-1.776)					
$RDS01_t$_EST		-1.080 (-0.751)				
$RDS01_t$		1.272 (0.902)				
$RDS02_t$_EST			0.449 (0.295)			

续表

	RD_t	RD_t	RD_t	RD_t	RD_t	RD_t
$RDS02_t$			−2.559* (−1.798)			
$RDS03_t$_EST				2.756 (1.159)		
$RDS03_t$				−3.231 (−1.475)		
$RDS04_t$_EST					0.404 (0.062)	
$RDS04_t$					−[illegible].420 (−0.228)	
$RDS05_t$_EST						1.002 (0.511)
$RDS05_t$						−3.802** (−2.015)
EST	0.006** (2.267)	0.007*** (2.802)	0.006** (2.487)	0.006** (2.537)	0.006*** (2.695)	0.006*** (2.709)
Control Variable	控制	控制	控制	控制	控制	控制
_cons	0.055*** (3.090)	0.050*** (2.815)	0.053*** (2.999)	0.052*** (2.946)	0.051*** (2.901)	0.051*** (2.886)
N	8960	8960	8960	8960	8960	8960
adj. R^2	0.100	0.099	0.101	0.099	0.099	0.102
R^2	0.104	0.102	0.104	0.102	0.102	0.105
F	31.100	29.791	31.250	30.739	30.669	31.672
p	0.000	0.000	0.000	0.000	0.000	0.000

为了检验不同发展阶段企业所获科技创新补贴对于科技创新投入的影响是否具有显著差异，本书将总样本分为成长期企业组、成熟期企业组和衰退期企业组进行检验。具体的检验结果见表 5－42。由于篇幅所限，表中仅列示了具有显著差异的方程。

从表 5－42 可以看出，在一定的门槛值下，成长期和成熟期企业的科技创新补贴项系数均显著为正，而衰退期企业的科技创新补贴系数为正却并不显著，说明成长期和成熟期企业获得的科技创新补贴对科技创新投入的影响更为显著。对于新产品和新技术研发类补贴和科技成果转化类补贴，成长期和成熟期企业的该类补贴项系数均显著为正，说明成长期和成熟期企业获得的这两类补贴对科技创新投入的影响更为显著。对于技术改进类补贴，成熟期企业的该类补贴项系数显著为正，而成长期和衰退期的该类补贴项系数则并不显著，说明成熟期企业获得的技术改进类补贴对于科技创新投入的提高作用较强。对于专利及科技奖励类补

表 5-42　不同发展阶段企业获得科技创新补贴对于科技创新投入的影响差异

	成长期	成熟期	衰退期	成长期	成熟期	衰退期	成长期	成熟期	衰退期	成长期	成熟期	衰退期	成长期	成熟期	衰退期
	小于 0.14%	小于 0.14%	小于 0.14%										小于 0.20%	小于 0.20%	小于 0.20%
	RD_t	RD_t	RD_t	RD_t	RD_t	RD_t	RD_t	RD_t	RD_t	RD_t	RD_t	RD_t	RD_t	RD_t	RD_t
$QRDS_t$	3.671** (2.398)	8.998*** (5.616)	5.675 (0.677)												
$RDS01_{t-1}$				2.629*** (5.305)	1.095*** (4.890)	1.810 (1.440)									
$RDS02_{t-1}$							-0.682 (-0.917)	0.623* (1.701)	0.298 (0.201)						
$RDS03_{t-1}$										7.355*** (6.226)	1.710*** (2.611)	0.278 (0.126)	11.763*** (2.791)	14.006*** (4.759)	10.362 (0.828)
LA_{t-1}	0.012*** (3.720)	0.018*** (5.654)	0.014 (1.075)	0.012** (1.985)	0.020*** (5.695)	0.018 (1.493)	0.013** (2.102)	0.022*** (5.843)	0.019 (1.607)	0.014** (2.152)	0.022*** (5.762)	0.019 (1.596)	0.015** (2.341)	0.021*** (5.606)	0.018 (1.475)
CFO_{t-1}	0.009 (1.384)	0.004 (1.479)	0.000 (0.025)	-0.001 (-0.045)	0.004 (1.155)	0.000 (-0.002)	-0.001 (-0.079)	0.004 (1.221)	0.000 (0.042)	0.001 (0.088)	0.004 (1.173)	0.000 (0.043)	0.001 (0.078)	0.004 (1.126)	0.000 (0.045)
AGE_{t-1}	0.000** (-2.242)	-0.001*** (-4.115)	-0.002** (-2.559)	0.000 (-1.143)	-0.001*** (-5.060)	-0.002*** (-3.600)	0.000* (-1.878)	-0.001*** (-5.238)	-0.002*** (-3.772)	0.000* (-1.746)	-0.001*** (-5.278)	-0.002*** (-3.777)	0.000 (-1.583)	-0.001*** (-5.322)	-0.002*** (-3.663)
GOW_{t-1}	-0.001 (-0.836)	0.000 (0.512)	0.000 (-0.534)	0.000 (-0.136)	0.000 (0.400)	0.000 (-0.573)	0.000 (-0.091)	0.000 (0.432)	0.000 (-0.571)	0.000 (-0.106)	0.000 (0.431)	0.000 (-0.571)	0.000 (-0.126)	0.000 (0.424)	0.000 (-0.562)
DV_{t-1}	-1.911 (-0.524)	-0.113 (-0.581)	-0.020 (-0.160)	0.079 (0.267)	0.000 (0.001)	-0.021 (-0.186)	0.102 (0.327)	-0.014 (-0.059)	-0.021 (-0.181)	0.115 (0.371)	-0.014 (-0.058)	-0.021 (-0.180)	0.096 (0.313)	-0.008 (-0.034)	-0.021 (-0.176)
$INGA_{t-1}$	0.022* (1.663)	-0.006 (-0.565)	-0.019 (-0.531)	0.064*** (3.160)	-0.001 (-0.066)	-0.017 (-0.497)	0.078*** (3.734)	-0.001 (-0.043)	-0.016 (-0.458)	0.073*** (3.531)	-0.001 (-0.067)	-0.016 (-0.453)	0.063*** (3.032)	-0.001 (-0.077)	-0.018 (-0.521)
$SIZE_{t-1}$	-0.003*** (-4.991)	-0.004*** (-7.360)	-0.002 (-0.680)	-0.001 (-1.178)	-0.003*** (-5.184)	-0.002 (-1.194)	-0.002 (-1.604)	-0.003*** (-5.424)	-0.002 (-1.105)	-0.002 (-1.555)	-0.003*** (-5.387)	-0.002 (-1.103)	-0.002* (-1.685)	-0.003*** (-5.447)	-0.002 (-1.080)
LEV_{t-1}	-0.018*** (-5.162)	-0.006*** (-4.255)	0.000 (-0.645)	-0.035*** (-5.655)	-0.008*** (-5.029)	-0.001 (-0.828)	-0.036*** (-5.629)	-0.008*** (-4.795)	-0.001 (-0.800)	-0.034*** (-5.252)	-0.008*** (-4.775)	-0.001 (-0.799)	-0.032*** (-5.105)	-0.007*** (-4.599)	0.000 (-0.788)
IND	控制	控制	控制	控制	控制	控制	控制	控制	控制	控制	控制	控制	控制	控制	控制
YEAR	控制	控制	控制	控制	控制	控制	控制	控制	控制	控制	控制	控制	控制	控制	控制

续表

	成长期	成熟期	衰退期	成长期	成熟期	衰退期	成长期	成熟期	衰退期	成长期	成熟期	衰退期	成长期	成熟期	衰退期
	小于 0.14%	小于 0.14%	小于 0.14%										小于 0.20%	小于 0.20%	小于 0.20%
	RD_t	RD_t	RD_t	RD_t	RD_t	RD_t	RD_t	RD_t	RD_t	RD_t	RD_t	RD_t	RD_t	RD_t	RD_t
_cons	0.059*** (4.173)	0.075*** (5.886)	0.033 (0.637)	0.045* (1.744)	0.051*** (3.717)	0.055 (1.141)	0.036 (1.338)	0.071*** (4.858)	0.049 (1.017)	0.032 (1.203)	0.071*** (4.820)	0.049 (1.016)	0.056** (2.126)	0.055*** (3.815)	0.050 (1.014)
N	1695	2560	2415	2180	3303	2826	2180	3303	2826	2180	3303	2826	2144	3224	2781
adj. R^2	0.486	0.414	0.007	0.309	0.392	0.025	0.290	0.371	0.024	0.302	0.372	0.024	0.283	0.375	0.023
R^2	0.496	0.421	0.021	0.319	0.398	0.035	0.300	0.377	0.034	0.312	0.378	0.034	0.293	0.381	0.034
F	50.984	57.328	1.555	32.350	69.493	3.260	29.681	63.788	3.183	31.427	63.991	3.182	28.269	63.366	3.088
p	0.000	0.000	0.025	0.000	0.000	0.000	0.000	0.000	0.000	0.000	0.000	0.000	0.000	0.000	0.000

贴、其他类补贴，不同发展阶段企业的该类补贴对科技创新投入的影响均不具有明显差异。综上所述，与衰退期企业相比，成长期和成熟期企业获得的科技创新补贴对于科技创新投入的提高作用更为显著。与假设 11c 基本相符。

为了检验金融危机期间企业所获科技创新补贴对科技创新投入的影响，本书引入科技创新补贴与金融危机变量的交互项，对科技创新补贴总体及各类科技创新补贴进行检验。具体的检验结果见表 5－43。由于篇幅所限，只列示了以当年科技创新补贴为自变量的方程，前一年科技创新补贴为自变量的方程结果与当年一致，未予列示。从表 5－43 可以看出，对于科技创新补贴整体而言，交互项无论在全样本方程还是门槛值以下的分组方程中均显著为负，说明金融危机对于科技创新补贴与科技创新投入的关系具有负向影响。在科技创新补贴的分类检验中，发现新产品和新技术研发类补贴和科技成果转化类补贴的交互项均显著为负，说明金融危机对这两类补贴与科技创新投入的关系具有负向影响；而技术改进类补贴、专利及科技奖励类补贴、其他类补贴的交互相则并不显著，说明金融危机对于这三类补贴与科技创新投入的关系并无显著影响。综上所述，与非金融危机期间相比，金融危机期间企业获得的科技创新补贴对于科技创新投入的提高作用会有所减弱。与假设 11d 相符。

表 5－43　金融危机对科技创新补贴与科技创新投入关系的影响

	RD_t	小于 0.14%	RD_t	小于 0.32%	RD_t	小于 0.33%
		RD_t		RD_t		RD_t
$QRDS_t\_FC$	－2.697*** (－4.034)	－15.448*** (－5.947)				
$QRDS_t$	－0.452** (－2.086)	9.686*** (10.923)				
$RDS01_t\_FC$			－4.434*** (－3.873)	－7.175*** (－5.005)		
$RDS01_t$			0.564* (1.828)	6.870*** (12.267)		
$RDS03_t\_FC$					－1.381 (－0.467)	－6.829** (－2.221)
$RDS03_t$					－0.775 (－0.857)	4.735*** (3.791)
FC	0.003 (0.713)	0.012*** (9.006)	0.002 (0.455)	0.013*** (9.480)	0.000 (－0.014)	－0.001 (－0.337)
LA_{t-1}	0.019*** (4.132)	0.017*** (10.900)	0.019*** (4.110)	0.018*** (10.853)	0.018*** (4.071)	0.018*** (10.303)
CFO_{t-1}	0.000 (0.171)	0.012*** (3.796)	0.000 (0.168)	0.010*** (2.827)	0.000 (0.205)	0.010*** (2.802)

续表

	RD_t	小于 0.14%	RD_t	小于 0.32%	RD_t	小于 0.33%
		RD_t		RD_t		RD_t
AGE_{t-1}	-0.001 *** (-7.346)	-0.001 *** (-12.728)	-0.001 *** (-7.169)	-0.001 *** (-12.631)	-0.001 *** (-7.117)	-0.001 *** (-12.654)
GOW_{t-1}	0.000 (0.117)	-0.001 *** (-5.315)	0.000 (0.116)	-0.001 *** (-4.280)	0.000 (0.116)	-0.002 *** (-4.224)
DV_{t-1}	-0.029 (-0.417)	-0.171 (-0.362)	-0.028 (-0.403)	-0.454 (-0.849)	-0.029 (-0.414)	0.197 (0.367)
$INGA_{t-1}$	0.006 (0.442)	0.007 (1.237)	0.006 (0.390)	0.007 (1.227)	0.006 (0.402)	0.016 ** (2.404)
$SIZE_{t-1}$	-0.003 *** (-4.266)	-0.002 *** (-9.249)	-0.003 *** (-4.076)	-0.002 *** (-8.391)	-0.003 *** (-4.114)	-0.002 *** (-7.213)
LEV_{t-1}	-0.001 ** (-2.458)	-0.011 *** (-14.576)	-0.001 ** (-2.336)	-0.016 *** (-16.433)	-0.001 ** (-2.319)	-0.018 *** (-17.012)
IND	控制	控制	控制	控制	控制	控制
YEAR	控制	控制	控制	控制	控制	控制
_cons	0.058 *** (3.273)	0.045 *** (7.290)	0.054 *** (3.077)	0.043 *** (6.639)	0.055 *** (3.109)	0.040 *** (5.824)
N	8960	6670	8960	8421	8960	8853
adj. R^2	0.101	0.431	0.100	0.416	0.098	0.403
R^2	0.104	0.434	0.103	0.418	0.102	0.405
F	31.370	153.200	30.938	181.885	30.452	181.236
p	0.000	0.000	0.000	0.000	0.000	0.000

（2）间接影响的检验。

为了检验外部融资是否具有中介效应，使科技创新补贴通过外部融资间接影响科技创新投入。本书运用中介效应分析方法建立回归方程进行检验。

根据前面的检验结果可知，在外部融资的两种融资方式中，只有权益融资能提高企业的科技创新投入，而债权融资对于企业的科技创新投入不具有提高作用。也就是说，即使科技创新补贴对于企业的债权融资具有提高作用，但是由于债权融资对于科技创新投入并不具有提高作用，因此，科技创新补贴不可能通过债权融资的中介作用提高企业的科技创新投入。只有当科技创新补贴对于权益融资具有提高作用时，科技创新补贴才会通过权益融资的中介作用提高企业的科技创新投入。即：科技创新补贴通过权益融资对企业科技创新投入的提高作用更加明显，与假设 10 一致。因而后面的检验，只须检验科技创新补贴是否能通过权益融资的中介作用，进而提高企业的科技创新投入。

首先，考察科技创新补贴总体通过外部融资对于科技创新投入的影响。根据前面可知，当企业获得的科技创新补贴低于总资产的0.07%时，科技创新补贴对于权益融资的提高作用较强。因此，本书以科技创新补贴低于总资产0.07%的企业为样本，考察科技创新补贴是否会通过权益融资的中介作用，进而提高企业的科技创新投入。具体的检验结果可见表5-44。

根据表5-44，科技创新补贴对于科技创新投入的影响系数显著为正，这说明科技创新补贴有助于提高科技创新投入。接着，科技创新补贴对于权益融资的影响系数也显著为正，说明科技创新补贴对于权益融资也具有提高作用。将科技创新补贴和权益融资同时放入方程中，以科技创新投入为因变量进行检验。此时，科技创新补贴系数和权益融资系数均显著为正。由此可见，中介效应显著。即：科技创新补贴通过提高企业的权益融资，进而提高了企业的科技创新投入。另外，Sobel检验的结果也说明了权益融资的中介效应是显著存在的。与假设8相符。

其次，检验不同类型的科技创新补贴通过外部融资的中介作用，对企业科技创新投入的影响是否具有差异。根据前面的检验可知，新产品和新技术研发类补贴、专利及科技奖励类补贴、其他类补贴对权益融资的提高作用并不显著。因此，这三类补贴通过外部融资提高科技创新投入的概率较小，在此不予考虑。

对于技术改进类补贴，根据前面的检验可知，当年获得的该类补贴数量占企业总资产比例小于0.61%时，该类补贴对于权益融资的提高作用较强。因此，本书以当年技术改进类补贴数量占总资产比例小于0.61%的企业为样本，进行中介效应检验。具体的检验结果列示于表5-44。从表5-44可以看出，技术改进类补贴不能通过权益融资的中介作用提高企业的科技创新投入。这是因为，虽然技术改进类补贴对于权益融资的影响系数显著为正，但是，其对于科技创新投入的影响系数却为-1.770，且并不显著。这一关系不显著，已经说明了中介效应不显著。另外，将技术改进类补贴和权益融资同时放入方程后，技术改进类补贴系数和权益融资系数也均不显著。由此可见，技术改进类补贴通过权益融资对科技创新投入的提高作用并不显著。与假设9不符。

对于科技成果转化类补贴，当年的科技成果转化类补贴对于权益融资具有较强的提高作用，尤其是当该类补贴数值占企业总资产的比例小于0.14%时。因此，本书以科技成果转化类补贴数值占总资产比例小于0.14%的企业为样本，对权益融资的中介作用进行检验。具体的检验结果列示于表5-44。从表中可以看出，科技成果转化类补贴对于科技创新投入的影响系数显著为正，对于权益融资的影响系数也显著为正。接着，将科技成果转化类补贴和权益融资同时放入方程，发现科技成果转化类补贴系数和权益融资系数也均显著为正。对这一中介效应模型计算的Sobel值为2.457，p值为0.014。由此可见，权益融资的中介效应

表 5-44　　科技创新补贴通过外部融资对科技创新投入的影响

	小于 0.07%	小于 0.07%	小于 0.07%	小于 0.61%	小于 0.61%	小于 0.61%	小于 0.14%	小于 0.14%	小于 0.14%
	RD_t	ET_t	RD_t	RD_t	ET_t	RD_t	RD_t	ET_t	RD_t
$QRDS_t$	15.236*** (6.049)	18.036** (2.224)	15.033*** (5.969)						
$RDS02_t$				-2.315* (-1.948)	2.910* (1.675)	-2.302* (-1.937)			
$RDS03_t$							10.967*** (4.007)	15.303** (2.471)	10.806*** (3.948)
ET_t			0.011*** (2.739)			-0.004 (-0.600)			0.011** (2.193)
$SIZE_{t-1}$	-0.002*** (-6.292)	-0.007*** (-5.475)	-0.002*** (-6.080)	-0.003*** (-4.076)	-0.008*** (-7.380)	-0.003*** (-4.112)	-0.002*** (-5.663)	-0.001* (-1.664)	-0.002*** (-5.622)
LEV_{t-1}	-0.001*** (-5.169)	-0.001*** (-2.636)	-0.001*** (-5.073)	-0.001** (-2.313)	-0.001** (-2.518)	-0.001** (-2.325)	-0.001*** (-5.200)	0.000 (-0.920)	-0.001*** (-5.178)
$INGA_{t-1}$	0.004 (0.617)	0.020 (0.912)	0.004 (0.584)	0.005 (0.359)	0.041* (1.930)	0.005 (0.371)	0.010 (1.418)	0.020 (1.257)	0.010 (1.387)
CFO_{t-1}	0.000 (0.439)	0.000 (0.185)	0.000 (0.432)	0.000 (0.184)	0.001 (0.444)	0.000 (0.185)	0.000 (0.711)	0.000 (-0.145)	0.000 (0.714)
AGE_{t-1}	-0.001*** (-10.048)	-0.002*** (-5.657)	-0.001*** (-9.822)	-0.001*** (-7.288)	-0.001*** (-5.315)	-0.001*** (-7.310)	-0.001*** (-12.914)	-0.001*** (-4.865)	-0.001*** (-12.782)
GOW_{t-1}	0.000 (0.175)	0.000 (0.475)	0.000 (0.158)	0.000 (0.118)	0.000 (0.473)	0.000 (0.122)	0.000 (0.166)	0.000 (0.296)	0.000 (0.159)
DV_{t-1}	-0.019 (-0.918)	-0.020 (-0.297)	-0.019 (-0.908)	-0.029 (-0.406)	-0.030 (-0.443)	-0.029 (-0.408)	-0.017 (-0.760)	0.010 (-0.191)	-0.017 (-0.756)
LA_{t-1}	0.017*** (7.285)	-0.020*** (-2.697)	0.017*** (7.379)	0.018*** (3.955)	-0.025*** (-3.769)	0.018*** (3.929)	0.019*** (8.687)	-0.018*** (-3.678)	0.019*** (8.769)
IND	控制	控制	控制	控制	控制	控制	控制	控制	控制

续表

	小于 0.07%	小于 0.07%	小于 0.07%	小于 0.61%	小于 0.61%	小于 0.61%	小于 0.14%	小于 0.14%	小于 0.14%
	RD_t	ET_t	RD_t	RD_t	ET_t	RD_t	RD_t	ET_t	RD_t
YEAR	控制	控制	控制	控制	控制	控制	控制	控制	控制
_cons	0.040*** (4.533)	0.186*** (6.522)	0.038*** (4.285)	0.055*** (3.108)	0.218*** (8.525)	0.056*** (3.151)	0.032*** (3.785)	0.060*** (3.108)	0.032*** (3.710)
N	5897	5897	5897	8862	8862	8862	8725	8725	8725
adj. R^2	0.242	0.047	0.243	0.100	0.045	0.100	0.275	0.032	0.276
R^2	0.246	0.052	0.247	0.103	0.048	0.103	0.278	0.035	0.278
F	59.473	10.051	57.962	31.496	14.012	30.550	101.628	9.653	98.739
p	0.000	0.000	0.000	0.000	0.000	0.000	0.000	0.000	0.000
Sobel z			1.727			-0.565			2.457
p - value			0.084			0.572			0.014

显著，科技成果转化类补贴可以提高企业的权益融资，并以此为中介进而提高企业的科技创新投入。与假设 9 不符。

最后，检验行业因素、地区因素、企业发展阶段以及危机因素的差异，对于科技创新补贴通过外部融资对科技创新投入的影响是否具有显著差异。

对高科技企业和非高科技企业的检验，以科技创新补贴数量占总资产比例在 0.07% 以下的企业为样本，将其分为高科技企业组和非高科技企业组，分别运用中介效应模型进行检验。具体的检验结果见表 5－45。

表 5－45 行业因素对科技创新补贴通过外部融资对科技创新投入影响的检验

	高科技	高科技	高科技	非高科技	非高科技	非高科技
	RD_t	ET_t	RD_t	RD_t	ET_t	RD_t
$QRDS_t$	16.394*** (3.931)	29.734** (2.226)	15.860*** (3.802)	9.844 (1.114)	18.977* (1.804)	9.963 (1.127)
ET_t			0.018** (2.216)			-0.006 (-0.473)
$SIZE_{t-1}$	0.001 (0.770)	-0.005** (-2.356)	0.001 (0.921)	-0.004*** (-2.970)	-0.007*** (-4.843)	-0.004*** (-2.998)
LEV_{t-1}	0.000** (-2.369)	-0.001 (-1.360)	0.000** (-2.301)	0.000 (-0.167)	-0.001 (-0.772)	0.000 (-0.172)
$INGA_{t-1}$	0.033*** (2.681)	-0.037 (-0.958)	0.034*** (2.744)	-0.021 (-0.921)	0.003 (0.123)	-0.021 (-0.919)
CFO_{t-1}	0.000 (0.593)	0.000 (-0.055)	0.000 (0.605)	0.003 (0.429)	0.011 (1.204)	0.003 (0.438)
AGE_{t-1}	-0.001*** (-7.940)	-0.002*** (-3.237)	-0.001*** (-7.749)	-0.001** (-2.283)	-0.001*** (-2.890)	-0.001** (-2.300)
GOW_{t-1}	0.000*** (-2.709)	0.000 (1.382)	0.000*** (-2.787)	0.000 (0.114)	0.000 (0.333)	0.000 (0.116)
DV_{t-1}	-0.009 (-0.158)	-0.024 (-0.132)	-0.008 (-0.151)	-0.030 (-0.288)	-0.030 (-0.406)	-0.030 (-0.289)
LA_{t-1}	0.027*** (6.215)	-0.048*** (-3.428)	0.028*** (6.396)	0.011 (1.445)	-0.018** (-1.982)	0.011 (1.432)
IND	控制	控制	控制	控制	控制	控制
YEAR	控制	控制	控制	控制	控制	控制
_cons	0.010 (0.596)	0.196*** (3.911)	0.006 (0.358)	0.076*** (2.586)	0.214*** (6.225)	0.078*** (2.620)
N	1616	1616	1616	4281	4281	4281
adj. R^2	0.361	0.037	0.363	0.014	0.043	0.014
R^2	0.368	0.047	0.370	0.021	0.050	0.021
F	51.758	4.481	49.282	2.983	7.176	2.896
p	0.000	0.000	0.000	0.000	0.000	0.000
Sobel z			2.222			0.956
Sobel p-value			0.026			0.339

从表 5 - 45 可以看出，在高科技企业组中，科技创新补贴对科技创新投入的影响系数显著为正，对权益融资的影响系数也显著为正。当科技创新补贴和权益融资同时放入方程后，科技创新补贴系数以及权益融资系数也均显著为正。这说明中介效应显著（Sobel 检验也证实了这一结论）。然而，在非高科技企业组中，科技创新补贴对于科技创新投入的影响系数并不显著，说明中介效应不显著，随后的 Sobel 检验也证明了这一结论。另外，对科技成果转化类补贴进行的检验发现，两组样本的中介效应并不存在显著差异，由于篇幅所限，在此并未列示。综上所述，高科技企业科技创新补贴可以更好地通过权益融资的中介作用提高企业的科技创新投入。与假设 11a 相符。

为了检验西部地区企业和东部地区企业科技创新补贴通过外部融资对科技创新投入的影响是否具有显著差异，本书以科技创新补贴数量占总资产比例在 0.07% 以下的企业为样本，将样本分为东部地区企业组和西部地区企业组，分别运用中介效应模型进行检验。具体的检验结果见表 5 - 46。

表 5 - 46　　东西部地区的中介效应比较

	东部	东部	东部	西部	西部	西部
	RD_t	ET_t	RD_t	RD_t	ET_t	RD_t
$QRDS_t$	16.248 *** (6.303)	15.989 * (1.694)	16.171 *** (6.272)	13.405 (1.127)	25.954 (1.090)	13.408 (1.126)
ET_t			0.005 (1.245)			0.000 (-0.006)
$SIZE_{t1}$	-0.002 *** (-5.900)	-0.009 *** (-6.557)	-0.002 *** (-5.749)	-0.005 *** (-2.880)	-0.005 (-1.598)	-0.005 *** (-2.874)
LEV_{t1}	-0.001 *** (-3.068)	-0.001 (-1.605)	-0.001 *** (-3.038)	0.000 (-1.018)	0.000 (-0.547)	0.000 (-1.018)
$INGA_{t1}$	0.001 (0.156)	0.027 (1.046)	0.001 (0.140)	-0.022 (-0.775)	-0.091 (-1.571)	-0.022 (-0.774)
CFO_{t1}	0.000 (0.160)	0.000 (0.008)	0.000 (0.163)	-0.001 (-0.116)	0.049 ** (2.335)	-0.001 (-0.115)
AGE_{t1}	-0.001 *** (-9.045)	-0.002 *** (-5.053)	-0.001 *** (-8.939)	0.000 (-0.911)	-0.001 (-1.149)	0.000 (-0.910)
GOW_{t1}	0.000 (-0.204)	0.000 (0.176)	0.000 (-0.207)	0.000 (-0.120)	0.000 (0.183)	0.000 (-0.120)
DV_{t1}	-0.027 (-0.898)	-0.025 (-0.356)	-0.026 (-0.897)	0.487 (0.535)	-1.613 (-0.884)	0.487 (0.534)
LA_{t1}	0.015 *** (6.294)	-0.025 *** (-2.783)	0.016 *** (6.338)	0.019 ** (2.003)	-0.036 * (-1.898)	0.019 ** (2.000)
IND	控制	控制	控制	控制	控制	控制
YEAR	控制	控制	控制	控制	控制	控制

续表

	东部	东部	东部	西部	西部	西部
	RD_t	ET_t	RD_t	RD_t	ET_t	RD_t
_cons	0.040 *** (4.264)	0.260 *** (7.691)	0.039 *** (4.094)	0.085 ** (2.252)	0.166 ** (2.216)	0.085 ** (2.247)
N	5016	5016	5016	881	881	881
adj. R^2	0.324	0.048	0.324	0.021	0.035	0.020
R^2	0.328	0.054	0.328	0.052	0.066	0.052
F	75.368	8.890	73.139	1.659	2.147	1.600
p	0.000	0.000	0.000	0.018	0.001	0.024
Sobel z			0.995			-0.006
Sobel p - value			0.320			0.995

从表 5-46 可以看出，对于东部地区企业组，科技创新补贴对科技创新投入的影响系数显著为正，对权益融资的影响系数也显著为正。但是，将科技创新补贴和权益融资同时放入方程后，科技创新补贴对于科技创新投入的影响系数虽然显著为正，而权益融资对于科技创新投入的影响系数则并不显著。进一步的 Sobel 检验显示，中介效应并不显著。对于西部地区企业组，科技创新补贴对科技创新投入的影响系数不显著，说明中介效应不显著，随后的 Sobel 检验也证明了这一结论。另外，通过对东西部地区企业科技成果转化类补贴进行的检验发现，两者的中介效应并不存在显著差异，由于篇幅所限，在此并未列示。综上所述，东部地区和西部地区企业的科技创新补贴在通过外部融资的中介效应提高企业的科技创新投入方面，不存在显著差异，与假设 11b 不符。

为了检验处于不同发展阶段企业的科技创新补贴通过外部融资对科技创新投入的影响是否具有显著差异，本书选择科技创新补贴数量占总资产比例在 0.07% 以下的企业为样本，并将样本分为成熟期企业组和非成熟期企业组（成长期和衰退企业均属于该组），分别运用中介效应模型进行检验。具体的检验结果见表 5-47。

表 5-47　　不同发展阶段企业的中介效应比较

	成熟期	成熟期	成熟期	非成熟期	非成熟期	非成熟期
	RD_t	ET_t	RD_t	RD_t	ET_t	RD_t
$QRDS_t$	12.899 *** (4.955)	34.060 *** (3.268)	12.516 *** (4.800)	17.889 *** (4.807)	3.792 (0.348)	17.806 *** (4.793)
ET_t			0.010 ** (2.061)			0.020 *** (3.592)

续表

	成熟期	成熟期	成熟期	非成熟期	非成熟期	非成熟期
	RD_t	ET_t	RD_t	RD_t	ET_t	RD_t
$SIZE_{t-1}$	-0.003 *** (-7.592)	-0.009 *** (-4.606)	-0.003 *** (-7.347)	-0.002 *** (-4.154)	-0.006 *** (-3.664)	-0.002 *** (-3.902)
LEV_{t-1}	-0.004 *** (-3.823)	-0.002 (-1.181)	-0.004 *** (-3.901)	0.000 *** (-3.078)	-0.001 ** (-2.116)	0.000 *** (-2.968)
$INGA_{t-1}$	-0.011 (-1.316)	0.031 (0.843)	-0.012 (-1.352)	0.009 (1.016)	0.003 (0.115)	0.009 (1.015)
CFO_{t-1}	0.004 * (1.770)	-0.008 (-0.859)	0.004 * (1.816)	0.000 (-0.070)	0.001 (0.391)	0.000 (-0.082)
AGE_{t-1}	0.000 *** (-4.416)	0.000 (0.311)	0.000 *** (-4.432)	-0.001 *** (-7.658)	-0.002 *** (-6.351)	-0.001 *** (-7.256)
GOW_{t-1}	0.000 (0.601)	0.000 (0.439)	0.000 (0.582)	0.000 (-1.322)	0.000 (-0.130)	0.000 (-1.315)
DV_{t-1}	-0.038 (-0.254)	-0.327 (-0.496)	-0.035 (-0.231)	-0.025 (-0.720)	-0.006 (-0.096)	-0.025 (-0.719)
LA_{t-1}	0.013 *** (4.688)	-0.016 (-1.365)	0.013 *** (4.750)	0.017 *** (5.266)	-0.024 ** (-2.546)	0.017 *** (5.416)
IND	控制	控制	控制	控制	控制	控制
YEAR	控制	控制	控制	控制	控制	控制
_cons	0.067 *** (6.356)	0.223 *** (4.862)	0.065 *** (6.103)	0.033 *** (2.596)	0.160 *** (4.506)	0.029 ** (2.301)
N	2215	2215	2215	3682	3682	3682
adj. R^2	0.389	0.074	0.390	0.197	0.046	0.199
R^2	0.398	0.088	0.399	0.204	0.054	0.207
F	43.008	6.274	41.899	28.593	6.444	28.210
p	0.000	0.000	0.000	0.000	0.000	0.000
Sobel z			1.719			0.347
Sobel p-value			0.086			0.728

从表 5-47 可以看出，对于成熟期企业，科技创新补贴对科技创新投入的影响系数显著为正，对权益融资的影响系数也显著为正，而且当科技创新补贴和权益融资同时放入方程后，科技创新补贴系数以及权益融资系数也均显著为正。这说明中介效应显著（Sobel 检验也证实了这一结论）。但是，对于成长期和衰退期企业组，科技创新补贴对于权益融资的影响系数并不显著，随后进行的 Sobel 检验也显示中介效应并不显著。由此可见，成熟期企业的科技创新补贴可以更好地通过权益融资的中介作用，进而提高企业的科技创新投入。与假设 11c 不符。

为了检验金融危机期间和非金融危机期间，科技创新补贴通过外部融资对科技创新投入的影响是否具有显著差异，本书以科技创新补贴数量占总资产比例在0.07%以下的企业为样本，将样本分为金融危机期间组和非金融危机期间组，分别运用中介效应模型进行检验。具体的检验结果见表 5－48。

表 5－48　　金融危机期间与非金融危机期间中介效应比较

	危机	危机	危机	非危机	非危机	非危机
	RD_t	ET_t	RD_t	RD_t	ET_t	RD_t
$QRDS_t$	－24.148 (－0.623)	9.179 (0.373)	－24.300 (－0.627)	15.682*** (4.858)	18.302* (1.897)	15.540*** (4.874)
ET_t			0.015 (0.318)			－0.003 (－0.641)
$SIZE_{t-1}$	－0.005 (－0.926)	－0.010*** (－3.351)	－0.004 (－0.884)	－0.003*** (－5.067)	－0.009*** (－5.901)	－0.003*** (－5.103)
LEV_{t-1}	0.000 (－0.396)	－0.001*** (－2.700)	0.000 (－0.374)	－0.001*** (－3.416)	－0.001 (－1.169)	－0.001*** (－3.425)
$INGA_{t-1}$	－0.053 (－0.695)	0.087* (1.798)	－0.054 (－0.709)	0.006 (0.645)	－0.022 (－0.779)	0.006 (0.638)
CFO_{t-1}	0.000 (－0.104)	0.000 (－0.075)	0.000 (－0.101)	0.003 (1.198)	0.006 (0.942)	0.003 (1.205)
AGE_{t-1}	－0.002 (－1.433)	－0.004*** (－5.240)	－0.002 (－1.370)	－0.001*** (－7.080)	－0.001*** (－3.393)	－0.001*** (－7.102)
GOW_{t-1}	0.000 (0.080)	0.000 (0.559)	0.000 (0.075)	0.000 (0.085)	0.000 (0.360)	0.000 (0.089)
DV_{t-1}	－0.151 (－0.129)	－0.029 (－0.039)	－0.151 (－0.129)	－0.023 (－0.603)	－0.028 (－0.383)	－0.023 (－0.605)
LA_{t-1}	0.000 (－0.006)	0.013 (0.763)	0.000 (－0.014)	0.019*** (5.897)	－0.039*** (－4.175)	0.019*** (5.851)
IND	控制	控制	控制	控制	控制	控制
YEAR	控制	控制	控制	控制	控制	控制
_cons	0.133 (1.169)	0.263*** (3.778)	0.129 (1.121)	0.041*** (3.445)	0.273*** (7.739)	0.042*** (3.495)
N	1129	1129	1129	4768	4768	4768
adj. R^2	－0.013	0.062	－0.013	0.225	0.048	0.225
R^2	0.010	0.082	0.010	0.230	0.054	0.230
F	0.448	3.961	0.435	46.810	8.944	45.307
p	0.992	0.000	0.994	0.000	0.000	0.000
Sobel z			0.242			－0.674
Sobel p-value			0.808			0.485

从表5-48可以看出，在金融危机时期，科技创新补贴对于科技创新投入的影响系数为负，且并不显著，说明中介效应并不显著，Sobel检验也证实了这一点。在非金融危机期间，科技创新补贴对于科技创新投入的影响系数显著为正，对于权益融资的影响系数也显著为正，但是，将科技创新补贴和权益融资同时放入方程后，科技创新补贴对于科技创新投入的影响系数虽然显著为正，权益融资对于科技创新投入的影响系数却为负，且并不显著。进一步的Sobel检验显示，中介效应并不显著。另外，对科技成果转化类补贴进行的检验也得到类似结论，由于篇幅所限，在此并未列示。综上所述，金融危机期间企业所获科技创新补贴不能通过外部融资的中介效应提高企业的科技创新投入。因此，与假设11d相符。

5.4 稳健性检验

为了检验以上结果的稳健性，本书主要从以下几个方面进行了稳健性检验：

（1）运用科技创新补贴的绝对值数据检验其对外部融资以及科技创新投入的影响。本书选取科技创新补贴数量的ln值作为科技创新补贴的替代变量（lnRDS），进行相关的检验。首先对科技创新补贴总体进行初步检验，然后进行门槛回归检验，确定门槛值，并根据门槛值对全部面板数据进行分组检验。由于篇幅所限，本书仅列示按门槛值分组后，科技创新补贴系数显著为正的结果。具体结果可见表5-49。从表中可知，总体而言，科技创新补贴对于权益融资的提高作用较强，且当年的科技创新补贴绝对数小于12.583时，其对于权益融资具有正向的提高作用。由此可见，科技创新补贴对于权益融资的影响存在门槛效应，与前面的结果一致。

表5-49　　科技创新补贴对外部融资影响检验

	EDT_t	EDT_t	DT_t	DT_t	ET_t	ET_t	ET_t大于12.583	ET_t小于12.583
$lnRDS_t$	0.0002 (0.613)		0.0002 (-0.792)		0.0004** (2.454)		0.002 (1.344)	0.001* (1.777)
$lnRDS_{t-1}$		0.000 (0.325)		0.0005 (1.576)		0.0004* (-1.888)		
LA_{t-1}	-0.147*** (-11.539)	-0.164*** (-12.264)	-0.125*** (-11.412)	-0.140*** (-12.247)	-0.023*** (-3.350)	-0.025*** (-3.443)	-0.023* (-1.943)	-0.004*** (-2.949)
CFO_{t-1}	-0.001 (-0.357)	-0.001 (-0.328)	-0.002 (-0.760)	-0.002 (-0.732)	0.001 (0.557)	0.001 (0.547)	0.156*** (6.699)	-0.001** (-2.145)

续表

	EDT_t	EDT_t	DT_t	DT_t	ET_t	ET_t	ET_t大于12.583	ET_t小于12.583
DV_{t-1}	-0.044 (-0.331)	-0.054 (-0.403)	-0.005 (-0.044)	-0.014 (-0.127)	-0.039 (-0.557)	-0.039 (-0.548)	[illegible].587 (1.385)	0.015 (0.716)
$INGA_{t-1}$	-0.075* (-1.826)	-0.062 (-1.450)	-0.102*** (-2.881)	-0.093** (-2.529)	0.026 (1.220)	0.030 (1.303)	0.127*** (2.864)	0.000 (-0.140)
$SIZE_{t-1}$	0.047*** (21.591)	0.046*** (20.426)	0.056*** (30.050)	0.055*** (28.509)	-0.009*** (-7.882)	-0.009*** (-7.091)	-0.022*** (-10.213)	-0.033 (-0.545)
LEV_{t-1}	0.003*** (3.594)	0.003*** (3.822)	0.004*** (5.892)	0.004*** (6.065)	-0.001*** (-2.759)	-0.001** (-2.483)	0.089*** (10.226)	0.003 (0.364)
IND	控制	控制	控制	控制	控制	控制	控制	控制
YEAR	控制	控制	控制	控制	控制	控制	控制	控制
_cons	-0.614*** (-12.309)	-0.590*** (-11.377)	-0.846*** (-19.782)	-0.813*** (-18.429)	0.231*** (8.807)	0.223*** (7.981)	0.417*** (8.989)	0.114*** (4.060)
N	8960	8309	8960	8309	8960	8309	4324	4636
adj. R^2	0.104	0.104	0.157	0.158	0.045	0.046	0.094	0.053
R^2	0.107	0.107	0.160	0.161	0.048	0.049	0.100	0.059
F	35.817	34.478	56.838	55.174	15.062	14.889	15.986	4.166
p	0.000	0.000	0.000	0.000	0.000	0.000	0.000	0.000

为了考察科技创新补贴的种类对外部融资的影响，本书分别对不同类型的科技创新补贴进行了分别检验。检验结果表明，新产品与新技术研发类补贴、专利及科技奖励类补贴、其他类补贴的信号作用均不明显。对于技术改进类补贴、科技成果转化类补贴的检验，结果显示其对外部融资均具有提高作用，与前面结果一致。

本书运用中介效应模型，检验了科技创新补贴通过外部融资对企业科技创新投入的间接影响。检验结果见表5-50。

表5-50　中介效应检验结果

	RD_t	ET_t	RD_t	RD_t	ET_t	RD_t
$lnRDS_t$	0.00037*** (6.299)	0.00025 (1.471)	0.00037*** (6.264)			
$lnRDS03_t$				0.00026*** (2.675)	0.00050* (1.834)	0.00026*** (2.624)
ET_t			0.008** (2.213)			0.010*** (2.596)
$SIZE_{t-1}$	-0.003*** (-7.309)	-0.007*** (-6.858)	-0.003*** (-7.127)	-0.002*** (-6.480)	-0.007*** (-6.563)	-0.002*** (-6.282)

续表

	RD_t	ET_t	RD_t	RD_t	ET_t	RD_t
LEV_{t-1}	-0.001*** (-5.389)	-0.001** (-2.426)	-0.001*** (-5.331)	-0.001*** (-5.394)	-0.001** (-2.401)	-0.001*** (-5.326)
$INGA_{t-1}$	0.013* (1.817)	0.045** (2.225)	0.012* (1.764)	0.011 (1.524)	0.041** (2.059)	0.010 (1.466)
CFO_{t-1}	0.000 (0.668)	0.001 (0.446)	0.000 (0.657)	0.000 (0.721)	0.001 (0.471)	0.000 (0.708)
AGE_{t-1}	-0.001*** (-12.814)	-0.001*** (-5.364)	-0.001*** (-12.669)	-0.001*** (-13.570)	-0.001*** (-5.753)	-0.001*** (-13.388)
GOW_{t-1}	0.000 (0.222)	0.000 (0.511)	0.000 (0.210)	0.000 (0.200)	0.000 (0.525)	0.000 (0.186)
DV_{t-1}	-0.017 (-0.762)	-0.026 (-0.398)	-0.017 (-0.753)	-0.017 (-0.760)	-0.023 (-0.361)	-0.017 (-0.750)
LA_{t-1}	0.020*** (8.847)	-0.021*** (-3.385)	0.020*** (8.921)	0.020*** (8.724)	-0.020*** (-3.126)	0.020*** (8.806)
IND	控制	控制	控制	控制	控制	控制
YEAR	控制	控制	控制	控制	控制	控制
_cons	0.045*** (5.216)	0.184*** (7.493)	0.044*** (5.024)	0.040*** (4.611)	0.172*** (7.143)	0.038*** (4.401)
N	8960	8960	8960	8960	8960	8960
adj. R^2	0.282	0.048	0.283	0.281	0.049	0.281
R^2	0.285	0.052	0.285	0.283	0.053	0.284
F	109.984	15.040	106.847	107.689	15.181	104.699
p	0.000	0.000	0.000	0.000	0.000	0.000
Sobel z			1.824			2.000
Sobel p-value			0.068			0.046

由表5-50可知，科技创新补贴以及科技成果转化类补贴的中介效应均显著，且均通过了Sobel检验。这说明科技创新补贴和科技成果转化类补贴能通过提高企业的权益融资，进而提高企业的科技创新投入。与前面的检验结果一致，说明前面的检验结果是稳健的。

（2）运用资产负债表中的相关数据计量外部融资。具体而言，以资产负债表中披露的长期借款与短期借款的变化值之和（DTC_t）度量债务融资，以资产负债表中披露的外部权益（所有者权益减去留存收益）的变化值（ETC_t）度量权益融资。

本书列示了全样本以及分组样本中科技创新补贴对权益融资具有提高作用的分组检验结果，见表5-51。结果与前面的研究结果一致。

表 5 - 51　　科技创新补贴对于权益融资提高作用检验结果

	总体	大于 0.07%	小于 0.07%	总体	大于 0.61%	小于 0.61%	总体
	ETC_t	ETC_t	ETC_t	ETC_t	ETC_t	ETC_t	ETC_t
$QRDS_t$	-0.231 (-0.264)	-0.262 (-0.911)	14.840 * (1.764)				
$RDS02_t$				0.278 (0.130)	-1.794 (-1.611)	2.702 * (1.666)	
$RDS03_t$							2.968 ** (2.289)
LA_{t-1}	0.029 (1.596)	0.041 *** (3.775)	0.044 *** (5.947)	0.029 (1.594)	-0.013 (-0.251)	0.049 *** (8.340)	0.048 *** (7.746)
CFO_{t-1}	-0.043 *** (-9.817)	0.051 ** (2.409)	0.004 *** (2.635)	-0.043 *** (-9.819)	0.136 (1.622)	0.004 *** (2.321)	0.004 *** (2.733)
DV_{t-1}	-0.193 (-1.045)	-0.970 (-0.927)	-0.027 (-0.402)	-0.193 (-1.043)	-4.272 (-0.499)	-0.036 (-0.606)	-0.045 (-0.710)
$INGA_{t-1}$	-0.074 (-1.291)	-0.045 (-1.077)	0.031 (1.376)	-0.074 (-1.293)	-0.328 * (-1.736)	0.007 (0.351)	0.017 (0.849)
$SIZE_{t-1}$	-0.023 *** (-7.536)	-0.016 *** (-7.930)	0.000 (0.185)	-0.023 *** (-7.529)	0.004 (0.318)	-0.002 (-1.543)	-0.004 *** (-3.592)
LEV_{t-1}	0.004 *** (4.196)	-0.036 *** (-4.530)	-0.001 ** (-2.149)	0.004 *** (4.208)	-0.128 *** (-3.020)	-0.001 *** (-2.707)	-0.001 *** (-3.250)
IND	控制	控制	控制	控制	控制	控制	控制
YEAR	控制	控制	控制	控制	控制	控制	控制
_cons	0.486 *** (7.012)	0.360 *** (8.151)	0.005 (0.184)	0.485 *** (7.004)	0.046 (0.171)	0.032 (1.387)	0.080 *** (3.355)
N	8960	3063	5897	8960	98	8862	8960
adj. R^2	0.034	0.066	0.021	0.034	0.248	0.042	0.044
R^2	0.037	0.074	0.026	0.037	0.402	0.045	0.048
F	11.289	8.367	5.152	11.288	2.617	7.360	8.320
p	0.000	0.000	0.000	0.000	0.002	0.000	0.000

检验不同科技创新补贴类型对外部融资的影响。根据前面的研究结果可知，新产品与新技术研发类补贴、专利及科技奖励类补贴、其他类补贴对于外部融资的提高作用均不明显，运用资产负债表数据计量的外部融资指标进行检验，也得到了相同的结论。从表 5 - 51 可知，技术改进类补贴和科技成果转化类补贴均对权益融资具有提高作用。与前面结果一致。

对科技创新补贴数量低于企业总资产 0.07% 的样本进行中介效应检验，检验的结果见表 5 - 52。从表中可以看出，当科技创新补贴数量低于企业总资产的 0.07% 时，科技创新补贴可以提高企业的权益融资，并以此为中介进一步提高企业的科技创新投入。与前面的检验结果一致。另外，本书还检验了科技成果转化类补贴通过外部融资对科技创新投入的影响，中介效应的结果并不显著，与前面的结果有所差异。但是，总体而言，当以资产负债表的相关数据计量外部融资时，结果与以现金流量表计量外部融资的结果基本相同。

表 5-52　　以资产负债表数据计量的外部融资的中介效应检验

	RD_t	ETC_t	RD_t
$QRDS_t$	15.221 *** (5.828)	13.869 * (1.667)	15.037 *** (5.761)
ETC_t			0.013 *** (3.176)
$SIZE_{t-1}$	-0.002 *** (-6.096)	0.001 (0.491)	-0.002 *** (-6.118)
LEV_{t-1}	-0.001 *** (-4.917)	-0.001 (-1.521)	-0.001 *** (-4.856)
$INGA_{t-1}$	0.001 (0.166)	0.023 (1.054)	0.001 (0.121)
CFO_{t-1}	0.000 (0.313)	0.004 *** (2.677)	0.000 (0.200)
AGE_{t-1}	-0.001 *** (-9.800)	-0.002 *** (-6.749)	-0.001 *** (-9.486)
GOW_{t-1}	0.000 (0.149)	0.000 (0.438)	0.000 (0.131)
DV_{t-1}	-0.019 (-0.932)	-0.007 (-0.112)	-0.019 (-0.928)
LA_{t-1}	0.017 *** (7.173)	0.036 *** (4.845)	0.016 *** (6.959)
IND	控制	控制	控制
YEAR	控制	控制	控制
_cons	0.039 *** (4.377)	0.016 (0.550)	0.039 *** (4.357)
N	5897	5897	5897
adj. R^2	0.241	0.027	0.242
R^2	0.245	0.033	0.246
F	57.958	6.045	56.596
p	0.000	0.000	0.000
Sobel z			1.665
Sobel p-value			0.096

（3）对科技创新补贴采用虚拟变量进行计量。借鉴 Meuleman 和 Maeseneire（2012）的方法，选择两个会计年度的数据来定义是否获得科技创新补贴（XRDS）这一变量。具体而言，当取得外部融资的前一个会计年度，企业获得了科技创新补贴，则变量的数值取1；当取得外部融资的当年，企业获得了科技创新补贴，则变量的数值也取1；如果连续两年获得科技创新补贴，则变量的数值也取1；如果连续两年没有获得科技创新补贴，则变量的数值取0。

本书以外部融资作为因变量，以科技创新补贴以及各种类科技创新补贴的虚拟变量作为自变量，进行多元回归分析。结果发现，新产品与新技术研发类补贴、专利及科技奖励类补贴、其他类补贴对于外部融资的提高作用均不明显，与前面的结果一致，由于篇幅所限，不予列示。而总体的科技创新补贴、技术改进类补贴和科技成果转化类补贴对外部融资均有显著的提高作用，具体结果见表5－53。

从表5－53可以看出，科技创新补贴对于外部融资总体上具有提高作用，尤其是对于权益融资具有较强的提高作用。技术改进类补贴对于外部融资的提高作用最强，而且对债权融资和权益融资均具有较强的提高作用。科技成果转化类补贴只对于权益融资具有显著的提高作用。结果与前面的结果一致。

检验科技创新补贴通过外部融资对于企业科技创新投入的影响。本书分别检验了科技创新补贴总体、技术改进类补贴以及科技成果转化类补贴通过权益融资对企业科技创新投入的影响。通过检验发现，技术改进类补贴不能通过权益融资提高企业的科技创新投入。但是，科技创新补贴总体能通过提高权益融资进而提高科技创新投入，科技成果转化类补贴也能通过权益融资提高科技创新投入。这一检验结果与前面的检验结果一致。具体的检验结果见表5－54。

（4）对“其他类补贴”中披露不详的科技创新补贴和科技三项费用做进一步的检验。披露不详的科技创新补贴是指在年报的披露中，对科技创新补贴投放用途的披露较为粗略，无法将其准确归入其他四类的补贴，如科技项目经费、自主创新专项资金、科技专项、技术创新项目、技术创新基金等。这部分补贴占“其他类补贴”总额的91%，是其主要组成部分。因此，本书专门对于这部分补贴对外部融资的影响进行了检验。具体的结果可见表5－55。

从表5－55可以看出，不论是当年还是前一年的披露不详的科技创新补贴项目（RDS06），其系数均为负，且并不显著。随后，运用门槛回归模型进行检验，发现该补贴的相关模型并不存在门槛值。由此可见，披露不详的科技创新补贴对于外部融资的提高作用并不明显，这说明前面的研究结果是稳健的。

表 5－53　以虚拟变量计量的科技创新补贴对外部融资影响检验

	EDT_t	DT_t	ET_t	EDT_t	DT_t	ET_t	EDT_t	DT_t	ET_t
XRDS	0.009 * (1.656)	0.002 (0.361)	0.007 *** (2.743)						
XRDS02				0.024 *** (4.515)	0.020 *** (4.179)	0.004 * (1.769)			
XRDS03							−0.010 * (−1.731)	−0.017 *** (−3.138)	0.007 *** (2.854)
$SIZE_{t-1}$	0.049 *** (22.419)	0.056 *** (29.519)	−0.007 *** (−6.793)	0.052 *** (24.612)	0.055 *** (28.731)	−0.002 *** (−2.697)	0.055 *** (26.507)	0.056 *** (29.512)	−0.001 (−0.963)
LEV_{t-1}	0.003 *** (3.833)	0.004 *** (5.873)	−0.001 *** (−2.634)	0.003 *** (4.546)	0.004 *** (5.748)	0.000 (−1.414)	0.003 *** (4.819)	0.004 *** (5.761)	0.000 (−1.086)
$INGA_{t-1}$	−0.060 (−1.470)	−0.104 *** (−2.912)	0.044 ** (2.187)	−0.075 * (−1.863)	−0.105 *** (−2.928)	0.031 * (1.766)	−0.082 ** (−2.070)	−0.103 *** (−2.867)	0.021 (1.371)
CFO_{t-1}	−0.001 (−0.432)	−0.002 (−0.752)	0.001 (0.458)	−0.002 (−0.681)	−0.002 (−0.770)	0.000 (0.021)	−0.002 (−0.696)	−0.002 (−0.686)	0.000 (−0.179)
DV_{t-1}	−0.039 (−0.297)	−0.005 (−0.042)	−0.034 (−0.533)	−0.032 (−0.249)	−0.007 (−0.059)	−0.025 (−0.453)	−0.025 (−0.198)	−0.008 (−0.071)	−0.017 (−0.337)
LA_{t-1}	−0.144 *** (−11.245)	−0.127 *** (−11.393)	−0.017 *** (−2.679)	−0.138 *** (−11.076)	−0.124 *** (−11.108)	−0.014 ** (−2.564)	−0.142 *** (−11.537)	−0.125 *** (−11.180)	−0.017 *** (−3.418)
IND	控制	控制	控制	控制	控制	控制	控制	控制	控制
YEAR	控制	控制	控制	控制	控制	控制	控制	控制	控制
_cons	−0.667 *** (−13.423)	−0.834 *** (−19.256)	0.167 *** (6.887)	−0.740 *** (−15.219)	−0.812 *** (−18.602)	0.072 *** (3.401)	−0.791 *** (−16.585)	−0.831 *** (−19.109)	0.039 ** (2.085)
N	8960	8960	8960	8960	8960	8960	8960	8960	8960
adj. R^2	0.107	0.156	0.046	0.126	0.155	0.031	0.130	0.154	0.028
R^2	0.110	0.158	0.049	0.129	0.158	0.034	0.133	0.157	0.031
F	36.589	55.526	15.133	43.313	54.730	10.299	44.792	54.397	9.376
p	0.000	0.000	0.000	0.000	0.000	0.000	0.000	0.000	0.000

表 5－54　　虚拟变量计量的科技创新补贴的中介作用检验

	RD_t	ET_t	RD_t	RD_t	ET_t	RD_t
XRDS	0.009 *** (10.196)	0.005 * (1.933)	0.009 *** (10.152)			
XRDS03				0.007 *** (6.680)	0.006 *** (2.629)	0.007 *** (6.628)
ET_t			0.008 ** (2.110)			0.008 * (1.757)
$SIZE_{t-1}$	-0.003 *** (-7.775)	-0.007 *** (-6.920)	-0.003 *** (-7.598)	-0.002 *** (-5.801)	-0.001 (-1.281)	-0.002 *** (-5.776)
LEV_{t-1}	-0.001 *** (-5.190)	-0.001 ** (-2.384)	-0.001 *** (-5.135)	-0.001 *** (-5.003)	0.000 (-0.897)	-0.001 *** (-4.986)
$INGA_{t-1}$	0.014 * (1.941)	0.045 ** (2.245)	0.013 * (1.889)	0.012 * (1.740)	0.023 (1.457)	0.012 * (1.712)
CFO_{t-1}	0.000 (0.671)	0.001 (0.450)	0.000 (0.661)	0.000 (0.693)	0.000 (-0.188)	0.000 (0.696)
AGE_{t-1}	-0.001 *** (-12.079)	-0.001 *** (-5.240)	-0.001 *** (-11.944)	-0.001 *** (-13.242)	-0.001 *** (-4.999)	-0.001 *** (-13.129)
GOW_{t-1}	0.000 (0.252)	0.000 (0.515)	0.000 (0.240)	0.000 (0.178)	0.000 (0.344)	0.000 (0.172)
DV_{t-1}	-0.016 (-0.690)	-0.025 (-0.384)	-0.015 (-0.681)	-0.016 (-0.733)	-0.010 (-0.192)	-0.016 (-0.730)
LA_{t-1}	0.019 *** (8.394)	-0.022 *** (-3.459)	0.019 *** (8.466)	0.019 *** (8.917)	-0.021 *** (-4.165)	0.019 *** (8.986)
IND	控制	控制	控制	控制	控制	控制
YEAR	控制	控制	控制	控制	控制	控制
_cons	0.046 *** (5.321)	0.184 *** (7.508)	0.044 *** (5.137)	0.031 *** (3.716)	0.055 *** (2.852)	0.031 *** (3.661)
N	8960	8960	8960	8960	8960	8960
adj. R^2	0.287	0.048	0.288	0.271	0.031	0.271
R^2	0.290	0.052	0.290	0.274	0.035	0.274
F	112.781	15.092	109.541	102.393	9.737	99.408
p	0.000	0.000	0.000	0.000	0.000	0.000
Sobel z			1.824			1.664
Sobel p-value			0.068			0.096

表 5－55　　披露不详的科技创新补贴对外部融资的影响检验

	EDT_t	EDT_t	DT_t	DT_t	ET_t	ET_t
$RDS06_t$	-1.222 (-0.766)		-1.038 (-0.760)		-0.183 (-0.218)	
$RDS06_{t-1}$		-0.356 (-0.220)		-0.139 (-0.101)		-0.217 (-0.249)

续表

	EDT_t	EDT_t	DT_t	DT_t	ET_t	ET_t
LA_{t-1}	-0.147*** (-11.515)	-0.164*** (-12.279)	-0.125*** (-11.473)	-0.140*** (-12.292)	-0.022*** (-3.203)	-0.024*** (-3.397)
CFO_{t-1}	-0.001 (-0.349)	-0.001 (-0.324)	-0.002 (-0.768)	-0.002 (-0.712)	0.001 (0.587)	0.001 (0.524)
DV_{t-1}	-0.045 (-0.335)	-0.054 (-0.402)	-0.005 (-0.042)	-0.014 (-0.123)	-0.040 (-0.567)	-0.040 (-0.553)
$INGA_{t-1}$	-0.075 (-1.825)	-0.063 (-1.454)	-0.101*** (-2.870)	-0.093** (-2.549)	0.026 (1.202)	0.031 (1.326)
$SIZE_{t-1}$	0.047*** (22.083)	0.046*** (20.863)	0.056*** (30.425)	0.055*** (29.328)	-0.009*** (-7.555)	-0.009*** (-7.579)
LEV_{t-1}	0.003*** (3.585)	0.003*** (3.824)	0.004*** (5.892)	0.004*** (6.077)	-0.001*** (-2.777)	-0.001** (-2.499)
IND	控制	控制	控制	控制	控制	控制
YEAR	控制	控制	控制	控制	控制	控制
_cons	-0.619*** (-12.548)	-0.593*** (-11.551)	-0.841*** (-19.893)	-0.823*** (-18.861)	0.222*** (8.531)	0.230*** (8.345)
N	8960	8309	8960	8309	8960	8309
adj. R^2	0.104	0.104	0.157	0.158	0.044	0.046
R^2	0.107	0.107	0.160	0.161	0.047	0.049
F	35.825	34.476	56.837	55.072	14.853	14.762
p	0.000	0.000	0.000	0.000	0.000	0.000

另外，在披露不详的科技创新补贴中，“科技三项费用”是受到较多关注的一种科技创新补贴。根据1996年发布的《科技三项费用管理办法（试行）》，科技三项费用是指为支持科技事业发展所设立的新产品试制费、中间试验费和重大科研项目补助费。2006年的政府收支分类改革后，原“科技三项费用”不再使用，其内容主要通过“产业技术研究与开发”“应用技术研究与开发”以及“科技成果转化与扩散”三个科目予以反映。

本书对2007～2014年民营企业获得的科技三项费用进行了统计，发现在样本期间内，以“科技三项费用”列示科技创新补贴的企业数量较少，但是每项以此名称进行列示的科技创新补贴金额均较大。具体情况可见表5-56。

表5-56　企业获得的科技三项补贴的总体情况　单位：万元

	2007年	2008年	2009年	2010年	2011年	2012年	2013年	2014年
科技三项数	3368.10	5913.34	8694.73	52104.15	112046.02	50785.61	16352.52	7778.76
获补贴企业	15	27	17	25	39	24	10	14
平均补贴数	224.54	219.01	511.45	2084.17	2872.97	2116.07	1635.25	555.63

随后，本书以当年以及前一年的科技三项费用（RDST3）为自变量，考察其对于外部融资的影响。具体的结果可见表 5 - 57。从表中可见，无论是当年还是前一年的科技三项费用，均对企业的外部融资不具有显著影响。门槛回归的结果也显示并不存在门槛值。由此可见，科技三项费用与其他披露不详的科技创新补贴类似，对企业的外部融资均不具有明显的提高作用。说明本书的结果是稳健的。

表 5 - 57　　科技三项费用对于企业外部融资影响的检验

	EDT_t	EDT_t	DT_t	DT_t	ET_t	ET_t
$RDST3_t$	-0.938 (-0.429)		-1.474 (-0.787)		0.536 (0.466)	
$RDST3_{t-1}$		0.231 (0.106)		-0.854 (-0.461)		1.085 (0.925)
LA_{t-1}	-0.149 *** (-11.585)	-0.166 *** (-12.257)	-0.127 *** (-11.466)	-0.140 *** (-12.206)	-0.023 *** (-3.347)	-0.025 *** (-3.491)
CFO_{t-1}	-0.001 (-0.354)	-0.001 (-0.325)	-0.002 (-0.763)	-0.002 (-0.703)	0.001 (0.563)	0.001 (0.507)
DV_{t-1}	-0.045 (-0.338)	-0.055 (-0.408)	-0.004 (-0.039)	-0.014 (-0.122)	-0.041 (-0.578)	-0.041 (-0.565)
$INGA_{t-1}$	-0.074 * (-1.781)	-0.062 (-1.434)	-0.100 *** (-2.810)	-0.092 ** (-2.514)	0.026 (1.187)	0.030 (1.308)
$SIZE_{t-1}$	0.047 *** (21.792)	0.046 *** (20.604)	0.056 *** (30.190)	0.056 *** (29.134)	-0.009 *** (-7.714)	-0.009 *** (-7.745)
LEV_{t-1}	0.003 *** (3.593)	0.003 *** (3.800)	0.004 *** (5.923)	0.004 *** (6.084)	-0.001 *** (-2.308)	-0.001 ** (-2.551)
IND	控制	控制	控制	控制	控制	控制
YEAR	控制	控制	控制	控制	控制	控制
_cons	-0.615 *** (-12.331)	-0.590 *** (-11.389)	-0.843 *** (-19.739)	-0.827 *** (-18.772)	0.228 *** (8.682)	0.237 *** (8.497)
N	8960	8309	8960	8309	8960	8309
adj. R^2	0.104	0.104	0.157	0.158	0.044	0.046
R^2	0.107	0.107	0.160	0.161	0.048	0.049
F	35.613	34.229	56.576	54.771	14.902	14.843
p	0.000	0.000	0.000	0.000	0.000	0.000

（5）对国家重点扶持行业进行检验。科技创新补贴政策是国家推动产业发展的重要手段，因而科技创新补贴的发放通常会对国家重点扶持行业有所倾斜。同时，为了推动重点行业的发展，政府还会在税收、财政、贸易、金融等方面推出一系列的优惠政策和措施，这些政策和措施对于企业的融资和投资决策均有一

定的影响。因此，本书针对国家重点扶持行业，考察科技创新补贴对于外部融资与科技创新投入的影响。根据《中华人民共和国国民经济和社会发展第十二个五年规划纲要》，应加快培育发展战略性新兴产业、生产性服务业和先进制造业。所以本书将战略性新兴产业、生产性服务业和先进制造业作为国家重点扶持行业。具体而言，战略新兴产业包括节能环保、新一代信息技术、生物、高端装备制造、新能源、新材料、新能源汽车等行业，本书根据 Wind 数据库中相关概念板块的数据进行挑选。对于生产性服务业，本书借鉴顾乃华（2010）、陈艳莹和王二龙（2013）研究，将生产性服务业界定为交通运输、仓储和邮政业（G），信息传输、软件和信息技术服务业（I），租赁和商业服务业（L），科学研究和技术服务业（M）。对于先进制造业，本书借鉴曹东坡等（2014），谭蓉娟等（2015），赵玉林和汪美辰（2016）的研究，将先进制造业界定为石油加工、炼焦及核燃料加工业（C25），医药制造业（C27），通用设备制造业（C34），专用设备制造业（C35），汽车制造业（C36），铁路、船舶、航空航天和其他运输设备制造业（C37），电气机械及器材制造业（C38），计算机、通信和其他电子设备制造业（C39），仪器仪表制造业（C40）。本书以 SI 代表国家重点扶持行业，当企业属于国家重点扶持行业时，取值为 1，否则，取值为 0。考虑到内生性的影响，本书运用多元回归方程以及 Heckman 两阶段方程分别进行检验，由于篇幅所限，只列示两阶段方程的检验结果。具体结果见表 5－58。

表 5－58　　重点扶持行业的科技创新补贴检验

	DT_t	EDT_t	ET_t	RD_t	RD_t	RD_t	RD_t
$QRDS_t\_SI$	3.046** (1.991)	5.506*** (3.081)	2.409** (2.285)				0.936*** (2.836)
$QRDS_t$	−4.348*** (−3.353)	−7.662*** (−5.113)	−3.164*** (−3.543)				−1.478*** (−5.173)
EDT_t_SI				−0.018*** (−6.225)			
EDT_t				0.001 (0.643)			
DT_t_SI					−0.026*** (−7.760)		
DT_t					0.000 (0.148)		
ET_t_SI						−0.001 (−0.234)	
ET_t						0.001 (0.137)	
Control Variables	控制	控制	控制	控制	控制	控制	控制

续表

	DT_t	EDT_t	ET_t	RD_t	RD_t	RD_t	RD_t
_cons	0.047 (0.687)	0.636 *** (7.679)	0.542 *** (11.511)	0.037 *** (5.408)	0.030 *** (4.273)	0.042 *** (6.248)	0.031 ** (2.156)
mills lambda	-0.141 *** (-6.614)	-0.243 *** (-8.872)	-0.099 *** (-6.728)				0.005 (1.115)
N	8960	8960	8960	8960	8960	8960	8960
adj. R^2				0.414	0.416	0.410	
R^2				0.416	0.419	0.412	
Wald Chi2/F	2708.88	2252.59	535.08	198.129	199.946	194.557	2409.15
p	0.000	0.000	0.000	0.000	0.000	0.000	0.000

从表 5-58 可以看出，与其他行业相比，国家重点扶持行业的科技创新补贴能为企业带来更多的外部融资，也能刺激企业将更多的资金投入科技创新活动中去。但是，外部融资对于科技创新投入却没有更强的提高作用，这使科技创新补贴通过外部融资对于科技创新投入的间接提高作用并不明显。

（6）对可能的不合理补贴现象进行检验。企业申请科技创新补贴可能存在一些不合理的现象，如虚假申报从而骗取科技创新补贴等。企业获得科技创新补贴，需要政府相关部门进行审查。如果审查是有效的，通常能甄别出“骗补”等行为。相反，如果出现了企业成功骗取科技创新补贴等不合理现象，则说明政府对相关项目的审查不到位。通常认为，具有政治关联是企业干扰政府审查的充分条件。具有政治关联的企业更容易“俘获”政府，更有可能利用关系干扰政府的审查过程，从而骗取科技创新补贴。因此，当企业具有较强的政治关联，而且获得的科技创新补贴数量较多时，所获科技创新补贴的合理性越会受到质疑。为了考察这些不合理的科技创新补贴对于外部融资和科技创新投入的影响，本书以政治关联和科技创新补贴的交互项（PR）作为不合理科技创新补贴的替代变量进行检验。具体的检验结果见表 5-59。

从表 5-59 可以看出，首先，对于以外部融资整体、债权融资、权益融资为因变量的方程，政治关联和科技创新补贴的交互项系数均不显著，这说明政治关联企业获得的科技创新补贴对于外部融资并不具有显著的提高作用。也就是说，当企业获得科技创新补贴的合理性较低或受到质疑时，科技创新补贴的信号作用有所削弱，不能帮助企业获得更多的外部融资。对于以科技创新投入为自变量的方程，全样本以及大于门槛值的样本中，政治关联和科技创新补贴的交互项系数均显著为负，这说明政治关联企业获得的科技创新补贴对于科技创新投入具有更加显著的挤出效应。也就是说，当企业获得的科技创新补贴是通过“骗补”等不合理手段获得的，企业会更加倾向于减少其自身对科技创新活动的投入。另外，

表 5－59　　政治关联对于科技创新补贴、外部融资和科技创新投入关系影响检验

	EDT_t	DT_t	ET_t	小于 0.07%	大于 0.07%	RD_t	小于 0.14%	大于 0.14%	$QRDS_t$
				ET_t	ET_t		RD_t	RD_t	
PR_t	-0.517 (-0.333)	-0.621 (-0.479)	0.312 (0.387)	-11.852 (-0.689)	0.888 (0.870)	-1.529*** (-3.730)	-5.375 (-0.952)	-1.418*** (-4.010)	
$QRDS_t$	-1.174 (-1.058)	-0.440 (-0.475)	-0.724 (-1.258)	27.182** (1.997)	-1.458** (-2.067)	0.242 (0.763)	11.698*** (2.623)	-0.527* (-1.911)	
$Politic_{t-1}$	0.002 (0.417)	0.005 (1.212)	-0.003 (-1.305)	-0.001 (-0.348)	-0.009 (-1.630)	0.000 (0.028)	0.000 (-0.016)	0.003 (0.996)	0.000 (0.792)
LA_{t-1}	-0.130*** (-10.601)	-0.123*** (-12.088)	-0.006 (-0.882)	-0.020** (-2.521)	0.003 (0.235)	0.024*** (5.282)	0.019*** (3.643)	0.028*** (3.588)	0.000* (1.672)
CFO_{t-1}	-0.192*** (-7.604)	-0.342*** (-16.224)	0.140*** (10.689)	0.001 (0.340)	0.187*** (7.390)	0.000 (0.191)	0.000 (0.063)	-0.006 (-0.398)	0.001** (2.359)
DV_{t-1}	-13.150*** (-3.571)	-13.886*** (-4.520)	0.482 (0.253)	-0.039 (-0.528)	3.856 (1.144)	-0.045 (-0.648)	-0.042 (-0.549)	0.355 (0.490)	0.031 (0.600)
$INGA_{t-1}$	-0.093** (-2.040)	-0.136*** (-3.586)	0.048** (2.041)	0.004 (0.163)	0.150*** (3.048)	0.005 (0.341)	-0.006 (-0.374)	0.123*** (4.191)	0.001** (2.322)
$SIZE_{t-1}$	0.049*** (23.687)	0.059*** (34.006)	-0.008*** (-7.814)	-0.008*** (-5.960)	-0.019*** (-8.205)	-0.003*** (-3.871)	-0.003*** (-3.003)	-0.002 (-1.397)	0.000*** (-3.004)
LEV_{t-1}	0.148*** (20.696)	0.129*** (21.662)	0.018*** (4.740)	-0.001*** (-2.857)	0.084*** (9.055)	-0.001*** (-2.724)	-0.001** (-2.091)	-0.051*** (-9.323)	-0.001*** (-9.042)
IND	控制	控制	控制	控制	控制	控制	控制	控制	控制
YEAR	控制	控制	控制	控制	控制	控制	控制	控制	控制
_cons	-0.740*** (-15.638)	-0.961*** (-24.323)	0.191*** (7.794)	0.223*** (7.215)	0.343*** (6.674)	0.040** (2.251)	0.037* (1.765)	0.027 (0.883)	0.003*** (4.062)
N	8960	8960	8960	5897	3063	8960	6670	2290	8960
adj. R^2	0.165	0.247	0.057	0.043	0.091	0.096	0.061	0.307	0.077
R^2	0.168	0.250	0.060	0.048	0.100	0.099	0.066	0.316	0.080
F	56.202	92.866	17.930	9.207	10.893	30.532	14.553	36.009	25.993
p	0.000	0.000	0.000	0.000	0.000	0.000	0.000	0.000	0.000

考虑到政治关联和科技创新补贴可能具有一定的内生性，本书以科技创新补贴作为因变量，政治关联作为自变量进行回归分析，结果显示政治关联与科技创新补贴并不存在显著的正相关关系，说明对于政治关联和科技创新补贴交互项的检验结果是稳健的。

（7）运用二次项方程检验科技创新补贴与外部融资和科技创新投入的非线性关系。本书主要运用门槛回归的方法验证了科技创新补贴的数量存在门槛值，当科技创新补贴小于这一门槛值时，科技创新补贴与外部融资和科技创新投入呈现出正向的相关关系；而当科技创新补贴大于这一门槛值时，科技创新补贴与外部融资和科技创新投入则呈现无关或负向的相关关系。这一关系类似于倒“U”型曲线关系，因而，本书运用二次项方程对这一曲线关系进行验证。具体结果可见表5－60。

表5－60 运用二次项方程检验科技创新补贴与外部融资和科技创新投入关系的结果

	ET_t	DT_t	ET_t	RD_t	RD_t	RD_t
$QRDS_t^2$	−129.334* (−1.817)			−31.163*** (−7.119)		
$QRDS_t$	1.837** (1.975)			0.536*** (2.943)		
$RDS01_t^2$					−32.915*** (−5.993)	
$RDS01_t$					1.502*** (6.019)	
$RDS02_t^2$		−292.061** (−2.292)				
$RDS02_t$		5.773** (2.387)				
$RDS03_t^2$			−57.376 (−0.298)			−357.491*** (−5.242)
$RDS03_t$			1.607 (0.628)			3.366*** (3.709)
LA_{t-1}	−0.012** (−2.078)	−0.124*** (−11.059)	−0.028*** (−4.137)	0.026*** (10.261)	0.021*** (8.395)	0.021*** (8.446)
CFO_{t-1}	0.037*** (3.078)	−0.002 (−0.762)	0.001 (0.554)	0.000 (0.387)	0.000 (0.335)	0.000 (0.337)
DV_{t-1}	1.201 (0.709)	−0.007 (−0.060)	−0.030 (−0.427)	−0.023 (−0.601)	−0.028 (−0.747)	−0.028 (−0.745)
$INGA_{t-1}$	0.042** (1.988)	−0.101*** (−2.847)	0.027 (1.237)	0.017** (2.199)	0.012 (1.508)	0.012 (1.500)
$SIZE_{t-1}$	0.000 (0.445)	0.056*** (30.162)	−0.009*** (−7.892)	−0.002*** (−3.976)	−0.003*** (−6.705)	−0.003*** (−6.923)

续表

	ET_t	DT_t	ET_t	RD_t	RD_t	RD_t
LEV_{t-1}	0.008** (2.309)	0.004*** (5.878)	-0.001** (-2.530)	-0.001*** (-4.809)	-0.001*** (-4.236)	-0.001*** (-4.365)
AGE_{t-1}	0.000 (-0.486)	0.000 (0.800)	-0.001*** (-4.905)	-0.001*** (-8.227)	-0.001*** (-12.048)	-0.001*** (-12.366)
GOW_{t-1}	0.000 (0.146)	0.000 (-0.517)	0.000 (0.443)	0.000 (-0.014)	0.000 (0.170)	0.000 (0.172)
IND	控制	控制	控制	控制	控制	控制
YEAR	控制	控制	控制	控制	控制	控制
_cons	0.046** (2.025)	-0.847*** (-19.647)	0.245*** (9.252)	0.042*** (4.304)	0.045*** (4.718)	0.048*** (4.985)
N	8960	8960	8960	8960	8960	8960
adj. R^2	0.030	0.157	0.047	0.240	0.271	0.270
R^2	0.034	0.160	0.050	0.242	0.274	0.273
F	8.779	51.487	14.327	88.743	101.356	100.894
p	0.000	0.000	0.000	0.000	0.000	0.000

从表5-60可以看出，除了科技成果转化类补贴与权益融资的关系方程外，其他方程的科技创新补贴二次项系数均显著为负，科技创新补贴一次性系数均显著为正，说明科技创新补贴对于外部融资和科技创新投入呈现出倒“U”型的曲线关系，与前面的检验结果基本一致。在科技成果转化类补贴与权益融资的关系方程中，该类补贴二次项系数为负，一次项系数为正，但是并不显著，说明曲线的倒“U”型形状并不明显。前面的检验发现当科技成果转化类补贴小于门槛值时，该类补贴对权益融资具有较强的提高作用，而当该类补贴大于门槛值时，该类补贴与权益融资的负向关系并不明显。可以说，前面的检验也认为科技成果转化类补贴与权益融资的倒“U”型关系并不明显，与二次项方程的结果一致。由此可见，前面的检验结果是稳健的。

（8）运用Heckman两阶段模型控制选择性偏误。考虑到具有科技创新投入的企业通常更易获得科技创新补贴，如果不加控制，会产生选择性偏误，因此，运用Heckman两阶段模型对其加以控制。本书的Heckman两阶段模型如下：

$$XRD_t = \alpha_0 + \alpha_1 XRD_{t-1} + \sum_i \beta_i ControlVariables + \varepsilon \tag{5-1}$$

$$EDT_t/DT_t/ET_t/RD_t = \alpha_0 + \alpha_1 QRDS_t + \alpha_2 Lamda_t + \sum_i \beta_i ControlVariables \tag{5-2}$$

模型（5-1）为Heckman两阶段模型的第一阶段模型，XRD代表企业是否具有科技创新投入，当企业具有科技创新投入时，取值为1，否则，取值为0。

本书以 XRD_{t-1} 作为影响是否具有科技创新投入，但是并不影响科技创新强度的工具变量。模型 5 - 2 为 Heckman 两阶段模型的第二阶段模型，其中的变量 Lamda 为根据第一阶段模型（模型 5 - 1）估计出的逆米尔斯比率（Inverse Mills Ratio），以此控制选择性偏误。其他变量的含义如前文所述。具体的检验结果见表 5 - 61，由于篇幅所限，本表只列示关键变量显著的相关结果：

从表 5 - 61 可以看出，在科技创新补贴对于外部融资的影响方面，当对全部样本进行检验时，科技创新补贴对权益融资并没有正向的提高作用。但是，当科技创新补贴小于一定的门槛值时，科技创新补贴对权益融资的提高作用显著。在科技创新补贴对于科技创新投入的影响方面，在全样本下，科技创新补贴对于科技创新投入的提高作用并不显著，但是当科技创新补贴小于一定的门槛值时，科技创新补贴对于科技创新投入具有正向的提高作用。该检验结果与前面的检验结果一致。

另外，为了进一步证实本书结论的稳健性，本书对科技创新投入最少的三个行业予以剔除，进行检验。首先汇总了各行业的科技创新投入总额；其次，以各行业的科技创新投入总额除以该行业的企业数量，得到各行业的企业平均获得的科技创新投入金额；最后，对这一平均金额进行排序，得到各行业的科技创新投入情况排序。根据这一排序结果，住宿和餐饮业（H）、房地产业（K）、综合（S）三个行业中企业的平均科技创新投入最少，因此，对这三个行业的样本予以剔除，共删除 756 个样本。对剔除后的样本进行检验，具体的检验结果见表 5 - 62，由于篇幅所限，本表只列示科技创新补贴对于权益融资及科技创新投入影响的相关结果，其他相关结果与前面的结果类似，在此未予列示。

从表 5 - 62 可以看出，科技创新补贴无论是对于外部融资还是对于科技创新投入的影响，当对全部样本进行检验时，科技创新补贴对于权益融资和科技创新投入的正向提高作用均不显著。但是，当科技创新补贴小于一定的门槛值时，科技创新补贴对权益融资和科技创新投入的提高作用均较为显著。由此可见，该检验结果与前面的检验结果一致。

综上所述，在控制了内生性问题后，检验结果与前面一致，说明前面的结果是稳健的。

（9）检验了高科技行业中各具体行业所获科技创新补贴对外部融资的影响。根据本书的检验结果，与非高科技企业相比，高科技企业获得的科技创新补贴对于外部融资的提高作用更强。为了更为细致地分析这一问题，本书对高科技行业中的各个具体行业进行了检验。首先，对每一具体行业按照模型 4 - 17 进行检验；其次，运用门槛回归方法确定门槛值；最后，以各个行业的全部样本为研究对象，按照门槛值进行分组并检验。由于篇幅所限，表 5 - 63 仅列示了科技创新补贴系数显著为正的相关组别。

表 5 - 61 Heckman 两阶段模型检验结果

	ET_t	小于 0.07%	ET_t	小于 0.61%	ET_t	小于 0.14%	RD_t	小于 0.14%	RD_t	小于 0.32%
		ET_t		ET_t		ET_t		RD_t		RD_t
$QRDS_t$	-1.324*** (-3.235)	16.482* (1.774)					-0.447*** (-3.654)	3.269*** (3.284)		
$RDS01_t$									-0.085 (-0.245)	4.250*** (7.271)
$RDS02_t$			-1.074 (-1.319)	3.092* (1.660)						
$RDS03_t$					0.160 (0.071)	17.024** (2.542)				
Control Variables	控制	控制	控制	控制	控制	控制	控制	控制	控制	控制
_cons	0.585*** (14.890)	0.708*** (12.444)	0.603*** (14.381)	0.562*** (13.801)	0.572*** (14.600)	0.260*** (7.921)	0.050*** (4.238)	0.085*** (7.239)	0.123*** (3.964)	0.060*** (5.500)
lambda	-0.040*** (-6.538)	-0.038*** (-5.164)	-0.037*** (-5.510)	-0.039*** (-6.008)	-0.040*** (-6.480)	-0.018*** (-3.501)	0.000 (0.167)	-0.004** (-2.150)	-0.006 (-1.167)	-0.001 (-0.512)
N	8960	5897	8960	8862	8960	8725	8960	6670	8960	8421
Wald chi2	870.88	528.44	688.31	643.81	859.29	401.45	2807.07	1936.73	2812.95	2666.39
p	0.000	0.000	0.000	0.000	0.000	0.000	0.000	0.000	0.000	0.000

表 5-62 剔除科技创新投入较少的三个行业后的主要结果

	ET_t	小于 0.07%	ET_t	小于 0.61%	ET_t	小于 0.14%	RD_t	小于 0.14%	RD_t	小于 0.32%
		ET_t		ET_t		ET_t		RD_t		RD_t
$QRDS_t$	-0.537 * (-1.668)	22.365 ** (2.402)					-0.721 *** (-3.349)	6.848 ** (2.167)		
$RDS01_t$									0.251 (0.806)	7.253 *** (4.681)
$RDS02_t$			-0.465 (-0.575)	3.003 * (1.699)						
$RDS03_t$					1.141 (0.842)	14.484 ** (2.190)				
LA_{t-1}	-0.029 *** (-3.842)	-0.027 *** (-2.933)	-0.029 *** (-3.887)	-0.025 *** (-3.502)	-0.029 *** (-3.899)	-0.012 ** (-2.185)	0.019 *** (3.848)	0.016 ** (2.533)	0.019 *** (3.796)	0.018 *** (3.430)
CFO_{t-1}	0.001 (0.571)	0.001 (0.329)	0.001 (0.567)	0.001 (0.434)	0.001 (0.563)	0.078 *** (6.869)	0.001 (0.440)	0.000 (0.287)	0.000 (0.427)	0.000 (0.370)
DV_{t-1}	-0.055 (-0.270)	-0.071 (-0.332)	-0.053 (-0.263)	-0.057 (-0.293)	-0.052 (-0.258)	-2.752 (-1.547)	-0.001 *** (-7.033)	-0.001 *** (-4.660)	-0.001 *** (-6.861)	-0.001 *** (-5.835)
$INGA_{t-1}$	0.030 (1.235)	0.003 (0.115)	0.029 (1.215)	0.043 * (1.876)	0.029 (1.209)	0.011 (0.571)	0.000 (-0.575)	0.000 (-0.496)	0.000 (-0.539)	0.000 (-0.521)
$SIZE_{t-1}$	-0.011 *** (-8.671)	-0.010 *** (-6.797)	-0.011 *** (-8.624)	-0.010 *** (-8.172)	-0.011 *** (-8.583)	-0.002 ** (-2.380)	-0.003 *** (-3.375)	-0.002 ** (-2.380)	-0.003 *** (-3.222)	-0.003 *** (-3.394)
LEV_{t-1}	-0.001 *** (-2.949)	-0.001 *** (-2.989)	-0.001 *** (-2.903)	-0.001 *** (-2.928)	-0.001 *** (-2.879)	0.014 *** (4.579)	-0.001 *** (-2.933)	-0.001 ** (-2.327)	-0.001 *** (-2.815)	-0.001 *** (-2.725)
IND	控制	控制	控制	控制	控制	控制	控制	控制	控制	控制
YEAR	控制	控制	控制	控制	控制	控制	控制	控制	控制	控制
_cons	0.273 *** (9.408)	0.272 *** (7.736)	0.271 *** (9.361)	0.242 *** (8.637)	0.270 *** (9.322)	0.056 *** (2.663)	0.048 ** (2.441)	0.045 * (1.895)	0.044 ** (2.262)	0.049 ** (2.439)
N	8204	5165	8204	8087	8204	7746	8204	5924	8204	7667

续表

	ET_t	小于 0.07%	ET_t	小于 0.61%	ET_t	小于 0.14%	RD_t	小于 0.14%	RD_t	小于 0.32%
		ET_t		ET_t		ET_t		RD_t		RD_t
adj. R^2	0.047	0.044	0.047	0.044	0.047	0.036	0.092	0.057	0.091	0.081
R^2	0.050	0.049	0.050	0.048	0.050	0.039	0.095	0.062	0.094	0.084
F	15.933	9.844	15.837	14.891	15.852	11.731	30.607	13.798	30.191	25.115
p	0.000	0.000	0.000	0.000	0.000	0.000	0.000	0.000	0.000	0.000

表 5－63　　　　高科技行业的具体行业对外部融资的影响

	C27 小于 0.24%	C27 大于 0.24%	C39 小于 0.21%	C39 大于 0.21%	I65 小于 0.1%	I65 大于 0.1%	I64 整体
	DT_t	DT_t	ET_t	ET_t	ET_t	ET_t	DT_t
$QRDS_t$	24.931 ** (2.405)	－2.621 (－1.260)	14.489 * (1.956)	－0.803 (－1.536)	78.146 * (1.685)	－1.198 (－0.688)	
$QRDS_{t-1}$							6.525 ** (2.210)
LA_{t-1}	－0.002 (－0.038)	－0.039 (－0.656)	－0.010 (－0.424)	－0.044 (－1.198)	－0.079 (－0.988)	0.196 *** (2.728)	－0.132 ** (－2.159)
CFO_{t-1}	－0.130 ** (－2.320)	－0.171 (－1.653)	0.046 (1.024)	0.194 ** (2.378)	0.314 ** (2.349)	0.322 *** (3.247)	－0.172 (－1.399)
DV_{t-1}	－7.861 * (－1.712)	－1.308 (－0.650)	－3.622 (－0.810)	－1.787 (－0.305)	－25.419 (－1.005)	. .	－3.390 (－0.805)
$INGA_{t-1}$	－0.249 ** (－1.985)	0.400 * (1.693)	0.243 * (1.708)	0.229 (1.456)	－0.356 (－1.297)	1.002 *** (4.385)	0.385 *** (3.117)
$SIZE_{t-1}$	0.048 *** (6.434)	－0.009 (－0.922)	0.003 (0.628)	－0.011 (－1.455)	－0.086 *** (－5.521)	－0.049 *** (－4.279)	0.021 (1.660)
LEV_{t-1}	0.024 ** (2.437)	0.367 *** (7.992)	0.008 (1.173)	0.075 ** (2.417)	0.002 (0.158)	0.188 *** (3.581)	0.000 (0.034)
YEAR	控制	控制	控制	控制	控制	控制	控制
_cons	－0.785 *** (－4.874)	0.358 (1.565)	－0.034 (－0.367)	0.218 (1.371)	1.790 *** (5.477)	0.798 *** (3.157)	－0.200 (－0.759)
N	460	204	579	315	214	208	104
adj. R^2	0.137	0.389	0.052	0.097	0.186	0.241	0.246
R^2	0.163	0.431	0.076	0.137	0.239	0.289	0.341
F	6.199	10.225	2.367	3.411	4.472	6.064	3.586
p	0.000	0.000	0.003	0.000	0.000	0.000	0.000

从表 5－63 可以看出，当医药制造业（C27）企业获得的科技创新补贴占企业总资产的 0.24% 以下时，科技创新补贴对债权融资具有显著的提高作用。当计算机、通信和其他电子设备制造业（C39）企业获得的科技创新补贴占企业总资产的 0.21% 以下时，科技创新补贴对权益融资具有显著的提高作用。当软件和信息技术服务业（I65）企业获得的科技创新补贴占企业总资产的 0.10% 以下时，科技创新补贴对权益融资具有显著的提高作用。另外，互联网和相关服务业（I64）企业前一年获得的科技创新补贴对债权融资具有显著的提高作用。

（10）检验了连续获得科技创新补贴对于信号作用的影响。本书设置了反映企业连续获得科技创新补贴的变量 R1、R2、R3、……、R8，表示企业首次获得科技创新补贴、连续第二次获得科技创新补贴、连续第三次获得科技创新补贴、……连续第八次获得科技创新补贴。以 R1 为例，当企业首次获得科技创新补贴时，R1 取值为 1；否则，取值为 0。将 R1、R2、R3、……、R8 作为自变量带入模型（4－17），可以检验连续获得科技创新补贴对信号作用的影响。具体结果可见表 5－64。由于篇幅所限，仅列示了首次获得科技创新补贴、连续第二次、连续第三次、连续第五次和连续第八次获得科技创新补贴的检验结果。从表 5－64 可以看出，首次获得科技创新补贴以及连续第二次获得科技创新补贴对于外部融资中的权益融资具有提高作用。但是，连续三次以上获得科技创新补贴对于外部融资均不具有提高作用。

由此可见，连续获得科技创新补贴的次数较多会削弱科技创新补贴的信号作用。本书认为其原因可能在于：从心理学的角度而言，当一个信号重复出现时，会造成接受主体的冷漠与麻木（徐玲，2002），使信号的传递作用有所减弱。对于科技创新补贴而言，当企业连续获得科技创新补贴的次数较多时，外部资金提供者面对这一信号的反复出现，会产生对这一信号的麻木。此时，科技创新补贴的信号作用被削弱。

另外，根据 Aerts 和 Czarnitzki（2006）和 Aschhoff（2010）的研究，曾经获得科技创新补贴的次数与科技创新补贴的数量正相关。这说明当企业获得的科技创新补贴数量越多时，企业连续获得科技创新补贴的次数越多，而当企业获得科技创新补贴的数量较少时，企业连续获得科技创新补贴的次数较少。为了检验我国企业获得科技创新补贴的数量与获得科技创新补贴次数的关系，本书设置了反映企业连续获得科技创新补贴次数的变量 RQ，以 RQ 作为自变量，以科技创新补贴的数量作为因变量，建立回归方程。结果可见表 5－64。从表中最后一列可以看出，连续获得科技创新补贴次数项显著为正，这说明连续获得科技创新补贴与科技创新补贴数量存在正向的相关关系。即：科技创新补贴的数量较大时，企业连续获得科技创新补贴的次数较多。

综上所述，当科技创新补贴数量较大时，企业连续多次获得科技创新补贴的现象较为严重，而连续多次获得科技创新补贴会削弱科技创新补贴的信号作用，不利于企业获得更多的外部融资。因此，当科技创新补贴数量过大时，科技创新补贴的信号作用却有所减弱。这一研究结果与假设 1 相符，进一步证明了本书的结果是稳健的。

（11）对每年仅获单一种类科技创新补贴的企业进行检验。企业每年获得的科技创新补贴通常包含多个种类，例如，既获得了新产品和新技术研发类补贴，又获得了技术改进类补贴，还获得了专利以及科技奖励类补贴等等。表 5－65 列示了仅获得一种科技创新补贴类别的企业数量和获得两类及以上科技创新补贴的企业数量的相关情况。

表5－64　　连续获得科技创新补贴对信号作用的影响检验结果

	EDT_t	DT_t	ET_t	EDT_t	DT_t	ET_t	EDT_t	DT_t	ET_t	EDT_t	DT_t	ET_t	EDT_t	DT_t	ET_t	$QRDS_t$
R1	-0.005	-0.025***	0.021***													
	(-0.650)	(-4.058)	(5.206)													
R2				-0.002	-0.010	0.008**										
				(-0.241)	(-1.539)	(1.985)										
R3							-0.021**	-0.010	-0.011**							
							(-2.448)	(-1.428)	(-2.270)							
R5										0.019	0.015	0.005				
										(1.489)	(1.343)	(0.664)				
R8													-0.003	0.001	-0.004	
													(-0.112)	(0.066)	(-0.214)	
RQ																0.0003***
																(6.411)
LA_{t-1}	-0.165***	-0.135***	-0.030***	-0.166***	-0.139***	-0.026***	-0.185***	-0.158***	-0.027***	-0.189***	-0.152***	-0.037***	-0.120***	-0.071***	-0.049*	0.000
	(-12.091)	(-11.623)	(-4.130)	(-12.240)	(-12.119)	(-3.600)	(-12.929)	(-13.151)	(-3.442)	(-11.312)	(-10.737)	(-4.190)	(-3.335)	(-2.806)	(-1.817)	(-0.183)
CFO_{t-1}	-0.001	-0.002	0.001	-0.001	-0.002	0.001	-0.069***	-0.085***	0.016***	-0.102***	-0.105***	0.003	-0.066***	-0.072***	0.006	0.000
	(-0.326)	(-0.715)	(0.523)	(-0.325)	(-0.706)	(0.512)	(-6.715)	(-9.911)	(2.906)	(-7.985)	(-9.713)	(0.436)	(-2.993)	(-4.627)	(0.375)	(0.905)
DV_{t-1}	-0.056	-0.020	-0.036	-0.055	-0.015	-0.040	-0.047	-0.012	-0.036	-0.640***	-0.557***	-0.083	-3.426	-3.402**	-0.024	0.010
	(-0.416)	(-0.173)	(-0.500)	(-0.409)	(-0.130)	(-0.555)	(-0.348)	(-0.102)	(-0.478)	(-3.999)	(-4.115)	(-0.974)	(-1.466)	(-2.058)	(-0.014)	(0.310)
$INGA_{t-1}$	-0.062	-0.092**	0.030	-0.062	-0.093**	0.031	-0.033	-0.069*	0.036	-0.089*	-0.121***	0.032	-0.033	-0.090	0.058	0.000
	(-1.433)	(-2.508)	(1.300)	(-1.436)	(-2.526)	(1.323)	(-0.723)	(-1.790)	(1.414)	(-1.681)	(-2.700)	(1.133)	(-0.285)	(-1.115)	(0.677)	(-0.027)
$SIZE_{t-1}$ –	0.046***	0.055***	-0.009***	0.046***	0.056***	-0.009***	0.048***	0.058***	-0.011***	0.051***	0.059***	-0.008***	0.010	0.031***	-0.022***	0.000*
	(20.598)	(29.060)	(-7.606)	(20.620)	(29.159)	(-7.749)	(20.059)	(29.329)	(-8.259)	(19.082)	(25.969)	(-5.423)	(1.518)	(7.082)	(-4.695)	(-1.881)
LEV_{t-1}	0.003***	0.004***	-0.001**	0.003***	0.004***	-0.001**	0.005***	0.006***	-0.001**	0.076***	0.069***	0.008***	0.546***	0.415***	0.131***	-0.001***
	(3.778)	(5.952)	(-2.378)	(3.795)	(6.044)	(-2.498)	(3.936)	(6.037)	(-2.051)	(14.030)	(14.944)	(2.611)	(17.103)	(18.380)	(5.522)	(-3.069)
IND	控制	控制	控制	控制	控制	控制	控制	控制	控制	控制	控制	控制	控制	控制	控制	控制
YEAR	控制	控制	控制	控制	控制	控制	控制	控制	控制	控制	控制	控制	控制	控制	控制	控制
_cons	-0.589***	-0.821***	0.232***	-0.590***	-0.826***	0.236***	-0.616***	-0.920***	0.304***	0.741***	-0.956***	0.214***	-0.067	-0.628***	0.561***	0.006***
	(-11.374)	(-18.664)	(8.338)	(-11.394)	(-18.756)	(8.459)	(-11.207)	(-19.951)	(10.047)	(-11.774)	(-17.940)	(6.393)	(-0.474)	(-6.259)	(5.315)	(2.967)
N	8309	8309	8309	8309	8309	8309	7618	7618	7618	5693	5693	5693	1482	1482	1482	1482
adj. R^2	0.104	0.160	0.049	0.104	0.158	0.046	0.110	0.170	0.049	0.156	0.204	0.058	0.230	0.316	0.043	0.071
R^2	0.107	0.163	0.052	0.107	0.161	0.050	0.113	0.173	0.052	0.160	0.207	0.062	0.242	0.326	0.057	0.085
F	34.245	55.439	15.795	34.231	54.860	14.955	34.570	56.702	14.982	41.412	56.979	14.405	21.129	32.142	4.031	6.150
p	0.000	0.000	0.000	0.000	0.000	0.000	0.000	0.000	0.000	0.000	0.000	0.000	0.000	0.000	0.000	0.000

表 5－65　　企业同时获得多种科技创新补贴的统计

	仅有单一补贴的企业数量	具有该类补贴的企业数量	仅有单一补贴类型的比例	具有不止一类补贴的比例
新产品和新技术研发类	475	2953	16.09%	83.91%
技术改进类	190	1730	10.98%	89.02%
科技成果转化类	36	938	3.84%	96.16%
专利及奖励类	138	2329	5.93%	94.07%
其他类	423	3036	13.93%	86.07%
科技创新补贴总体	1262	4680	26.97%	73.03%

从表 5－65 可以看出，总体而言，在获得科技创新补贴的企业中，73.03% 的企业获得了不止一种科技创新补贴，仅 26.97% 的企业获得了单一种类的科技创新补贴。具体而言，新产品和新技术研发类补贴的重合率最低，有 16.09% 的企业仅获得这一类补贴。而科技成果转化类补贴和专利及科技奖励类补贴的重合率则较高，3.84% 的企业仅获得科技成果转化类一种补贴，5.93% 的企业仅获得了专利及科技奖励类一种补贴。

由于各类科技创新补贴的重合率较高，效果可能产生重叠。为了消除这一情况的影响，本书剔除了同时获得两类以及两类以上科技创新补贴的企业，仅考虑企业获得单一种类科技创新补贴的情况。相关结果见表 5－66。可以看出，技术改进类补贴和科技成果转化类补贴在特定的门槛下对外部融资具有提高作用，与前面的检验结果一致。

5.5 本章小结

本章运用描述性统计分析、相关性统计分析、门槛回归分析、多元线性回归分析和中介效应分析等研究方法，检验了科技创新补贴对外部融资及科技创新投入的影响。首先，列示了民营企业获得科技创新补贴的整体现状，包括分行业和分地区的情况；其次，检验了科技创新补贴对于企业外部融资和科技创新投入的影响；最后，运用各种方法对该问题进行了稳健性检验。经过检验，前面提出的大部分假设得到了验证，证实了本书理论模型的合理性。具体的检验结果见图 5－11 和表 5－67。

表5-66 具有单一种类的科技创新补贴对外部融资影响的检验

	EDT_t	DT_t	ET_t	小于0.08%	小于0.61%	ET_t	小于0.14%	EDT_t	DT_t	ET_t	EDT_t	DT_t	ET_t
				DT_t	ET_t		ET_t						
$RDS01_t$	−4.830*** (−2.725)	−3.548** (−2.348)	−1.282 (−1.339)										
$RDS02_t$				90.554* (1.711)	13.060*** (2.644)								
$RDS03_t$						19.085* (1.830)	86.529* (1.713)						
$RDS04_t$								−5.484 (−0.757)	−2.532 (−0.410)	−2.952 (−0.755)			
$RDS05_t$											−3.021 (−0.749)	−2.422 (−0.705)	−0.599 (−0.275)
LA_{t-1}	−0.085*** (−5.488)	−0.072*** (−5.470)	−0.013 (−1.524)	−0.071*** (−5.309)	−0.013 (−1.522)	−0.013 (−1.582)	−0.008 (−1.043)	−0.086*** (−5.570)	−0.073*** (−5.533)	−0.013 (−1.577)	−0.086*** (−5.537)	−0.073*** (−5.511)	−0.013 (−1.551)
CFO_{t-1}	0.001 (0.253)	0.000 (0.101)	0.001 (0.310)	0.000 (0.104)	0.001 (0.313)	0.001 (0.311)	0.000 (0.204)	0.001 (0.250)	0.000 (0.098)	0.001 (0.309)	0.001 (0.250)	0.000 (0.098)	0.001 (0.309)
DV_{t-1}	−0.047 (−0.339)	−0.004 (−0.038)	−0.043 (−0.569)	−0.003 (−0.025)	−0.042 (−0.559)	−0.042 (−0.562)	−0.039 (−0.574)	−0.046 (−0.332)	−0.004 (−0.032)	−0.042 (−0.565)	−0.046 (−0.335)	−0.004 (−0.034)	−0.042 (−0.566)
$INGA_{t-1}$	−0.074 (−1.578)	−0.075* (−1.872)	0.001 (0.034)	−0.070* (−1.749)	0.001 (0.045)	0.001 (0.041)	0.017 (0.716)	−0.075 (−1.603)	−0.076* (−1.891)	0.000 (0.017)	−0.075 (−1.599)	−0.076* (−1.891)	0.001 (0.024)
$SIZE_{t-1}$	0.047*** (18.010)	0.055*** (24.737)	−0.008*** (−5.714)	0.055*** (24.732)	−0.008*** (−5.746)	−0.008*** (−5.692)	−0.006*** (−4.981)	0.047*** (18.063)	0.055*** (24.777)	−0.008*** (−5.677)	0.047*** (18.037)	0.055*** (24.757)	−0.008*** (−5.693)
LEV_{t-1}	0.002** (2.564)	0.003*** (4.803)	−0.001*** (−2.837)	0.003*** (4.837)	−0.001*** (−2.825)	−0.001*** (−2.804)	−0.001*** (−2.818)	0.002*** (2.616)	0.003*** (4.847)	−0.001*** (−2.810)	0.002*** (2.606)	0.003*** (4.838)	−0.001*** (−2.815)
IND	控制	控制	控制	控制	控制	控制	控制	控制	控制	控制	控制	控制	控制
YEAR	控制	控制	控制	控制	控制	控制	控制	控制	控制	控制	控制	控制	控制
_cons	−0.654*** (−10.881)	−0.878*** (−17.123)	0.224*** (6.891)	−0.884*** (−17.206)	0.225*** (6.916)	0.223*** (6.870)	0.176*** (5.918)	−0.658*** (−10.945)	−0.881*** (−17.174)	0.222*** (6.854)	−0.657*** (−10.921)	−0.880*** (−17.155)	0.223*** (6.866)

续表

	EDT_t	DT_t	ET_t	小于0.08%	小于0.61%	ET_t	小于0.14%	EDT_t	DT_t	ET_t	EDT_t	DT_t	ET_t
				DT_t	ET_t		ET_t						
N	5543	5543	5543	5441	5521	5543	5517	5543	5543	5543	5543	5543	5543
adj. R^2	0. 100	0. 159	0. 043	0. 161	0. 045	0. 044	0. 037	0. 099	0. 158	0. 043	0. 099	0. 158	0. 043
R^2	0. 105	0. 164	0. 049	0. 165	0. 050	0. 049	0. 042	0. 104	0. 163	0. 048	0. 104	0. 163	0. 048
F	21. 623	35. 960	9. 400	35. 728	9. 576	9. 452	8. 103	21. 368	35. 747	9. 357	21. 368	35. 760	9. 340
p	0. 000	0. 000	0. 000	0. 000	0. 000	0. 000	0. 000	0. 000	0. 000	0. 000	0. 000	0. 000	0. 000

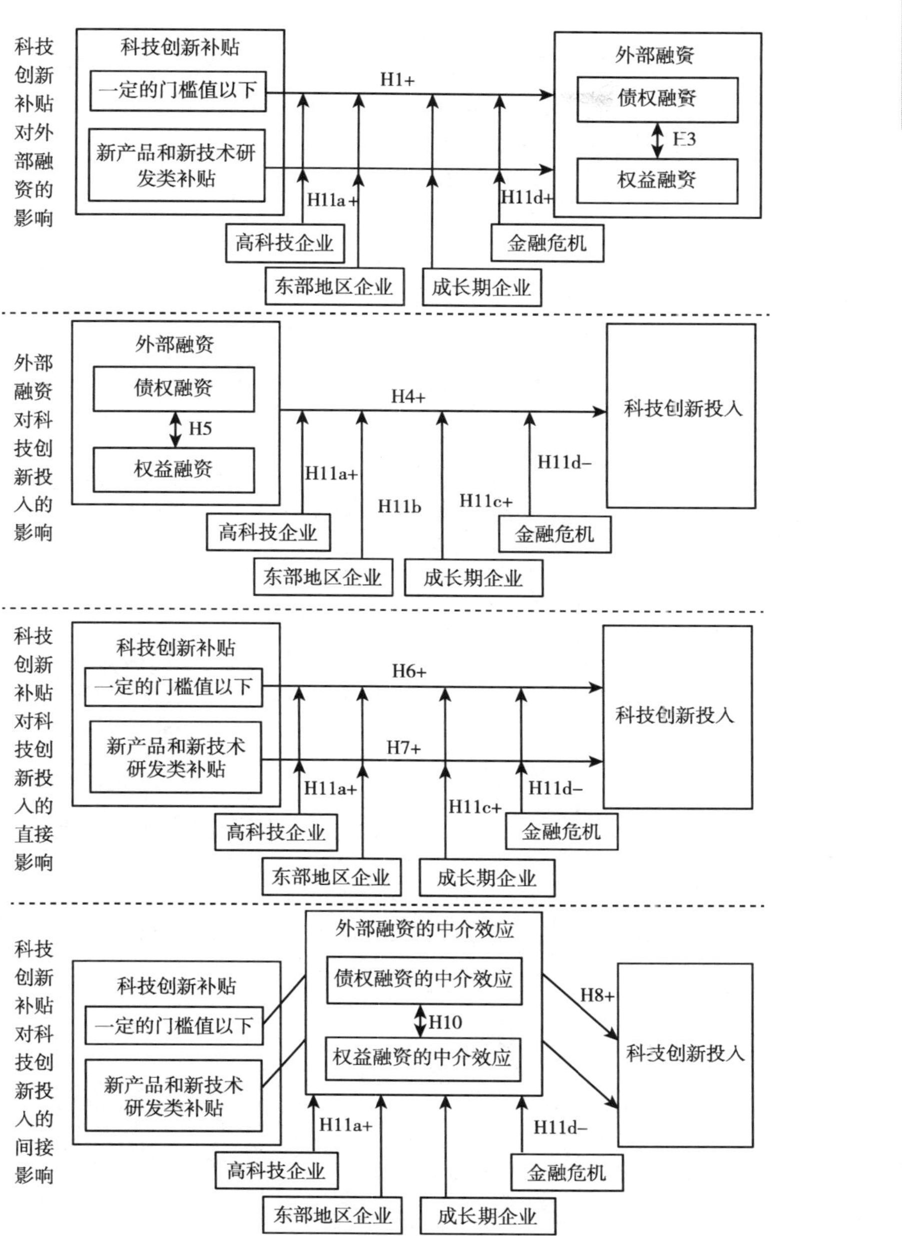

图 5－11　研究假设检验结果总结

表 5－67　　研究假设检验结果汇总

<table>
<tr><th colspan="2">结构</th><th>编号</th><th>假设内容</th><th>结果</th></tr>
<tr><td colspan="2" rowspan="3">科技创新补贴对于外部融资的影响</td><td>假设 H1</td><td>当科技创新补贴小于门槛值时，科技创新补贴有助于企业获得外部融资</td><td>相符</td></tr>
<tr><td>假设 H2</td><td>新产品和新技术研发类补贴更有助于企业获得外部融资</td><td>不符</td></tr>
<tr><td>假设 H3</td><td>与债权融资相比，科技创新补贴对于权益融资的提高作用更加明显</td><td>相符</td></tr>
<tr><td colspan="2" rowspan="2">外部融资对科技创新投入的影响</td><td>假设 H4</td><td>外部融资的增加有助于企业提高科技创新投入</td><td>相符</td></tr>
<tr><td>假设 H5</td><td>与债权融资相比，权益融资的增加更有助于企业提高科技创新投入</td><td>相符</td></tr>
<tr><td rowspan="5">科技创新补贴对于科技创新投入的影响</td><td rowspan="2">直接影响</td><td>假设 H6</td><td>当科技创新补贴小于门槛值时，科技创新补贴有助于提高科技创新投入</td><td>相符</td></tr>
<tr><td>假设 H7</td><td>新产品和新技术研发类补贴更有助于企业提高科技创新投入</td><td>相符</td></tr>
<tr><td rowspan="3">间接影响</td><td>假设 H8</td><td>当科技创新补贴小于门槛值时，科技创新补贴通过外部融资的中介效应对科技创新投入的提高作用更加明显</td><td>相符</td></tr>
<tr><td>假设 H9</td><td>新产品和新技术研发类补贴通过外部融资的中介效应对科技创新投入的提高作用更加明显</td><td>不符</td></tr>
<tr><td>假设 H10</td><td>科技创新补贴通过权益融资的中介效应对科技创新投入的提高作用更加明显</td><td>相符</td></tr>
<tr><td colspan="2" rowspan="4">各因素对科技创新补贴、外部融资和科技创新投入关系的影响</td><td>假设 H11a</td><td>相对于非高科技企业，高科技企业的科技创新补贴对于外部融资和科技创新投入具有更加明显的提高作用</td><td>相符</td></tr>
<tr><td>假设 H11b</td><td>相对于西部地区，东部地区企业的科技创新补贴对于外部融资和科技创新投入具有更加明显的提高作用</td><td>不符</td></tr>
<tr><td>假设 H11c</td><td>相对于成熟期和衰退期企业，成长期企业的科技创新补贴对于外部融资和科技创新投入具有更加明显的提高作用</td><td>不符</td></tr>
<tr><td>假设 H11d</td><td>相对于非金融危机期间，金融危机期间企业所获科技创新补贴对外部融资的提高作用更加明显，对科技创新投入的提高作用则并不明显</td><td>相符</td></tr>
</table>

第 6 章

结果讨论

本书用描述性统计分析、相关性统计分析、门槛回归分析、多元线性回归分析和中介效应分析等研究方法，系统地检验了科技创新补贴对外部融资及科技创新投入的影响。具体而言，首先，运用描述性统计和相关性统计方法，对科技创新补贴的总体情况进行了描述和分析，从而对数据的基本特征有了初步认识。其次，运用门槛回归分析方法，确定科技创新补贴对外部融资及科技创新投入影响的门槛值。根据门槛值，对全样本进行分组，运用多元线性回归方法对各组数据进行分析。最后，运用中介效应分析方法，判断科技创新补贴是否通过外部融资的中介效应对科技创新投入产生影响。通过前面的实证检验，得到了科技创新补贴对外部融资影响、科技创新补贴对科技创新投入直接和间接影响的相关结果。本章集中对这些结果进行总结和分析，探讨与其他研究成果的差异，并得出本书研究结果所具有的意义。

6.1 科技创新补贴对外部融资影响的结果讨论

关于科技创新补贴对外部融资影响的相关检验，主要是对假设 H1 ~ 假设 H3 的检验。通过检验发现在一定的门槛值下，科技创新补贴对外部融资具有较强的提高作用。随后，在科技创新补贴的进一步分类中，发现只有技术改进类补贴和科技成果转化类补贴对外部融资具有提高作用，其他补贴类型的提高作用并不显著。最后，对影响科技创新补贴与外部融资关系的四个主要因素进行了检验，即对假设 H11 的部分内容进行了检验，结果发现，高科技企业获得的科技创新补贴对外部融资具有更加显著的提高作用；西部地区和东部地区企业获得的科技创新补贴对外部融资影响的差异并不显著；成熟期和衰退期企业所获科技创新补贴对于外部融资的提高作用较为明显；金融危机期间科技创新补贴对于外部融资的提高作用较为明显。本节将对这些具体的研究结果进行详细的总结与分析。

6.1.1 科技创新补贴数量对外部融资影响的结果讨论

关于科技创新补贴数量对于外部融资影响这一问题，主要通过假设 H1 和假设 H3 进行研究。研究发现，当企业获得的科技创新补贴数量低于总资产的 0.07%时，科技创新补贴能吸引企业获得更多的外部融资，因此假设 H1 得到验证。另外，当企业获得的科技创新补贴数量低于总资产的0.07%时，科技创新补贴仅对权益融资具有正向的提高作用，而对于债权融资的提高作用并不明显。可见，科技创新补贴对于权益融资方式的影响相对较大。因此，假设 H3 得到验证。

当科技创新补贴的数量小于一定门槛值时，企业获得的外部融资数量随着科技创新补贴数量的增加而增加；当科技创新补贴的数量大于一定门槛值时，企业获得的外部融资数量随着科技创新补贴数量的增加反而有所下降。这一结论与史伟、霍丽（2014）的研究结论趋于一致。史伟、霍丽（2014）的研究认为政府补贴强度与外部融资之间存在倒“U”型关系。但是，他们的研究和本书除了研究结论趋于一致外，在理论解释和研究方法等方面均不相同，具体表现在以下几个方面：首先，史伟、霍丽（2014）的研究认为造成政府补贴强度较大时外部融资下降的原因在于：政府补贴目标的“多元化”以及企业的“寻补贴”。但是，本书认为，科技创新补贴的目标相对比较单一（即：提高企业的科技创新能力），而且科技创新补贴的专业性程度较高，需要政府组织同行专家进行审查，因而受到“寻补贴”影响的程度相对较小。因此，以“多元化”和“寻补贴”解释科技创新补贴与外部融资的负向关系并不十分准确。其次，史伟、霍丽（2014）的研究是以政府补贴为研究对象，政府补贴强度是以企业获得的政府补贴数额与所处行业获得的政府补贴总额的比值来进行度量的，也就是说，这里的政府补贴强度是指企业所获政府补贴占行业所获政府补贴的比例，反映的是政府补贴在行业中的分配。而本书的科技创新补贴是政府补贴的一部分，科技创新补贴数量是指企业收到的科技创新补贴占该企业期初总资产的比值。最后，在研究方法方面，史伟、霍丽（2014）的研究运用广义倾向得分法进行分析，而本书则主要运用门槛回归分析和多元回归分析方法进行研究。

科技创新补贴对于权益融资具有较强的提高作用，而对于债权融资的提高作用并不显著，这一结论与 Meuleman 和 Maeseneire（2012）的研究结论并不一致。Meuleman 和 Maeseneire（2012）的研究发现获得科技创新补贴可以提高企业获得长期贷款的可能性；对于短期贷款，这一信号作用比较小；对于权益融资，只有在刚开张的企业中才能发现科技创新补贴的这一信号作用。造成结论不一致的主要原因可能在于：首先，与国别的差异有关。Meuleman 和 Maeseneire（2012）以比利时的中小企业为样本进行研究，比利时与我国在制度背景、资本市场发展等方面都存在较大差异。因此，研究结果也具有一定的差异。其次，Meuleman 和 Maeseneire（2012）在研究中使用的科技创新补贴变量是虚拟变量，而本书中使用的是连续变量，也有可能会造成一定的差异。另外，科技创新补贴对于债权融资的提高作用并不显著这一结论，与我国学者郭晓丹、何文韬（2011），傅利平、李小静（2014）以及高艳慧等（2012）的研究结论也并不一致。他们的研究均认为科技创新补贴对于债权融资也具有正面的信号作用，能使企业获得更多的外部债权融资机会。造成结论不一致的原因，可能是与样本的选取范围有关。郭晓丹、何文韬（2011），傅利平、李小静（2014）的研究均选用战略新兴产业的上市公司作为研究对象，高艳慧等（2012）的研究以高科技企业作为研究对象，所用数据是《中国高技术产业统计年鉴》中的宏观数据。本书运用的是全部行业的样本，而且是企业微观层次的数据，因此，样本选取的差异可能会造成结果的差异。

另外，在我国，企业的权益融资尤其是公开市场的股权再融资，受到一定的管制，但是，本书认为科技创新补贴对吸引外部的权益融资仍然具有重要意义。这是因为：首先，企业的权益融资行为仍是企业的自主行为。具体表现为，一方面，诸如公开市场再融资这样的重大融资决策需要公司股东大会通过后方可实施，可见企业的融资行为是企业自身的行为选择。另一方面，为了使投资决策更为有效，权益投资者有动力收集关于企业或项目的相关信息作为决策依据。而且，股权再融资的定价在满足国家相关规定的基础上，仍然会受到发行者和投资者的影响。因此，企业的投资决策是其依据自身利益而进行的自主行为选择。其次，现有研究普遍认为，即使存在一定的政府管制，企业与投资者之间的信息不对称问题仍是影响企业获得权益融资的重要因素。因此，旨在缓解信息不对称问题的各种信息均对企业的权益融资具有重要影响。例如，宫义飞（2010）发现具有分析师跟踪的企业向外部投资者传递了更多的信息，对权益融资具有显著的提高作用。吴超鹏等（2012）发现企业获得的风险投资，向资本市场传递了有利的信号，能帮助企业获得更多的权益融资。李明辉、杨鑫（2014）认为选择高质量的审计师，能使企业获得更多的外部权益融资。朱平平（2014）、武岳珊等（2016）认为上市公司高质量的信息披露，能缓解信息不对称问题，使企业获得更多的权益融资。综上所述，虽然企业的权益融资行为受到一定的管制，但是，这一行为仍是企业在其自身意志主导下进行的市场化行为。同时，现有的研究成果也表明，信息不对称是影响企业获得权益融资的重要因素，因此，能缓解信息不对称问题的各种信息，包括科技创新补贴信息，均对企业权益融资的获得具有一定影响。

6.1.2 科技创新补贴种类对外部融资影响的结果讨论

本书将科技创新补贴分为五类，认为不同类型的风险（如：新产品和新技术研发类风险与技术改进类风险）具有较大差异，使不同类型风险项目所获科技创新补贴的信号作用有所差异。检验结果表明：（1）新产品和新技术研发类补贴对外部融资的提高作用并不明显。（2）技术改进类补贴对外部融资具有较强的提高作用，而且对债权融资和权益融资均具有显著的提高作用。具体而言，企业当年获得的技术改进类补贴数量占总资产比例小于0.08%时，该类补贴能帮助企业获得更多的债权融资；企业前一年获得的技术改进类补贴对于债权融资也具有较强的提高作用；企业当年获得的技术改进类补贴数量占总资产比例小于0.61%时，该类补贴能帮助企业获得更多的权益融资。（3）科技成果转化类补贴对于权益融资具有提高作用，而且这一提高作用主要来自科技成果转化类补贴数量占总资产比例小于0.14%的企业。（4）专利及科技奖励类补贴并不能帮助企业获得更多的外部融资机会。（5）其他类补贴对外部融资不具有明显的提高作用。

在科技创新补贴的五个具体类型中，只有技术改进类补贴和科技成果转化类补贴对外部融资的提高作用较强，其他三类补贴对外部融资的提高作用并不明显。因此，假设H2并不相符。本书认为可能的原因在于：（1）外部资金提供者更倾向于对风险较低的科技创新项目予以资金支持，部分或完全拒绝风险较高的科技创新项目。Carpenter和Petersen（2002）的研究认为，诸如银行的债权人，通常更加厌恶风险，面对风险较大的项目时，通常不会通过提高利率的方式保护自身权益，而是更加倾向于拒绝对该项目予以贷款。因此，对于风险较高的项目，即使获得科技创新补贴，外部资金提供者仍然不愿意将资金投资于这些项目，导致科技创新补贴的信号作用无法得到充分发挥，因而科技创新补贴对于外部融资的提高作用并不显著。（2）外部资金提供者倾向于对交易成本较低的项目提供资金。外部资金提供者对企业予以资金支持是具有成本的，除去固有的筹资成本以外，还包括在发放资金前为了避免“逆向选择”而发生的调查成本，以及在资金发放后为了避免“道德风险”而发生的监督成本。对于同样获得科技创新补贴的两个项目，如果科技创新补贴对应项目的风险较高，其产生“逆向选择”和“道德风险”的概率也相对较高。此时，除了科技创新补贴这一信号外，外部资金提供者还会继续寻找其他信号以保证将“逆向选择”的程度降至最低，于是调查成本会随之升高。为了避免“道德风险”，资金提供者会对该项目加强监督，于是监督成本也会升高。而如果科技创新补贴对应项目的风险较低，则在获得了科技创新补贴这一信号后，外部资金提供者用于寻找其他信号和加强监督的动机会有所降低，于是成本随之降低。因此，基于降低成本的考虑，当科技创新补贴对应项目的风险较低时，科技创新补贴的信号作用能更加充分地得以发挥，使科技创新补贴对于外部融资的提高作用更加明显。由此可见，在科技创新补贴的五个种类中，技术改进类补贴和科技成果转化类补贴对应项目的风险较低，因此，这两类科技创新补贴的信号作用较强。

对于专利及科技奖励类补贴的结果也值得进一步予以解释。这类补贴之所以对外部融资不具有提高作用，本书认为主要源于以下几个方面：（1）我国政府对于专利的资助是根据中央及各级地方政府知识产权部门的规定，按照一定的比例减免相应年度的专利申请费和年费，只要具有专利申请受理通知书或专利证书，均可以获得该类补贴（吴红，2009）。政府部门并没有对专利的市场价值等方面进行审查，对专利补贴资金的使用也缺乏有效的监督和评价。因此，通常不能向外界传递出政府对于项目质量认可的相关信息，从而不能提高企业获得外部融资的机会。（2）我国政府的科技奖励属于事后奖励，是对于企业、个人已获得的相关成果，或相关科技活动成功后，政府予以的奖励。在时间上具有滞后性，因而对外部融资的影响较弱。具体而言，如果科技奖励是对于企业和个人的奖励，那么这是对于企业科技实力的一种认可。企业综合科技实力是与企业声誉相关的信息，通常外部资金提供者可以通过其他途径较早的获得，对于滞后的科技奖励信息的依赖性较弱。如果科技奖励是对于科技成果的奖励，说明这一科技项目已经获得了成功甚至取得了可观的经济效益，企业已经不需要为这一科技项目进行融资了。而且这一科技项目成功的信息在获得奖励之前已经向外扩散，即：在企业准备奖励的申报材料、等待奖励审批的时间段中，外部资金提供者已经能获得这一信息。因此，科技奖励的信号作用较弱，不能为企业带来更多的外部融资机会。（3）专利和科技奖励类补贴的数量较少，而且与其他科技创新补贴的重合率较高，因此，对外部融资的提高作用并不明显。从描述性统计的检验结果可以看出，专利和科技奖励类补贴的均值仅为0.000242，是所有科技创新补贴类别中数值最小的。同时，这类补贴与其他补贴的重合率非常高，在获得专利及科技奖励类补贴的企业中，仅有5.93%的企业只获得了这一种补贴，与其他类别补贴的重合率达到了94.07%，即：有94.07%获得专利和科技奖励补贴的企业同时也获得了其他类型的补贴。因此，这类补贴的信号作用可能被弱化，不能为企业带来更多的外部融资。

目前，国内外对科技创新补贴进行分类研究的成果并不多。Colombo 等（2011）将科技创新补贴分为“自动性补贴”和“选择性补贴”，Wei 和 Liu（2015）将政府资助分为“横向资助”和“纵向资助”，张兴龙等（2014）将企业的科技创新补贴分为事前一次性补贴、补贴率方式补贴、事后奖励方式补贴以及其他补贴。以上这些分类均是研究科技创新补贴对于科技创新投入的影响，而在科技创新补贴对于外部融资影响的研究领域中，仅有一篇 Kleer（2010）的研究。他运用信号作用的理论模型，论证了如果科技创新补贴只能区分基础研究项目和应用研究项目，那么科技创新补贴信号对于银行的投资决策没有帮助。可见，Kleer（2010）的研究只是从理论层面对科技创新补贴进行分类，并没有运用实际数据进行检验。本书的研究结合我国企业科技创新补贴的实际情况，以科技创新补贴的投放用途为依据，将科技创新补贴归为五类，并运用企业的实际数据研究这五类补贴对外部融资的影响，是对 Kleer（2010）理论模型的进一步深化和扩展。

还有一个值得关注的问题是，其他类补贴中包括披露不详的科技创新补贴。企业可能出于保密或其他目的，在年报中对于这些补贴的内容披露较为粗略，仅有如下描述：科技项目经费、自主创新专项资金、科技专项、技术创新项目、技术创新基金、科技计划、创新扶持资金、收科学技术局款、科技三项经费等。因此本书无法将这些补贴进行准确归类。这些补贴的总量较多，占“其他类补贴”总数的 91%，占科技创新补贴总数的 23%。对于这些补贴，在前面的稳健性检验中专门对其进行了检验。检验结果发现，披露不详的科技创新补贴对于外部融资的信号作用并不明显，并不会显著提高企业的外部融资。这一结果揭示了科技创新补贴披露的重要性。Nekhili 等（2012）的研究认为自愿披露与科技创新相关的信息可以提高企业的市场价值，本书的结论证实了这一点。根据本书的结论，如果科技创新补贴的披露过于简单，会使外部资金提供者无法从中获得有用的信息，无法准确判断该科技创新补贴对应项目的风险。于是，无论是债权人还是权益投资者，均对这样的补贴持谨慎态度，不会对该补贴项目进行投资。由此可见，科技创新补贴的详细披露与否会影响其对外部融资的提高作用。因此，应在不外泄商业机密或相关保密协议的前提下，对科技创新补贴进行详细披露。

在披露不详的科技创新补贴中，科技三项费用是受到较多关注的一种科技创新补贴。科技三项费用曾经是实施中央和地方重点科技项目的重要资金来源，本书之所以将其归入披露不详的科技创新补贴类别，主要原因在于其覆盖面较广。具体而言，依据 2006 年的政府收支分类改革，原“科技三项费用”的内容主要通过“产业技术研究与开发”“应用技术研究与开发”以及“科技成果转化与扩散”三个科目予以反映，可见科技三项费用主要用于试验开发方面，但是也包含用于非研发的费用（陈实、孙晓芹，2013）。另外，各地方政府的相关文件中对于“科技三项费用”的解释也较为宽泛。例如，青岛市在其 2003 年发布的《关于进一步加强科技三项费用专项资金管理的意见》指出，科技三项费用是指本级财政预算安排的用于推进科技创新、基础研究、高新技术产业化和科技平台条件建设等方面的各项资金。同年公布的《青岛市专利专项资金管理暂行规定》中也指出该专利专项资金是在市财政该年度的科技三项费用中安排的。综上所述，“科技三项费用”包含的内容较为宽泛，按照本书的分类标准，“科技三项费用”包括新产品和新技术研发、技术改进、科技成果转化、专利及科技奖励补贴的相关内容。因此，将其列为“其他类”中披露不详的科技创新补贴。

另外，根据本书的结论，当科技创新补贴低于企业总资产的 0.07% 左右时，科技创新补贴的信号作用较强，能使企业获得更多的外部权益融资。而在科技创新补贴的五个具体分类中，不同类别科技创新补贴对于外部融资影响的门槛值均有所不同。具体而言，对于技术改进类补贴，当该类补贴数量小于总资产的 0.08% 时，能帮助企业获得更多的债权融资机会；当该类补贴数量小于总资产的 0.61% 时，对权益融资具有明显的提高作用。对于科技成果转化类补贴，当该类补贴的数量小于总资产 0.14% 时，对于权益融资的提高作用较强。本书认为，科技创新补贴总体的门槛值低于技术改进类补贴和科技成果转化类补贴门槛值的现象是合理的。这是因为，科技创新补贴总体进行检验得到的门槛值是各类科技创新补贴综合作用得到的结果。技术改进类补贴和技术成果转化类补贴对于外部融资提高作用的门槛虽然较高，但是，新产品和新技术研发类补贴、专利及科技奖励类补贴以及其他类补贴对于外部融资则不具有提高作用，甚至具有负面影响。因此，综合各类科技创新补贴对于外部融资的影响，得到的总体门槛值是合理的。在具体实践中，如果企业同时获得多种类型的科技创新补贴，相关政府部门应以总体的 0.07% 门槛值作为主要参考依据。当企业获得的科技创新补贴以技术改进类补贴或技术成果转化类补贴为主时，则应以该类补贴较高的门槛值为主要依据进行决策。

6.1.3　各影响因素的结果讨论

为了深入细致地考察科技创新补贴对外部融资的影响，本书考察了行业因素、地区因素、企业的发展阶段以及危机因素对于科技创新补贴与外部融资关系的影响，即：对假设 H11 的部分内容进行了验证。

对高科技行业和非高科技行业的检验结果显示，整体而言，高科技企业对于外部融资的提高作用更强。对于不同种类的科技创新补贴而言，高科技企业获得的技术改进类补贴、科技成果转化类补贴和其他类补贴，对于外部融资的提高作用较强。而对于新产品和新技术研发类补贴、专利及科技奖励类补贴，高科技企业和非高科技企业获得的这两类补贴在对外部融资的提高作用方面并不存在显著差异。由此可见，高科技企业所获科技创新补贴的信号作用更强，更有助于企业获得外部融资。这一研究结果，在一定程度上与高艳慧等（2012）的研究结论存在趋同。高艳慧等（2012）的研究以高科技企业为样本，认为高科技企业的科技创新补贴对于债权融资具有信号作用，能推动企业债权融资额的增加。本书的样本覆盖了全部行业，发现与非高科技企业相比，高科技企业获得的科技创新补贴对于债权融资的提高作用更强。可见，两者的结论在高科技企业对于债权融资的信号作用方面趋于一致。

对于西部地区和东部地区企业的检验结果显示，东部地区和西部地区企业获得的科技创新补贴对于外部融资的影响不具有显著差异，东部地区企业获得的科技创新补贴并没有显示出较强的信号作用。这一结果与假设 H11b 并不一致。导致这一结果的原因可能主要来自以下两个方面：一方面，信息不对称程度在科技创新补贴的信号作用方面起到了决定性的作用。西部地区与东部地区民营上市公司的信息不对称程度差异并不显著，因此，西部地区与东部地区获得的科技创新补贴对于外部融资提高作用的差异并不显著。另一方面，虽然各地区的科技发展水平有所差异，但是，科技创新的重要性已深入人心，无论是东部地区还是西部地区，外部资金提供者对企业科技创新方面的信息均非常关注。因此，科技创新补贴信号作用的地区差异并不明显。

对于企业不同发展阶段所获科技创新补贴对于外部融资的影响差异，检验结果显示，与成长期企业相比，成熟期和衰退期企业获得的科技创新补贴对于外部融资的提高作用更强。而且，在科技创新补贴的具体分类中，成熟期和衰退期企业获得的技术改进类补贴对于外部融资的提高作用更为明显。根据假设 H11c，成长期企业获得的科技创新补贴对于外部融资具有较为明显的提高作用。由此可见，检验结果与假设 H11c 不符。导致这一偏差的原因可能在于：（1）成熟期企业的外部融资的渠道较为畅通，企业所获科技创新补贴能较好发挥其证实作用，帮助企业获得更多的外部融资。而成长期企业风险过大，即使企业获得了科技创新补贴，科技创新补贴的证实作用仍然不能抵消外部资金提供者对于企业风险的担忧，因此，科技创新补贴对于外部融资的提高作用并不明显。（2）处于衰退期的企业，尤其是处于衰退初期的企业，由于产品的销售具有一定的“惯性”，因而，企业仍然具有较大的市场份额，能保持一定的现金流入（王士伟，2011），总体的财务实力仍较为雄厚。加之，企业已建立起较为稳定的融资渠道，政府也较为偏爱老牌企业，从而使企业依然能获得政府和外部资金提供者的青睐。因此，衰退期企业所获科技创新补贴能对外部融资产生提高作用。目前，关于不同发展阶段企业所获科技创新补贴对外部融资的影响差异问题，国内外的研究并没有可参考的具体结论，本书所进行的分析和检验是在这方面的一次全新尝试。

对于金融危机期间，企业获得的科技创新补贴对于外部融资的影响，检验结果显示，在金融危机期间，科技创新补贴对于外部融资的提高作用有所增加。这一结果说明在金融危机期间政府对于企业科技创新活动给予的补贴是更为重要的，能帮助企业获得外部融资，从而有助于提高企业的抗风险能力，帮助企业度过危机时期。目前，国内外的研究在这方面尚没有可参考的结论，本书的研究结论对于未来的研究具有一定的参考和借鉴作用。

考虑危机因素对科技创新补贴和外部融资关系的影响是本书一次全新的尝试，所获研究结论对于危机期间政府科技创新补贴政策的制定具有重要的参考价值。书中分析和检验的合理性表现在以下两点：首先，危机因素影响的是科技创新补贴与外部融资之间的关系，检验结果显示危机期间这一关系的正相关性更为显著。金融危机期间，企业的外部融资会受到冲击；但是，政府出台了一系列经济刺激政策，向企业投放大量的科技创新补贴。此时，科技创新补贴有所上升，但是外部融资的数量却有所下降。可见，科技创新补贴与外部融资的关系产生了变化，因此有进一步研究的必要。本书的研究发现，由于金融危机期间外部资金提供者对资金的投放更加谨慎，更关注能证明项目质量相关信息，因而科技创新补贴的信号作用更加明显。其次，2008 ~ 2009 年是金融危机对我国影响最为严重的两个年度，将这两个年度定义为危机时期是合理的。根据国家统计局的数据，我国的 GDP 增速、制造业采购经理人指数和企业景气指数均在 2008 年下半年至 2009 年上半年间跌入谷底，出口增长率也在 2009 年首次降为负值，在 2010 年开始逐步回升。而且 Hud 和 Hussinger（2015），Brautzsch 等（2015），陈艳、张明悦（2011），董二磊、王博（2015），张信东、郝盼盼（2016）的研究均将金融危机期间确定为 2008 ~ 2009 年。因此，本书以 2008 年和 2009 年定义金融危机期间是合理的。

6.2

外部融资对科技创新投入影响的结果讨论

外部融资对于科技创新投入的影响主要是对假设 H4 和假设 H5 进行检验。研究结果发现，外部融资对于科技创新投入具有正向的推动作用，但是，只有权益融资才具有这一正向的推动作用，债权融资并不会显著提高企业的科技创新投入。

这一结果的意义主要表现在以下三个方面：首先，这一结果证实了外部融资对于企业科技创新投入的重要意义。许多研究认为科技创新活动的特殊性使内部资金成为企业科技创新活动的主要资金来源，外部资金提供者并不会对这类活动予以资金支持（Kamienm and Schwartzn，1978）。但是，本书的研究证实了外部融资也会对企业的科技创新投入产生重要影响，与 Ayyagari 等（2011）、周方召等（2014）的研究结论趋于一致。其次，本书的这一结果证实了权益融资对于企业科技创新投入的重要意义，认为权益融资是企业科技创新活动较优的融资方式。这一结论是对 Brown 和 Peterson（2011）、刘春玉（2014）研究的进一步证实。本书发现债权融资对于企业的科技创新投入不具有提高作用。这一结果与 Boot 和 Thakor（2000），唐清泉、徐欣（2010）的研究结果是一致的。最后，这一检验结果为科技创新补贴通过外部融资对企业科技创新投入的影响检验奠定了基础。科技创补贴通过外部融资能提高企业科技创新投入这一假设具有两个前提条件：科技创新补贴对外部融资具有提高作用、外部融资能提高企业的科技创新投入。因此，这一研究结果使下一步研究的前提条件得到满足，为后面的研究奠定了基础。

随后，本书检验了行业因素、地区因素、企业发展阶段以及危机因素对于外部融资与科技创新投入关系的影响，即：对假设 H11 中的部分内容进行了检验。

对于行业因素的检验结果表明，与非高科技企业相比，高科技企业获得的权益融资对科技创新投入具有更好的提高作用。而无论是高科技企业还是非高科技企业，债权融资对于企业的科技创新投入均不具有提高作用。与假设 H11a 相符。这一研究结果证实了 Hall 和 Lerner（2010）、刘振（2011）的观点。而且为接下来高科技企业所获科技创新补贴通过外部融资对科技创新投入的影响检验奠定了基础。前面的检验结果发现，高科技企业的科技创新补贴对权益融资的影响较大，这里又发现高科技企业的权益融资对于企业科技创新投入的影响较大。因此，可以对高科技企业的科技创新补贴通过权益融资，对企业科技创新投入的影响进行深入研究。

对于地区差异的检验结果发现，与西部地区相比，东部地区企业获得的权益融资能更好地提高企业的科技创新投入。与假设 H11b 相符。关于不同地区的外部融资对于企业科技创新投入的影响，目前国内外的研究并没有对此得出明确的结论。本书认为在东部地区，知识产权的保护水平比较好，企业进行科技创新活动的积极性较高，因而企业会将更多的外部融资用于科技创新活动。同时，在东部地区，企业运用知识产权进行担保融资的可行性也比较大，从而可以为企业的科技创新活动筹集到更多资金。因此，东部地区企业的外部融资能更好地促进科技创新投入。本书从知识产权保护的视角研究这一问题，扩展了知识产权保护水平对企业科技创新投入影响的研究成果，对未来研究具有一定的借鉴作用。

对于企业不同发展阶段的检验结果发现，与衰退期企业相比，成长期和成熟期企业的权益融资对于科技创新投入具有更加明显的提高作用。与假设 H11c 基本相符。这一研究结论与陶兴（2013）的理论研究成果基本保持一致，认为权益融资是企业成长期和成熟期进行科技创新活动的主要资金来源。而蒋亚朋、王义茹（2015）运用创业板上市公司的研究发现，只有成熟期企业的股权融资与科技创新投入呈现正相关关系。这一差异可能是样本差异所致，蒋亚朋、王义茹（2015）仅以创业板上市公司为样本，本书则以全部A股上市公司为样本。

对于金融危机影响的检验结果发现，金融危机并不会显著降低外部融资对科技创新投入的提高作用。具体而言，对于债权融资，金融危机期间，其与科技创新投入的关系会有所改善。但是，并不会出现债权融资对科技创新投入的正向影响，只是债权融资对于科技创新投入的负向影响有所缓解而已。对于权益融资，金融危机与非金融危机期间相比，其与科技创新投入的关系并无显著差异。这一检验结果与假设H11d基本相符。目前，关于金融危机对于外部融资与科技创新投入关系的研究并没有可参考的文献，本书的理论分析及检验结果是在这方面的一次全新尝试。

6.3 科技创新补贴对科技创新投入影响的结果讨论

科技创新补贴对于科技创新投入影响的检验，首先，检验了科技创新补贴对于科技创新投入的直接影响，主要是对假设H6和假设H7的检验。其次，检验了科技创新补贴通过外部融资对于科技创新投入的间接影响，主要是对假设H8、假设H9和假设H10进行检验。

6.3.1 科技创新补贴对科技创新投入直接影响的结果讨论

对于科技创新补贴与科技创新投入的关系，学术界主要存在两种相反的观点：激励作用和挤出作用。近年来，越来越多的研究发现，科技创新补贴和科技创新投入之间的关系可能呈现出激励作用和挤出作用交替出现的现象。本书检验了科技创新补贴对科技创新投入的直接影响，即：对假设H6进行检验。结果发现，科技创新补贴对于企业科技创新投入的影响并非简单的线性关系，只有当科技创新补贴的数量小于一定门槛值时，对于科技创新投入才具有激励作用，与假设H7相符。具体而言，当企业当年获得的科技创新补贴占总资产的比例小于0.14%时，对于科技创新投入具有激励作用；当企业当年获得的科技创新补贴占总资产的比例大于0.14%时，对于科技创新投入具有挤出作用。另外，企业前一年获得的科技创新补贴占总资产的比例小于0.76%时，对于科技创新投入具有激励作用；当企业前一年获得的科技创新补贴占总资产的比例大于0.76%时，对于科技创新投入不具有激励作用。这一研究结论与 Dai 和 Cheng（2015）、刘虹等（2012）研究结果趋于一致。之所以研究科技创新补贴对于科技创新投入的直接影响，主要有以下两个原因：一方面，为研究科技创新补贴对科技创新投入的间接影响奠定基础。根据前面的研究显示，科技创新补贴只有小于一定的门槛值，才对外部融资具有较强的提高作用。所以只有在一定的门槛值以下，科技创新补贴才能通过外部融资的中介作用，提高企业的科技创新投入。而假设 H6 的检验结果显示，在一定的门槛值以下，科技创新补贴对于科技创新投入的提高作用较为明显。这说明，科技创新补贴通过外部融资的中介作用对科技创新投入的提高是符合科技创新补贴与科技创新投入关系曲线的，因此，具有一定的合理性。另一方面，这一问题的研究使本书的整个研究框架更为完整。对于科技创新补贴与科技创新投入的关系，本书的研究重点在于科技创新补贴通过外部融资对于科技创新投入的间接影响。但是，如果只研究间接影响，而不考虑直接影响，势必会影响本研究的完整性和可信性。因此，需要对直接影响予以研究。

目前对于科技创新补贴进行分类的研究主要集中在科技创新补贴对于科技创新投入的影响方面。Colombo，Grilli 和 Murtinu（2011）将科技创新补贴分为“自动性补贴”和“选择性补贴”，Wei 和 Liu（2015）将政府资助分为“横向资助”和“纵向资助”两部分，张兴龙等（2014）将科技创新补贴分为事前一次性补贴、补贴率方式补贴、事后奖励方式补贴以及其他补贴四类。本书以科技创新补贴的投放用途为依据，将科技创新补贴分为五类，分别研究这五类科技创新补贴对于科技创新投入的直接影响，即：对假设 H7 进行检验。检验结果发现，新产品和新技术研发类补贴对于科技创新投入具有提高作用，且该提高作用主要来自相关门槛值以下的该类补贴。在一定的门槛值下，科技成果转化类补贴对于科技创新投入具有提高作用，但是该提高作用不及新产品和新技术研发类补贴的提高作用。而技术改进类补贴、专利及科技奖励类补贴、其他类补贴对科技创新投入的影响均不显著。由此可见，新产品和新技术研发类补贴对于科技创新投入的提高作用显著高于其他类型科技创新补贴的提高作用。与假设 H7 相符。目前，依据科技创新补贴的投放用途进行归类检验，本书尚属首次。因此，有助于丰富科技创新补贴与科技创新投入关系的相关研究，对未来的相关研究也具有一定的参考价值。

随后，分别检验了不同行业、不同地区、不同的发展阶段以及不同的宏观环境对于科技创新补贴与科技创新投入关系的影响，即：对假设 H11 的部分内容进行了检验。检验结果发现：首先，与非高科技企业相比，高科技企业获得的科技创新补贴对于科技创新投入具有更好的提高作用，与假设 H11a 相符。这一检验结果与白俊红（2011）的研究结论趋于一致。其次，东部地区和西部地区企业获得的科技创新补贴对于科技创新投入的影响并无显著差异。与假设 H11b 不符。再次，与衰退期企业相比，成长期和成熟期企业所获科技创新补贴对于科技创新投入的提高作用更为明显。与假设 H11c 基本相符。这一结论与熊和平等（2016），汤颖梅、王明玉（2016）的结论趋于一致，但是并不完全相同，差异主要体现在本书发现成长期和成熟期企业的科技创新补贴对于科技创新投入具有较强的提高作用，而熊和平等（2016），汤颖梅、王明玉（2016）的研究则认为成长期和衰退期企业的科技创新补贴对于科技创新投入具有较强的提高作用。结论的差异可能主要来自样本的差异以及科技创新补贴衡量标准方面的差异。最后，与非金融危机期间相比，金融危机期间企业获得的科技创新补贴对于科技创新投入的提高作用会有所减弱。与假设 H11d 相符。这一研究结论与 Hud 和 Hussinger（2015）的研究结论趋于一致。

6.3.2 科技创新补贴对科技创新投入间接影响的结果讨论

检验科技创新补贴通过外部融资对于企业科技创新投入的间接影响，主要是考察外部融资是否具有中介效应，使科技创新补贴能通过这一中介效应提高企业自身对于科技创新活动的投入，即：对假设 H8、假设 H9 和假设 H10 进行的检验。检验结果发现：首先，当科技创新补贴低于企业总资产的0.07%时，科技创新补贴可以提高企业的权益融资，并通过权益融资的中介作用提高企业的科技创新投入。与假设 H8 相符。其次，从科技创新补贴的种类角度进行检验，发现只有科技成果转化类补贴可以通过提高企业的权益融资间接激励企业的科技创新投入，其他类别的科技创新补贴均无法通过外部融资的中介作用间接提高企业的科技创新投入。与假设 H9 并不完全一致。具体而言，对于新产品和新技术研发类补贴、专利及科技奖励类补贴、其他类补贴，由于它们对外部融资不具有显著的提高作用，因此，必然不会通过外部融资的中介作用提高企业的科技创新投入。技术改进类补贴对外部融资具有提高作用，那么为什么这类补贴不会通过外部融资进而提高企业的科技创新投入呢？究其原因，发现技术改进类补贴对于企业科技创新投入的影响为负且并不显著，这说明企业获得技术改进类补贴后，除了将该类补贴投入科技创新活动中外，并不会将更多的自有资金运用于企业的科技创新活动中，即：技术改进类补贴虽然使企业获得了更多的外部融资，但是这些资金的增加却并不会使企业进一步增加其对于科技创新活动的投入。最后，研究结果显示，只有当科技创新补贴对于权益融资具有提高作用时，科技创新补贴才会通过权益融资的中介作用提高企业的科技创新投入。科技创新补贴即使对于企业的债权融资具有提高作用，但是由于债权融资对于科技创新投入并不具有提高作用，因此，科技创新补贴不可能通过债权融资的中介作用提高企业的科技创新投入。与假设 H10 相符。

科技创新补贴通过外部融资对于企业科技创新投入影响的检验结果，至少可以从以下几个方面探讨其研究意义：首先，研究结果显示，科技创新补贴能通过权益融资的中介作用提高企业的科技创新投入。这是对于科技创新补贴“激励效应”相关理论的进一步拓展，在 Yager 和 Schwitt（1997）、Lach（2002）等总结的“激励效应”的相关原因基础上，增加了一个科技创新补贴对于科技创新投入具有“激励效应”的原因：科技创新补贴能通过提高企业的权益融资水平，进而提高企业的科技创新投入。其次，研究结果显示，只有科技成果转化类补贴可以通过提高企业的权益融资间接的激励科技创新投入，其他类别的科技创新补贴均不具有这一作用。这对科技创新补贴的发放机构具有一定的参考价值，使其能更加合理地配置科技创新补贴。最后，这一结果进一步强调了权益融资对于科技创新投入的重要意义。因为科技创新补贴只有通过权益融资的中介作用才能提高企业的科技创新投入，所以拓宽企业的权益融资渠道至关重要。

本书分别考察了行业因素、地区因素、企业的发展阶段以及危机因素对外部融资在科技创新补贴与科技创新投入之间所起中介作用的影响，即：对假设 H11 的部分内容进行了检验。检验结果发现，在行业因素的检验方面，高科技企业科技创新补贴可以更好地通过提高权益融资，进而提高企业的科技创新投入。与假设 H11a 相符。在地区因素的检验方面，东部地区和西部地区企业的科技创新补贴在通过外部融资的中介效应提高科技创新投入方面，不存在显著差异，与假设 H11b 不符。在企业发展阶段的检验方面，成熟期企业的科技创新补贴可以更好地通过提高权益融资，进而提高企业的科技创新投入。与假设 H11c 相符。造成与假设不符的主要原因在于，东部地区和西部地区的科技创新补贴对于外部融资的提高作用并没有显著差异，使外部融资的中介作用并不存在显著差异。而成长期企业的科技创新补贴对于外部融资不具有提高作用，因而不可能通过外部融资的中介作用提高企业的科技创新投入。在危机因素的检验方面，金融危机期间企业所获科技创新补贴不能通过外部融资的中介效应提高企业的科技创新投入。与假设 H11d 相符。科技创新补贴通过外部融资对于企业科技创新投入的影响，是一个较新的研究角度，而不同影响因素检验得到的结果，也是这方面较新的尝试，并没有相关的国内外研究结论进行对比。本书认为，对于这一问题的研究，有助于政府的相关部门更加重视高科技企业和成熟期企业的科技创新补贴情况，从而更好地发挥科技创新补贴对于外部融资和科技创新投入的积极作用。

6.4 研究结果的意义

对于本书获得的研究结果，本书认为至少在以下几个方面对于理论和实践活动具有一定的意义：

（1）关于科技创新补贴的数量和种类对于外部融资的影响结果，有助于完善科技创新补贴对外部融资影响的相关理论。目前关于科技创新补贴对外部融资影响的文献，只关注科技创新补贴是否具有信号作用。而本书则进一步深化了科技创新补贴的信号作用，认为科技创新补贴的信号作用源于“证实作用”，而“证实作用”并不会随着科技创新补贴数量的增加而线性提高。当科技创新补贴数量超过一定的金额时，每增加一单位的科技创新补贴，其产生的证实作用反而会边际递减。另外，科技创新补贴对外部融资不仅具有信号作用，还具有融资替代作用。因此，当企业获得了过多的科技创新补贴后，就足以满足企业进行科技创新活动的资金需要。此时，企业进行外部融资的意愿会有所降低，科技创新补贴对于外部融资的提高作用大幅下降。同时，本书认为，在科技创新补贴对于外部融资的影响方面，还应充分考虑外部资金提供者的风险防范意识。对于外部资金提供者而言，出于趋利避害的本能，会更加关注企业科技创新活动的风险，倾向于对风险相对较低的项目提供资金。因此，对于风险较高的科技创新项目，即使企业获得相关的科技创新补贴，外部资金提供者仍然不愿意对这类项目进行投资。

（2）关于科技创新补贴通过外部融资的中介作用对企业科技创新投入产生影响的结果，有助于丰富科技创新补贴对于科技创新投入持有“激励效应”观点的相关理论，将科技创新补贴与外部融资、科技创新补贴与科技创新投入的相关研究纳入同一个研究框架。通过本书的研究发现，科技创新补贴不仅能通过降低风险、降低成本和扩散知识等方面，提高企业的科技创新投入，还可以通过提高企业的外部融资，进而提高企业的科技创新投入，这一结果是对科技创新补贴“激励效应”相关理论的进一步拓展。同时，本书构建的“科技创新补贴—外部融资—科技创新投入”中介效应模型，将科技创新补贴与外部融资关系问题、科技创新补贴与科技创新投入关系问题进行整合，丰富了这一领域的研究成果。

（3）关于权益融资在科技创新补贴对外部融资及科技创新投入影响方面所起的作用，本书的结果有助于企业和相关政府机构更加重视权益融资渠道。从研究结果可以看出，科技创新补贴主要对权益融资具有提高作用，而且只有权益融资能提高企业的科技创新投入，因此科技创新补贴只有通过权益融资的中介作用才能提高企业的科技创新投入。由此可见，权益融资对于科技创新补贴对外部融资以及科技创新投入的提高作用均具有重要意义。企业在进行科技创新活动时，应该更加重视权益融资渠道，更多地针对权益融资展开融资活动。而政府也应该通过制定相关的政策法规，为企业开拓更多的权益融资渠道。同时，应着重对目前的权益融资渠道加强监管，促进其有序健康发展，从而为企业的科技创新提供更好的支持。

（4）关于行业因素、地区因素、企业发展阶段、危机因素的检验结果，能为相关政府机构的科技政策提供参考，也有助于相关理论的发展。首先，行业因素的研究结果认为，与非高科技企业相比，高科技企业获得的科技创新补贴对外部融资具有更强的提高作用，这一提高作用也更有助于企业投入更多的资金用于科技创新活动。因此，政府应更加重视高科技企业科技创新补贴的引导作用，使社会资金在推动高科技企业发展方面发挥更加重要的作用。其次，地区因素的研究结果认为，西部地区和东部地区企业获得的科技创新补贴对外部融资的提高作用没有明显的差异，对科技创新投入的影响也没有明显的差异。这一结论扩展了政府干预程度、科技发展水平、科技成果转化水平、知识产权保护水平等宏观因素对于科技创新补贴影响的相关研究，对今后这方面的研究具有一定的借鉴和参考作用。再次，企业发展阶段的研究结果表明，处于成熟期的企业，科技创新补贴对于外部融资具有较强的提高作用，且这一提高作用也有助于进一步提高企业的科技创新投入。这一结论说明，对于成熟期企业，政府可考虑适当降低科技创新补贴的金额，充分发挥科技创新补贴对社会资金的杠杆作用，从而推动企业的科技创新。同时，政府应关注成长期企业融资渠道的建设和拓展，力争使科技创新补贴能对成长期企业产生更为积极的推动作用。最后，危机因素的研究结果认为，金融危机期间，科技创新补贴对于外部融资的提高作用有所增强，但是，对科技创新补贴与科技创新投入关系的影响却并不显著。这说明在危机期间，政府对于企业科技创新活动的扶持是至关重要的，政府能通过科技创新补贴这一手段，为企业带来更多的资金支持，有助于企业渡过难关。因此，在危机期间，政府应考虑加大对企业的科技创新补贴力度或范围。

另外，需要说明的是，本书以民营企业为研究对象，所获研究结论主要针对民营企业，并不完全适用于国有企业。具体而言，主要有以下两个方面的结论可能不适用于国有企业：第一，在科技创新补贴对于外部融资的提高作用方面，本书认为当科技创新补贴的数量或种类在一定的范围内，这一提高作用是显著的。但是，国有企业所获科技创新补贴的证实作用可能相对较弱，即使科技创新补贴的数量或种类在一定的范围内，其对于外部融资的提高作用也可能相对较小或并不显著。因为国有企业是政府投资和控制的企业，而科技创新补贴是由政府组织评审并决定给予企业的无偿补贴，此时，政府与国有企业具有一定的联系，政府并不能作为独立的第三方对国有企业的项目质量做出评估和决策。因此，科技创新补贴的证实作用被削弱。另外，外部资金提供者更愿意为国有企业提供资金，而对于反映项目质量的信息并不重视，从而也使科技创新补贴的信号作用有所下降。第二，在融资方式方面，本书认为科技创新补贴对于权益融资的提高作用更加明显，而且科技创新补贴只能通过权益融资的中介作用提高企业的科技创新投入。但是，在国有企业，债权融资可能会在科技创新补贴、外部融资与科技创新投入中发挥更加重要的作用。这因为在我国银行的信贷活动中，“成分论”的影响不可忽视。国有企业的规模普遍较大、科研实力相对较强，加之与政府具有“天然的联系”，银行等债权人对国有企业较为信任，在贷款规模、风险评估、担保条件、利息等方面均为国有企业提供了一系列的优惠政策。此时，国有企业的贷款项目，即使是风险较大的科技创新项目，也较易获得债权融资的支持。因此，如果国有企业所获科技创新补贴具有证实作用，可能会对债权融资产生显著的提高作用，并通过债权融资的中介作用提高企业的科技创新投入。总之，除了以上两个方面的结论外，本书的其他结论，例如，科技创新补贴与外部融资的非线性关系、不同类型科技创新补贴对外部融资和科技创新投入影响的差异、外部融资的中介效应、科技创新补贴对科技创新投入的直接影响、各因素对三者（科技创新补贴、外部融资、科技创新投入）关系的影响等结论，均对国有企业具有较好的借鉴作用。

第 7 章

研究结论

在本章中，首先对本书的主要工作和研究结论进行了归纳和总结；其次总结了本书可能存在的主要创新点，并针对研究结论提出了具体的政策建议；最后对本书的局限性以及未来的研究方向进行了简要的说明和展望。

7.1 主要工作和结论

科技创新补贴是政府促进科技进步和自主创新的重要手段之一，能有效解决科技创新活动的市场失灵问题，作为一项重要的政策工具，在全球范围内被广泛应用。本书主要研究了科技创新补贴对于外部融资的影响，以及科技创新补贴对于企业科技创新投入的直接影响和间接影响。这一问题的研究对于缓解企业科技创新活动的融资约束、提高企业科技创新积极性均具有重要意义。本书的主要研究工作可总结为以下三点：

（1）作为研究的准备工作，本书系统地梳理了与本书相关的理论及文献，并对科技创新补贴的制度背景进行了整理。具体而言，首先，详细阐述了支撑本书理论框架的四个基础理论：市场失灵理论、信息不对称理论、熊彼特的创新理论和融资优序理论。对于这四个理论的阐述，着重于以下三个方面：理论的产生、理论的主要内容、该理论在本书中的应用。其次，系统梳理了与本书相关的国内外主要文献，总结和评述了现阶段研究成果的主要特点以及改进方向。最后，整理了与科技创新补贴相关的科技政策、会计准则，并阐述了目前我国科技创新补贴的发放形式、管理部门、资金来源和发放程序。

（2）构建了科技创新补贴、外部融资和科技创新投入三者关系的理论框架。具体而言，首先，从科技创新补贴的数量和种类两个角度，阐释了科技创新补贴对外部融资的影响。对科技创新补贴在数量上存在门槛值的原因进行了理论分析，并从风险规避角度阐述了不同种类科技创新补贴对于外部融资的影响差异。其次，从融资约束、现金流和财务环境等角度，阐述了外部融资对于科技创新投入的影响机理。最后，从直接影响和间接影响两个角度，分析了科技创新补贴对科技创新投入的影响机理。其中，直接影响是指科技创新补贴对于科技创新投入的直接作用，而间接影响则是指科技创新补贴通过外部融资的中介作用对科技创新投入的影响。另外，为了使研究更具有针对性，本书分别阐述了行业因素、地区因素、企业发展阶段和危机因素对于科技创新补贴、外部融资、科技创新投入三者关系的影响。

（3）手工收集了科技创新补贴的数据，并运用门槛回归分析方法、中介效应分析方法、多元回归分析方法等对理论框架进行了验证。具体而言，首先，本书根据企业会计准则，分析科技创新补贴在企业财务报表中的列示科目及科目间的相互关系，从而更为准确地确定出企业获得的科技创新补贴数量。其次，本书运用门槛回归模型，较为客观地估计出科技创新补贴的门槛值，并结合多元回归分析方法检验了科技创新补贴数量差异对于外部融资及科技创新投入的影响。最后，本书运用中介效应分析方法，验证了科技创新补贴通过外部融资对于科技创新投入的间接影响。

通过理论分析和实证检验，本书得到的主要研究结论如下：

（1）当科技创新补贴数量小于一定的门槛值时，科技创新补贴才有助于企业获得更多的外部融资。具体而言，当企业获得的科技创新补贴数量低于总资产的0.07%左右时，科技创新补贴能充分发挥其对于项目质量的证实作用，为企业吸引较多的外部融资机会；当企业获得的科技创新补贴数量超过总资产的0.07%左右时，科技创新补贴的证实作用边际递减，融资替代作用有所加强，使科技创新补贴对外部融资的提高作用大幅下降。

（2）不同类型的科技创新补贴对外部融资具有不同影响。在科技创新补贴的五个具体分类中，只有技术改进类补贴和科技成果转化类补贴对外部融资具有较强的提高作用，其他三类补贴对外部融资的提高作用并不明显。具体而言，技术改进类补贴对于企业的债权融资和权益融资均具有显著的提高作用；科技成果转化类补贴仅对于企业的权益融资具有提高作用；新产品和新技术研发类补贴、专利及科技奖励类补贴、其他类补贴对于外部融资的提高作用并不明显。

（3）科技创新补贴能提高企业的外部融资，并以外部融资为中介，进而提高企业的科技创新投入。具体而言，当科技创新补贴的数量低于企业总资产的0.07%时，科技创新补贴可以通过外部融资的中介作用，进一步提高企业的科技创新投入；在科技创新补贴的不同类型中，只有科技成果转化类补贴可以通过提高企业的外部融资间接激励企业增加科技创新投入，其他类型的科技创新补贴通过外部融资对科技创新投入的间接提高作用并不明显。

（4）与债权融资相比，科技创新补贴对于权益融资的提高作用更加明显，而且科技创新补贴只能通过权益融资的中介作用提高企业的科技创新投入。具体而言，科技创新补贴对于权益融资的影响较大，能帮助企业获得更多的权益融资机会；权益融资的增加有助于提高企业对科技创新活动的投入，而债权融资对于企业的科技创新投入则不具有正向的提高作用；科技创新补贴只有通过权益融资的中介作用才能提高企业的科技创新投入。

（5）科技创新补贴数量和种类的不同使科技创新补贴对科技创新投入的直接影响有所差异。具体而言，在科技创新补贴数量方面，当科技创新补贴数量低于总资产的0.14%左右时，科技创新补贴对于科技创新投入具有明显的激励作用；当科技创新补贴数量高于总资产的0.14%左右时，科技创新补贴对于科技创新投入的挤出作用较为明显。在科技创新补贴种类方面，与其他类型的科技创新补贴相比，新产品和新技术研发类补贴对于科技创新投入的提高作用更加明显。

（6）行业因素、地区因素、企业发展阶段和危机因素对于科技创新补贴与外部融资和科技创新投入的关系具有一定影响。具体而言，首先，与非高科技企业相比，高科技企业获得的科技创新补贴对外部融资的提高作用更加明显，外部融资对科技创新投入的提高作用也更加明显，而且高科技企业获得的科技创新补贴对于科技创新投入的直接提高作用和间接提高作用均更加明显。其次，与西部地区相比，东部地区企业获得的外部融资对科技创新投入具有更好的提高作用，但是，在科技创新补贴对外部融资和科技创新投入影响的其他方面，东西部地区企业均不存在显著差异。再次，成熟期和衰退期企业所获科技创新补贴对外部融资具有较强的提高作用，成长期和成熟期企业的外部融资对于科技创新投入具有较强的提高作用，成长期和成熟期企业的科技创新补贴对科技创新投入具有较强的直接影响，而成熟期企业所获科技创新补贴对科技创新投入的间接提高作用较强。最后，金融危机期间，科技创新补贴对于外部融资的提高作用更加明显，然而，科技创新补贴对于科技创新投入的提高作用却有所削弱。

7.2 主要创新点

本书运用门槛回归方法，对科技创新补贴与外部融资的关系问题进行了较为深入的研究，并将这一研究进行拓展，考察了科技创新补贴通过外部融资的中介作用对企业科技创新投入的影响，具有一定的创新性。具体而言，本书可能存在的创新点主要包括以下三个方面：

（1）本书客观估计出科技创新补贴对于外部融资影响的门槛值，并认为科技创新补贴对于项目质量的证实作用并不会随着科技创新补贴数量的增加而线性增强。这一研究成果从理论上深化了科技创新补贴的信号作用，证实了科技创新补贴与外部融资之间的非线性关系。同时，本书所确定的门槛值，为政府部门确定合理的科技创新补贴区间和减少财政资源的浪费提供了一定的操作依据。

现有研究均以科技创新补贴的信号作用为依据，认为科技创新补贴能证明项目的质量，向外传递了积极的信号，从而对外部融资具有线性提高作用。本书深化了科技创新补贴的信号作用，认为科技创新补贴对于项目质量的证实作用并不会随着科技创新补贴数量的增加而线性增强。当科技创新补贴超过一定金额后，每增加一个单位的科技创新补贴，其产生的边际证实作用会呈现递减趋势。在此基础上，本书运用门槛回归方法，客观估计出科技创新补贴对于外部融资影响的门槛值。研究发现，当企业获得的科技创新补贴低于总资产的0.07%左右时，科技创新补贴与外部融资呈现正相关关系；当企业获得的科技创新补贴超过总资产的0.07%左右时，科技创新补贴与外部融资的正相关关系并不显著。同时，针对不同类型的科技创新补贴，本书分别在全部企业、不同行业和不同地区企业中进行门槛回归检验，客观估计出相应的门槛值，且均发现当科技创新补贴小于一定的门槛值时，科技创新补贴对于外部融资具有显著的提高作用；当科技创新补贴数量大于一定的门槛值时，科技创新补贴对于外部融资的提高作用大幅下降。这一研究成果从新的理论视角丰富了科技创新补贴与外部融资关系研究的理论基础，更加客观、细致地描绘出科技创新补贴与外部融资的关系分布，对政府相关部门的科技创新补贴决策以及完善国家科技管理信息系统具有重要的参考价值。

（2）本书构建了“科技创新补贴—外部融资—科技创新投入”的关系模型，提出并验证了外部融资在科技创新补贴与科技创新投入之间具有中介作用的观点。这一研究成果为科技创新补贴到科技创新投入的传导路径研究提供了新的视角。

以往研究仅聚焦于科技创新补贴与外部融资的关系问题，或科技创新补贴与科技创新投入的关系问题，忽视了这两个研究问题之间的内在联系。本书突破了现有研究框架的限制，重点关注外部融资在科技创新补贴到科技创新投入传导机制中的重要作用，对科技创新补贴与外部融资关系问题、科技创新补贴与科技创新投入关系问题进行整合，构建出“科技创新补贴—外部融资—科技创新投入”的中介效应模型。研究发现，科技创新补贴可以提高企业的外部融资，并通过外部融资的中介作用间接提高企业的科技创新投入；外部融资在科技创新补贴与科技创新投入之间所起的中介作用，主要通过权益融资来实现，债权融资的中介作用并不明显。这一研究成果是对科技创新补贴与外部融资关系问题的进一步延伸和拓展，为科技创新补贴对科技创新投入的激励效应提供了新的解释，将科技创新补贴与外部融资、科技创新补贴与科技创新投入的相关研究纳入同一个研究框架。

（3）本书基于科技创新补贴的投放用途对科技创新补贴进行归类，并发现不同类型的科技创新补贴对于外部融资和科技创新投入的影响有所差异。本书以一个全新的视角对科技创新补贴进行归类，对科技创新补贴资源的优化配置具有一定的参考价值。

目前国内外对科技创新补贴进行分类研究的成果并不多，而在科技创新补贴对外部融资影响的研究中，尚未出现对不同类型科技创新补贴进行实证研究的相关成果。本书以科技创新补贴的投放用途为依据，同时充分考虑了科技创新补贴资助项目的创新阶段和风险差异等因素，将科技创新补贴分为五类：新产品和新技术研发类补贴、技术改进类补贴、科技成果转化类补贴、专利及科技奖励类补贴、其他类补贴，认为不同类型科技创新补贴对应项目的风险存在差异，造成其对于外部融资及科技创新投入的影响有所不同。研究发现，新产品和新技术研发类补贴对外部融资的提高作用并不显著，却对科技创新投入具有较强的激励作用；技术改进类补贴对外部融资具有较强的提高作用，却无法激励企业增加科技创新投入；科技成果转化类补贴对外部融资也具有较强的提高作用，并能通过外部融资的中介作用提高企业的科技创新投入；专利及科技奖励类补贴和其他类补贴对于外部融资和科技创新投入均不具有显著影响。本书以一个全新的视角对科技创新补贴进行分类，弥补了科技创新补贴与外部融资关系研究中缺乏对科技创新补贴进行分类研究的空白，为现有科技创新补贴与科技创新投入关系研究中结论不一致的现象提供了新的解释，也为优化科技创新补贴的资源配置提供了新的理论依据。

7.3 政策建议

科技创新补贴作为一项重要的政策工具，对于缓解企业科技创新活动的“融资难”问题具有重要的意义，同时，科技创新补贴通过外部融资的中介作用，对于企业加大科技创新投入也具有积极的促进作用。因此，针对我国企业在获得和利用科技创新补贴方面存在的问题，并结合本书的研究结论，提出以下几点政策建议：

（1）政府在进行科技创新补贴的相关决策时，应全面考虑申请企业已经获得的科技创新补贴情况，将单一企业获得的各类科技创新补贴总额控制在合理的范围内。为了达到这一目标，应依托信息管理手段，进一步完善国家科技管理信息系统。根据本书的研究结论，企业获得的科技创新补贴并非越多越好，过多的科技创新补贴会使企业过于依赖政府补贴开展科技创新活动，无法发挥社会闲置资本的作用，长期以往不利于企业的健康发展。因此，政府无须对企业的科技创新活动给予过多的补贴，而应该将科技创新补贴数量控制在一定的范围内。根据本书的检验结果，应将企业获得的各类科技创新补贴总额控制在其总资产0.07%左右的范围内，加强科技创新补贴的证实作用，通过吸引外部融资缓解企业的“融资难”和创新投入不足问题。同时，为了全面考察申请企业已获得的科技创新补贴情况，政府进一步完善国家科技管理信息系统。在该系统中，应该完善以企业为单位进行的检索和列报，并向公众开放，从而使利益相关者能依托信息管理手段，全面考察企业已获得的科技创新补贴情况。另外，根据本书的检验结果，连续多次获得科技创新补贴会削弱其信号作用，因此，政府应该扩大科技创新补贴的发放范围，尽量避免对某一企业连续多次发放科技创新补贴。当科技创新补贴数额较大需要分次拨付时，拨付的次数最好控制在三次以内。

（2）政府可以考虑适当加大对新产品和新技术研发项目的补贴力度，适当降低对技术改进和科技成果转化项目的补贴力度。根据本书的研究结论，新产品和新技术研发类补贴对于外部融资不具有提高作用，但是对于科技创新投入的提高作用则较为明显。可见，外部融资不能成为新产品和新技术研发项目的主要融资方式，政府的科技创新补贴和企业的内部资金是此类活动的主要资金来源。因此，政府应考虑适当加大对于新产品和新技术研发项目的补贴强度，充分发挥该类补贴对于科技创新投入的激励作用。另外，由于技术改进类补贴和科技成果转化类补贴可以为企业吸引更多的外部融资，政府可考虑适当缩减这两类补贴的金额，让社会资金在技术改进和科技成果转化项目中发挥更加重要的作用，将节约出的资金更多地投入新产品和新技术研发类项目中去，从而在保证科技创新补贴效率的同时，避免科技创新补贴资金的浪费。同时，在技术改进类补贴和科技成果转化类补贴的具体金额配置方面，技术改进类补贴的金额可相对较少，科技成果转化类补贴的金额可相对较多。这是因为，根据本书的结论，技术改进类补贴有助于企业获得更多的外部融资，然而获得的这些资金却被企业较多地用于非科技创新活动中，这虽然有助于缓解企业的“融资难”问题，但对企业科技创新的推动作用却较为有限。科技成果转化类补贴不仅能使企业获得更多的外部资金，而且这些资金又较多地被用于企业的科技创新活动中，有助于企业科技创新能力的提升。因此，与技术改进类补贴相比，科技成果转化类补贴更有助于推动企业的科技创新。

（3）政府应进一步拓宽和规范企业的权益融资渠道，减少对科技创新活动债权融资渠道的干预。一方面，根据本书的结论，科技创新补贴对权益融资具有较强的提高作用，而且科技创新补贴通过权益融资对科技创新投入具有明显的提高作用。因此，政府应该鼓励企业开辟更多的权益融资渠道，降低企业对于银行贷款的依赖。政府对于企业的权益融资渠道应予以鼓励和规范，具体措施包括：开辟和规范风险投资的投融资渠道，鼓励风险投资机构对企业的科技活动进行投资；进一步规范和发展资本市场，使资本市场成为企业权益融资的主要阵地，为企业权益融资方式的计价提供有益参考。另一方面，根据本书的研究结论，科技创新补贴对于债权融资的提高作用并不明显，债权融资对于科技创新投入也不具有正向的提高作用，因而科技创新补贴不可能通过债权融资的中介作用提高企业的科技创新投入。可见，债权融资并不是企业科技创新活动的有效融资方式，这可能是由于企业科技创新活动自身具有的较高风险，而且银行等债权人对于风险防范要求较高的原因所致。为了释放银行对于企业科技创新活动的资金供给，政府目前已经采取了一系列的措施，如鼓励银行建立专门的科技贷款窗口、建立政策性担保公司等。但是，从本书的研究结果可以看出，这些措施的成效并不显著。因此，本书认为，在目前我国企业的负债率已经普遍较高的情况下，政府不应该采取过多的行政手段过分督促银行等债权人向企业的科技创新活动提供借款，而是应该更多地尊重市场的力量，让市场决定企业科技创新活动的债权融资数量。这也从一个侧面证实了“去杠杆”政策的可行性。

（4）政府应考虑适当降低对高科技企业的科技创新补贴力度，更加重视政策工具的引导作用，使社会资金在推动高科技企业发展方面发挥更加重要的作用。根据本书的结论，高科技企业获得的科技创新补贴对外部融资的提高作用更强，而且通过外部融资的中介作用对企业科技创新投入的提高作用也更加明显。由此可见，高科技企业的外部融资在科技创新补贴到科技创新投入的传导机制中，发挥着较为重要的作用，应充分重视外部融资对于高科技企业技术创新的影响。因此，对于高科技企业的扶持，可适当减少直接的资金扶持，而以间接扶持为主。具体而言，一方面，应考虑降低对高科技企业的科技创新补贴金额，加强科技创新补贴的证实作用，从而使外部融资（尤其是权益融资）成为高科技企业创新的主要资金来源。在高科技行业中，应重点考虑缩减对医药制造业（C27），计算机、通信和其他电子设备制造业（C39），互联网和相关服务业（I64），软件和信息技术服务业（I65）的科技创新补贴金额。另一方面，应更多地运用税收优惠、贴息等政策推动高科技企业的发展。高科技企业的技术溢出水平较高，是政府的重点扶持对象。但是，在扶持方式的选择上，可适当减少直接的资金补贴，将节约出的资金以税收优惠、贴息等间接资助方式投入企业，让市场在高科技企业的资源配置方面发挥更加重要的作用。

（5）政府应考虑适当降低对成熟期企业的科技创新补贴力度，加强对成长期企业科技创新补贴的审查，致力于为成长期企业建立稳定的融资渠道。具体而言，首先，根据本书的结论，成熟期企业获得的科技创新补贴不但可以帮助企业获得更多的外部融资，还可以通过外部融资的中介作用进一步提高企业对科技创新活动的投入。这说明对于成熟期企业，可适当降低科技创新补贴的金额，充分发挥科技创新补贴对社会资金的杠杆作用，进而推动企业的科技创新。其次，根据本书的结论，成长期企业的外部融资对科技创新投入具有较好的提高作用，科技创新补贴对于科技创新投入也具有较好的激励作用。但是，科技创新补贴对于外部融资的提高作用却并不显著。如果能使科技创新补贴对外部融资产生提高作用，那么，科技创新补贴会进一步通过外部融资的中介作用提高企业的科技创新投入。为此，政府可以重点关注以下两个方面的工作：一方面，政府应对成长期企业的科技创新补贴申请项目进行严格的审查。严格审查的目的是挑选出高质量的科技创新项目予以补贴，从而使市场对政府的科技创新补贴更有信心，加强科技创新补贴的信号作用。另一方面，政府应进一步拓宽成长期企业的融资渠道，使科技创新补贴的信号作用能够得以发挥。例如，政府应进一步加强政策性担保公司对于成长期企业的扶持；督促银行建立和完善能够充分考虑成长期企业特点的信用评价体系；进一步加强对风险投资的引导和规范，使其成为推动成长期企业发展的主要动力；适当放宽成长期企业的上市条件，使其能获得更多的资金支持；等等。

（6）在宏观的金融危机环境下，政府对于企业科技创新活动的补贴是必要的。根据本书的结论，在金融危机期间，企业获得的科技创新补贴能帮助企业获得相对较多的外部融资，有助于企业渡过难关。这说明在金融危机期间，科技创新补贴对企业发展具有积极的推动作用。因此，当宏观环境受到巨大冲击时，政府应考虑加大对企业的科技创新补贴力度或范围，充分运用科技创新补贴这一手段，保持经济的平稳健康发展。同时，也应注意，在运用这一手段的过程中，切勿盲目投放，扰乱市场秩序。政府应完善科技创新补贴的分配机制，在公平的市场环境下，尊重市场的资源配置规律，保护高效能企业，逐步淘汰低效能企业，从而提高科技创新补贴的资源配置效率，真正为经济的健康发展保驾护航。

（7）政府应采取措施进一步完善科技创新补贴的披露机制。本书的研究结果显示，披露不详的科技创新补贴对于外部融资的提高作用并不明显，这一结果揭示了科技创新补贴披露的重要性。因此，政府应进一步完善科技创新补贴的披露机制，增强科技创新补贴对外部融资的提高作用。具体而言，可以从以下三个方面着手：首先，政府应采取措施鼓励企业通过年报或其他途径，详细披露科技创新补贴的相关信息。其次，政府应加大对科技创新补贴申请、审批过程相关信息的披露，这样不仅有助于提高科技创新补贴相关信息的披露程度，也有助于提高科技创新补贴发放的透明度，增强公众对于科技创新补贴公正性的信心。最后，政府应加强对科技创新补贴项目质量信息的披露，使外部投资者对创新项目更加了解。如果政府能详细披露相关项目的质量信息，会对外部资金提供者更加有用（Kleer，2010），从而更有助于企业获得外部融资。

7.4 研究展望

本书主要研究了科技创新补贴对外部融资的影响，以及科技创新补贴对于企业科技创新投入的直接影响和间接影响。虽然得出了一些创新的观点和结论，但是受制于能力、精力和资源的限制，研究中仍然存在许多需要改进的地方。针对这些不足，为了今后能更加深入地研究这一领域的问题，本书提出以下几点思路和想法：

（1）可以对国有企业的科技创新补贴与外部融资关系进行深入分析。本书以民营企业为研究对象，是因为国有企业与政府具有密不可分的天然联系，在科技创新补贴的获得方面具有较大的优势，在获得国有银行贷款方面也具有较大的优势。因此，为了消除所有制因素造成的内生性和干扰性，仅选择了民营企业为样本进行分析。另外，对科技创新补贴数据的获取，需要根据上市公司的年报进行手工收集和整理，工作量非常之大。由于精力和时间有限，仅选择了民营企业进行研究和分析。在今后的研究中，可以针对国有企业的科技创新补贴进行深入的研究。考察在国有企业这一较为特殊的群体中，企业所获科技创新补贴的特点及其对于企业外部融资的影响，从而对科技创新补贴与外部融资的关系具有更加全面地认识，对相关理论的发展具有更好的推动作用。

（2）应尝试运用多种方法进行研究。目前，对于科技创新补贴的相关研究多是运用统计年鉴以及上市公司数据进行分析。在未来的研究中，可以考虑通过访谈、调研等方式进行案例研究，或者通过问卷调查等方法进行研究。相信这些方法的运用将更有助于贴近企业实际，不仅可以丰富相关领域的研究成果，对企业和政府的相关决策也具有更好的参考价值。

（3）可以针对某一项科技计划进行专门的研究。国外的研究大多选用这一方法，如 Lerner（1999）检验了美国的 SBIR 项目对于企业的影响，Irwin 和 Klenow（1996）检验了美国的 Sematech 项目对企业的影响。我国在这方面的研究并不多，主要是因为缺乏相关的数据。本书认为每一个科技计划都有其侧重点，如 863 项目侧重于支持基础性研究、星火计划侧重于资助农业科技创新、科技型中小企业创新基金侧重于支持中小企业的科技创新。因此，如果能获取相关数据，对某一科技计划进行针对性地研究，相信取得的研究成果会更具有重要的实际意义。

参考文献

[1] Kamien, M., Schwartz, N. Self-Financing of an R&D Project [J]. American Economic Review, 1978, 68: 252-261.

[2] Bougheas, S. Internal vs External Financing of R&D [J]. Small Business Economics, 2004, 22: 11-17.

[3] 解维敏，方红星．金融发展、融资约束与企业研发投入 [J]. 金融研究，2011，(5): 171-183.

[4] 王洪生．科技型中小企业云融资模式研究 [D]. 济南：山东大学博士学位论文，2015.

[5] Romer, P. Are Nonconvexities Important for Understanding Growth [J]. American Economic Review, 1990, 80: 97-103.

[6] Hall, BH., Oriani, R. Does the market value R&D investment by European firms? Evidence from a Panel of Manufacturing Firms in France, Germany, and Italy [J]. International Journal of Industrial Organization, 2006, 24 (5): 971-993.

[7] Samuelson, PA. The Pure Theory of Public Expenditure [J]. The Review of Economics and Statistics, 1954, 36 (4): 387-389.

[8] Bator, FM. The Anatomy of Market Failure [J]. The Quarterly Journal of Economics, 1958, 72 (3): 351-379.

[9] Wallsten, S. The Effects of Government-industry R&D Programs on Private R&D: The Case of SBIR Program [J]. The RAND Journal of Ecomonics, 2000, 31 (1): 82-100.

[10] Arrow, K. Economic Welfare and the Allocation of Resource for Invention [A]. The Rate and Direction of Invention Activity: Economic and Social Factors [C]. Nelson: Princeton University Press, 1962: 609-625.

[11] Romer, PM. Increasing Returns and Long-Run Growth [J]. Journal of Political Economy, 1986, 94 (5): 1002-1037.

[12] Romer, PM. Endogenous Technological Change [J]. Journal of Political Economy, 1990, 98 (5): 71-102.

[13] Grossman GM., Helpman E. Quality Ladders in the Theory of Growth [J]. Review of Economic Studies, 1991, 58: 43 – 61.

[14] Aghion, P., Howitt, P. A Model of Growth through Creative Destruction [J]. Econometrica, 1992, 60 (2): 323 – 351.

[15] Aghion, P., Howitt, P. Endogenous Growth Theory [M]. Massachusetts: The MIT Press, 1998.

[16] 高鸿业. 西方经济学 [M]. 北京: 中国人民大学出版社, 2001.

[17] Scott, J. Firms versus Industry Variability in R&D [C]. R&D, Patents and Productivity. Chicago: University Chicago Press, 1984.

[18] Lichtenberg, FR. The Effect of Government Funding on Private Industrial Research and Development: a Re-assessment [J]. The Journal of Industrial Economics, 1987, 36: 97 – 104.

[19] Lerner, J. The Government as Venture Capitalist: The Long-run Impact of the SBIR Program [J]. Journal of Business, 1999, 72 (3): 285 – 318.

[20] Klette, T., Moen, J. From Growth Theory to Technology Policy-coordination Problems in Theory and Practice [J]. Nordic Journal of Political Economy, 1999, 25: 53 – 74.

[21] Jorge, JD., Suarez, C. Influence of R&D Subsidies on Efficiency: The Case of Spanish Manufacturing Firms [J]. Cuadenos de Economiay Direccion de la Empresa, 2011, 14: 185 – 193.

[22] Colombo, MG., Grilli, L., Murtinu, S. R&D Subsidies and the Performance of High-tech Start-ups [J]. Economics Letters, 2011, 112: 97 – 99.

[23] Wei, J., Liu, Y. Government Support and Firm Innovation Performance: Empirical Analysis of 343 Innovative Enterprises in China [J]. Chinese Management Studies, 2015, 9 (1): 38 – 55.

[24] Beck, M., Lopes-Bento, C. Schenker-Wicki A. Input Additionality and Innovation Output Effects of R&D Subsidies [R]. Dublin: The XXV ISPIM Conference. 2014.

[25] Lee EY., Cin BC. The effect of risk-sharing government subsidy on corporate R&D investment: Empirical evidence from Korea [J]. Technological Forecasting and Social Change, 2010, 77 (6): 881 – 890.

[26] Cerulli, G., Poti, B. The Differential Impact of Privately and Publicly Funded R&D on R&D Investment and Innovation: The Italian Case [J]. Prometheus, 2012, 30 (1): 113 – 149.

［27］ Kleer, R. Government R&D Subsidies as a Signal for Private Investors ［J］. Research Policy, 2010, 39 (10): 1361 -1374.

［28］ Takalo, T. , Tanayama, T. Adverse Selection and Financing of Innovation: is there a Need for R&D Subsidies ［J］. The Journal of Technology Transfer, 2010, 35 (1): 16 -41.

［29］ Hu, GA. Ownership, Government R&D, Private R&D, and Productivity in Chinese Industry ［J］. Journal of Comparative Economics, 2001, 29: 136 -157.

［30］ 刘德胜，张玉明 . R&D 支出驱动中小企业绩效有效性研究 ［J］. 科技与经济，2010，(23)：92 -96.

［31］ Lach, S. Do R&D Subsidies Stimulate or Displace Private R&D? Evidence from Israel ［J］. The Journal of Industrial Economics, 2002, 4: 369 -390.

［32］ 史伟，霍丽 . 政府补贴对上市公司外部融资的影响研究 ［J］. 西北大学学报（哲学社会科学版），2014，44 (6)：133 -138.

［33］ Baron, RM. , Kenny, DA. The Moderator-mediator Variable Distinction in Social Psychological Research: Conceptual, Strategic, and Statistical Considerations ［J］. Journal of Personality and Social Psychology, 1986, 51 (6): 1173 -1182.

［34］ 温忠麟，张雷，侯杰泰等 . 中介效应检验程序及其应用 ［J］. 心理学报，2004，36 (5)：614 -620.

［35］ 亚当·斯密 . 国富论 ［M］. 长沙：湖南文艺出版社，2011.

［36］ 庇古 . 福利经济学 ［M］. 北京：华夏出版社，2007.

［37］ 张伯伦 . 垄断竞争理论 ［M］. 北京：华夏出版社，2009：31.

［38］ 罗宾逊 . 不完全竞争经济学 ［M］. 北京：华夏出版社，2012.

［39］ 约翰·梅纳德·凯恩斯 . 就业、利息和货币通论 ［M］. 北京：华夏出版社，2012.

［40］ Samuelson, PA. The Pure Theory of Public Expenditure ［J］. The Review of Economics and Statistics, 1954, 36 (4): 387 -389.

［41］ Bator, FM. The Anatomy of Market Failure ［J］. The Quarterly Journal of Economics, 1958, 72 (3): 351 -379.

［42］ Aerlof, GA. The Market for "Lemons": Quality Uncertainty and the Market Mechanism ［J］. The Quarterly Journal of Economics, 1970, 84 (3): 488 -500.

［43］ Spence, M. Market Signaling: The Informational Structure of Job Markets and Related Phenomena ［D］. Massachusetts: Doctoral Dissertation of Harvard University, 1972.

［44］ Stiglitz, JE. Incentives and Risk Sharing in Sharecropping ［J］. Review of

Economic Studies, 1974, 41 (2): 219 -255.

[45] Stiglitz, JE., Weiss, A. Credit Rationing in Markets with Imperfect Information [J]. The American Economic Review, 1981, 71 (3): 393 -410.

[46] Shaprico, C., Stiglitz, J. E. Equilibrium Unemployment as a Worker Discipline Device [J]. The American Economic Review, 1984, 74 (3): 433 -444.

[47] Stiglitz, JE. The Causes and Consequences of the Dependence of Quality on Price [J]. The American Economic Review, 1987, 25 (1): 1 -48.

[48] 张维迎. 博弈论与信息经济学 [M]. 上海: 上海人民出版社, 1996.

[49] Spence, M. Job Market Signaling [J]. The Quarterly Journal of Economics, 1973, 87 (3): 355 -374.

[50] Ross, SA. The Determination of Financial Structure: The Incentive-Signaling Approach [J]: The Bell Journal of Economics, 1977, 8 (1): 23 -40.

[51] Myers, SC., Majluf, NS. Corporate Financing and Investment Decisions When Firms Have Information That Investors do not Have [J]. Journal of Financial Economics, 1984, 13: 187 -221.

[52] 熊彼特. 经济发展理论 [M]. 北京: 商务印书馆, 1991.

[53] Schumpeter, JA. Business Cycles [M]. New York: Ma Graw Gill, 1939.

[54] 熊彼特. 资本主义、社会主义与民主 [M]. 北京: 商务印书馆, 1999.

[55] 弗里曼. 技术政策与经济绩效 [M]. 南京: 东南大学出版社, 2008.

[56] Hanusch H, Pyka, A. Elgar Companion to Neo-Schumpeterian Economics. Cheltenham: Edward Elgar, 2007.

[57] Myers, SC. The Capital Structure Puzzle [J]. Journal of Finance, 1984, 39 (3): 575 -592.

[58] Pinegar, JM., Wilbricht L. What Managers Think of Capital Structure Theory: A Survey [J]. Financial Management, 1989, 18 (4): 82 -91.

[59] Shyam-Sunder, L., Myers, SC. Testing Static Tradeoff against Pecking Order Models of Capital Structure [J]. Journal of Financial Economics, 1999, 51 (2): 219 -244.

[60] Fama, EF. French KR. Testing Trade-Off and Pecking Order Predictions about Dividends and Debt [J]. Review of Financial Studies, 2002, 15 (1): 1 -33.

[61] 李明辉, 杨鑫. 审计师质量对上市公司融资方式选择的影响 [J]. 会计研究, 2014, (11): 75 -82.

[62] 黄少安, 张岗. 中国上市公司股权融资偏好分析 [J]. 经济研究,

2001，(11)：12－20.

[63] 马亚军，刘丽芹．信息不对称、管理者内生偏好与上市公司股权融资偏好［J］．中国软科学，2004，(3)：32－39.

[64] 刘林．股权融资偏好模型分析与治理改进设计［J］．金融研究，2006，(10)：49－63.

[65] 束景虹．机会窗口、逆向选择成本与股权融资偏好［J］．金融研究，2010，(4)：72－84.

[66] 陆正飞，叶康涛．中国上市公司股权融资偏好解析［J］．经济研究，2004，(4)：50－59.

[67] 余剑梅．我国上市公司股权融资偏好研究［J］．经济纵横，2012，(11)：102－104.

[68] 方在农．从熊彼特的创新理论说起［J］．自然杂志．2006，28（2）：114－115.

[69] Aghion，P.，David，PA.，Foray，D. Science Technology and Innovation for Economic Growth：Linking Policy Research and Practice in "STIG Systems"［J］. Research Policy，2009，(38)：681－693.

[70] 周寄中，张黎，汤超颖．关于自主创新与知识产权之间的联动［J］．管理评论，2005，17（11）：41－45.

[71] 陈国政．上海科技创新环境面临的问题与对策建议［J］．上海经济研究，2013，(2)：52－59.

[72] 科学技术部发展计划司．科技活动分类案例集［M］．北京：科学技术文献出版社，2012.

[73] 周寄中．科学技术创新管理［M］．北京：经济科学出版社，2014.

[74] 伍玉林．黑龙江科技创新主体及其能力培养研究［D］．哈尔滨：哈尔滨工程大学博士学位论文，2011.

[75] Hsu，D. What Do Entrepreneurs Pay for Venture Capital Affiliation? Journal of Finance，2004，59（4）：1805－1844.

[76] Titman，S.，Trueman，B. Information Quality and the Valuation of New Issues［J］. Journal of Accounting and Economics，1986，8（2）：159－172.

[77] Carter，R.，Manaster，S. Initial Public Offerings and Underwriter Reputation［J］. Journal of Finance，1990，45（4）：1045－1067.

[78] Heeley，M.，Matusk，S.，Jain，N. Innovation，Appropriability and the Underpricing of Initial Public Offerings［J］. Academy of Management Journal，2007，50（1）：209－225.

[79] Narayanan, V., Pinches, G., Kelm, K., et al. The Influence of Voluntary Disclosed Qualitative Information [J]. Strategic Management Journal, 2000, 21 (7): 707-722.

[80] Meuleman, M., Maeseneire, WD. Do R&D Subsidies Affect SME's Access to External Financing [J]. Research Policy, 2012, 41: 582-591.

[81] Feldman, M., Kelley, M. The ex ante Assessment of Knowledge Spillovers: Government R&D Policy, Economic Incentives and Private Firm Behavior [J]. Research Policy, 2006, 35: 1509-1521.

[82] 郭晓丹，何文韬．战略性新兴产业政府R&D补贴信号效应的动态分析[J]．经济学动态，2011，(9)：88-93.

[83] 傅利平，李小静．政府补贴在企业创新过程的信号传递效应分析——基于战略性新兴产业上市公司面板数据[J]．系统工程，2014，32 (11)：50-58.

[84] 高艳慧，万迪昉，蔡地．政府研发补贴具有信号传递作用吗——基于我国高技术产业面板数据的分析[J]．科学学与科学技术管理，2012，33 (1)：5-11.

[85] 孙雪萍．政府研发补贴的信号效应研究[D]．南京：中共江苏省委党校硕士学位论文，2014.

[86] Blank, DM., Strgler, GJ. The Demand and Supply of Scientific Personnel [M]. New York: NBER, 1957.

[87] 经济合作与发展组织，欧盟统计署．奥斯陆手册[M]．北京：科学技术文献出版社，2011.

[88] 吴钰，何国祥．关于加强科技投入的难点分析[J]．科技导报，1996，(5)：25-27.

[89] 高跃伟．高科技产业科技投入的绩效评价分析[D]．贵阳市：贵州财经大学硕士学位论文，2013.

[90] 于明洁，郭鹏．基于典型相关分析的区域创新系统投入与产出关系研究[J]．科学学与科学技术管理，2012，33 (6)：85-91.

[91] 朱建林．企业科技创新投入与产出财会管理实务[J]．杭州：浙江工商大学出版社，2014.

[92] 曹志来．科技创新投入产出绩效的评价与解析[J]．东北亚论坛，2008，17 (4)：63-67.

[93] 尤芳湖．再论科技投入[M]．济南：山东省地图出版社，1999.

[94] 李琳．科技投入、科技创新与区域经济作用机理及实证研究[D]．长春：吉林大学博士学位论文，2013.

［95］张宏洲．我国公共科技创新投入对出口贸易与经济增长影响研究［D］．上海：华东师范大学博士学位论文，2013．

［96］师萍，安立仁．政府科技投入绩效评价与区域创新差异研究［M］．北京：中国经济出版社，2013．

［97］Yager，L.，Schmidt R. The Advanced Technology Program：A Case Study in Federal Technology Policy［M］. Washington，D. C.：AEI Press，1997.

［98］Mansfield，E.，Switzer，L. Effects of Federal Support on Company-Financed R&D：The Case of Energy［J］. Management Science，1984，30（5）：562－571.

［99］Hussinger，K. R&D and Subsidies at the Firm Level：An Application of Parametric and Semiparametric Two-Step Selection Models［J］. Journal of Applied Econometrics，2008，23（6）：729－747.

［100］Duguet，E. Are R&D subsidies a substitute or a complement to privately funded R&D? An Econometric Analysis at the Firm Level［J］. Revue Deconomie Politique，2004，114（2）：245－274.

［101］Griliches Z. R&D and Productivity Slowdown［J］. The American Economic Review，1980，70（2）：343－348.

［102］Lee，MH.，Hwang，IJ. Determinants of Corporate R&D Investment：An Empirical Study Comparing Korea's IT Industry with Its Non-IT Industry［J］. ETRI Journal，2003，25（04）：258－265.

［103］Binelli，C. Maffioli，AA Micro-econometric Analysis of Public Support to Private R&D in Argentina［J］. International Review of Applied Economics，2007，21（3）：339－359.

［104］Romero-Martinez，AM.，Fernandez-Rodriguez，Z.，Vaquez-Inchausti，E. Exploring Corporate Entrepreneurship in Privatized Firms［J］. Journal of World Business，2010，45（1）：2－8.

［105］Annique Un，C. Montoro-Sanchez，A. Public Funding for Product，Process and Organizational Innovation in service industries［J］. Service Industries Journal，2010，30（1）：133－147.

［106］Klette，TJ.，Moen，J. R&D Investment Responses to R&D Subsidies：A Theoretical Analysis and a Microeconometric Study［J］. World Review of Science，Technology and Sustainable Development，2012，9（2/3/4）：169－203.

［107］Dumont，M. The Impact of Subsidies and Fiscal Incentives on Corporate R&D Expenditures in Belgium［J］. Reflets Et Perspectives De La Vie Economique，2013，LII（1）：69－82.

[108] Czarnitzki, D. Lopes-Bento, C. Value for Money? New Microeconometric Evidence on Public R&D Grants in Flanders [J]. Research Policy, 2013, 42 (1): 76 –89.

[109] Holemans, B., Sleuwaegen L. Innovation Expenditures and the Role of Government in Belgium [J]. Research Policy, 1988, 17 (6): 375 –379.

[110] Mamuneas, TP., Nadiri MI. Public R&D Policies and Cost Behavior of the US Manufacturing Industries [J]. Journal of Public Economics, 1996, 63 (1): 57 –81.

[111] Czarnitzki, D., Fier A. Do R&D Subsidies Matter? Evidence for the German Service Sector [R]. Mannheim: ZEW Discussion Paper, 2001.

[112] Czarnitzki, D., Hussinger K. The Link between R&D Subsidies, R&D Spending and Technological Performance [R]. Mannheim: ZEW Discussion Paper, 2004.

[113] Busom, I. Empirical Evaluation of the Effects of R&D Subsidies [J]. Economics of Innovation and New Technology, 2000, 9 (2): 111 –148.

[114] Gonzalez, X., Pazo, C. Do Public Subsidies Stimulate Private R&D Spending [J]. Research Policy, 2008, 37 (3): 371 –389.

[115] Gonzalez, X, Jaumandreu, J., Pazo, C. Barriers to Innovation and Subsidy Effectiveness [J]. RAND Journal of Economics, 2005, 36 (4): 930 –950.

[116] Afcha, S., Lopez, GL. Public Funding of R&D and Its Effect on the Composition of Business R&D Expenditure [J]. Business Research Quarterly, 2014, 17 (1): 22 –30.

[117] Brautzsch, HU. Gunther, J., Loose, B., et al. Can R&D Subsidies Counteract the Economic Crisis [J]. Research Policy, 2015, 44: 623 –633.

[118] Levy, D. M. Estimating the Impact of Government R&D [J]. Economic Letters, 1990, 32 (2): 169 –173.

[119] Levin, R., Reiss P. Test of a Schumpeterian Model of R&D and Market Structure [C]. R&D, Patents and Productivity. Chicago: University Chicago Press, 1984.

[120] Czarnitzki, D. Lopes-Bento, C. Evaluation of Public R&D Policies: A Cross-country Comparison [J]. World Review of Science, Technology and Sustainable Development, 2012, 9 (2 –4): 254 –282.

[121] Globerman, S. Market Structure and R&D in Canadian Manufacturing Industries [J]. The Quarterly Review of Economics and Business, 1973, 13 (2): 59 –68.

[122] Buxton, AJ. The Process of Technical Change in UK Manufacturing [J].

Applied Economics, 1975, 7 (1): 53 -71.

[123] Robson, M. Federal Funding and the Level of Private Expenditure on Basic Research [J]. Southern Economic Journal, 1993, 60 (1): 63 -71.

[124] Diamond, AM. Does Federal Funding "Crowd in" Private Funding of Science [J]. Contemporary Economic Policy, 1999, 17 (4): 423 -431.

[125] Link, AN. An Analysis of the Composition of R&D Spending [J]. Southern Economic Journal, 1982, 49 (2): 342 -349.

[126] Levy, DM., Terleckyj, N. E. Effects of Government R&D on Private R&D Investment and Productivity: A Macroeconomic Analysis [J]. Bell Journal of Economics, 1983, 14 (2): 551 -561.

[127] Czarnitzki, D., Ebersberger, B., Fier, A. The Relationship between R&D Collaboration, Subsidies and R&D Performance: Empirical Evidence from Finland and Germany [J]. Journal of Applied Econometrics, 2007, 22 (7): 1347 -1366.

[128] Kang, KN., Park H. Influence of Government R&D Support and inter-Firm Collaborations on Innovation in Korean Biotechnology SMEs [J]. Technovation, 2012, 32: 68 -78.

[129] Hottenrott, H., Lopes-Bento, C. (International) R&D Collaboration and SMEs: The Effectiveness of Targeted Public R&D Support Schemes [J]. Research Policy, 2014, 43 (6): 1055 -1066.

[130] Xu, K., Huang, KF., Xu, E. Giving Fish or Teaching to Fish? An Empirical Study of the Effects of Government Research and Development Polices [J]. R&D Management, 2014, 44 (5): 484 -497.

[131] 朱云欢，张明喜．我国财政补贴对企业研发影响的经验分析 [J]. 经济经纬，2010，(5)：77 -81.

[132] 郑绪涛．公共研发政策、吸收能力与企业的 R&D 活动 [D]. 武汉市：华中科技大学博士学位论文，2009.

[133] 解维敏，唐清泉，陆珊珊．政府 R&D 资助，企业 R&D 支出与自主创新——来自中国上市公司的经验证据 [J]. 金融研究，2009，(6)：86 -99.

[134] 程华．科技资助促进企业 R&D 研究 [J]. 科研管理，2005，26 (4)：68 -71.

[135] 刘穷志．激励自主创新：公共支出效应与最优规模 [J]. 数量经济技术经济研究，2007，(3)：81 -90.

[136] 朱平芳，徐伟民．政府的科技激励政策对大中型工业企业 R&D 投入及其专利产出的影响——上海市的实证研究 [J]. 经济研究，2003，(6)：45 -53.

[137] 刘文惠．政府补助、研发投入与公司价值研究 [D]．合肥市：安徽大学硕士学位论文，2014.

[138] 米雯静．政府对科技型中小企业技术创新的资助效应研究——以陕西省科技型中小企业为例 [D]．杨凌市：西北农林科技大学硕士学位论文，2015.

[139] 单涛．政府直接资助企业 R&D 活动影响研究 [D]．临汾市：山西师范大学硕士学位论文，2015.

[140] 胡永健，周寄中．政府直接资助企业技术创新绩效案例研究 [J]．管理评论，2009，(21)：35-42.

[141] 许春，刘奕．技术溢出与企业研发政府补助政策的相机选择 [J]．科学学与科学技术管理，2005，(1)：25-30.

[142] 张东红，殷龙，仲健心．政府研发投入对企业研发投入的互补与替代效应研究 [J]．科技进步与对策，2009，26 (17)：4-8.

[143] 冯振中，吴斌．政府研发政策的有效性研究 [J]．技术经济，2008，27 (9)：26-28.

[144] 王俊．R&D 补贴对企业 R&D 投入及创新产出影响的实证研究 [J]．科学学研究，2010，28 (9)：1368-1374.

[145] 翟海燕，董静，汪江平．政府科技资助对企业研发投入的影响 [J]．研究与发展管理，2015，27 (5)：34-43.

[146] 杨伟德，汤湘希．政府研发资助强度对民营企业技术创新的影响——基于内生性视角的实证研究 [J]．当代财经，2011，(12)：64-73.

[147] 白俊红．中国政府 R&D 资助有效吗 [J]．经济学（季刊），2011，(4)：1375-1400.

[148] 洪嵩．政府 R&D 资助、企业 R&D 投入与高科技产业创新效率的关系研究 [D]．合肥市：中国科学技术大学博士学位论文，2015.

[149] 姜宁，黄万．政府补贴对企业 R&D 投入的影响 [J]．科学学与科学技术管理，2010，(7)：28-33.

[150] 程华，赵祥．企业规模、研发强度、资助强度与政府科技资助的绩效关系研究 [J]．科研管理，2008，29 (2)：37-43.

[151] 许国艺，史永，杨德伟．政府研发补贴的政策促进效应研究 [J]．软科学，2014，28 (9)：30-34.

[152] 张兴龙，沈坤荣，李萌．政府 R&D 补助方式如何影响企业 R&D 投入 [J]．产业经济研究，2014，(5)：3-62.

[153] Higgins，RS.，Link，AN. Federal Support of Technological Growth in Industry：Some Evidence of Crowding Out [J]. IEEE Transactions on Engineering Man-

agement, 1981, 28 (4): 86 -88.

[154] Michael, SC., Pearce, JA. The Need for Innovation as a Rationale Government Involvement in Entrepreneurship [J]. Entrepreneurship and Regional Development, 2009, 21 (3): 285 -302.

[155] Carmichael, J. The Effects of Mission-Oriented Public R&D Spending on Private Industry [J]. Journal of Finance, 1981, 36 (3): 617 -627.

[156] Simachev, Y., Kuzyk, M., Feygina, V. Public Support for Innovation in Russian Firms: Looking for Improvements in Corporate Performance Quality [J]. International Advances in Economic Research, 2015, 21 (1): 13 -31.

[157] Lichtenberg, FR. The Relationship between Federal Contract R&D and Company R&D [J]. American Economic Review, 1984, 74 (2): 73 -78.

[158] Lichtenberg, . R. The Private R&D Investment Response to Federal Design and Technical Competitions [J]. American Economic Review, 1988, 78 (3): 550 -559.

[159] 戴晨，刘怡．税收优惠与财政补贴对企业R&D影响的比较分析[J]. 经济科学，2008，(3)：58 -71.

[160] 吕久琴，郁丹丹．政府科研创新补助与企业研发投入：挤出、替代还是刺激[J]. 中国科技论坛，2011，(8)：21 -28.

[161] Yu, F., Gou, Y., Nguyen, KL., et al. The Impace of Government Subsidies and Enterprises' R&D Investment: A Panel Data Study from Renewable Energy in China [J]. Energy Policy, 2016, 89: 106 -113.

[162] Guellec, D., Van Pottelsberghe B. The Impact of Public R&D Expenditure on Business R&D [J]. Economics of Innovation and New Technologies, 2003, 12 (3): 225 -244.

[163] Montmartin, B., Herrera, M. Internal and External Effexts of R&D Subsidies and Fiscal Incentive: Empirical Evidence Using Spatial Dynamic Panel Models [J]. Research Policy, 2015, 44: 1065 -1079.

[164] Gorg, H., Strobl, E. The Effect of R&D Subsidies on Private R&D [J]. Economica, 2007, 74 (294): 215 -234.

[165] Bronzini, R., Lachini, E. Are Incentives for R&D Effective? Evidence from a Regression Discontinuity Approach [J]. American Economic Journal Economic Policy, 2014, 6 (4): 100 -134.

[166] Gelabert, L., Fosfuri, A., Tribo, J. A. Dose the Effect of Public Support for R&D Depend on the Degree of Appropriability [J]. The Journal of Industrial

Economics, 2009, 57 (4): 736 – 767.

[167] Czarnitzki, D., Ebersberger, B. Do Direct R&D Subsidies Lead to the Monopolization of R&D in the Economy [R]. SSRN Working Paper, 2010.

[168] Goldberg, L. The Influence of Federal R&D Funding On the Demand for and Returns to Industrial R&D [R]. Working Paper, 1979.

[169] Leyden, D. P., Link, AN. Why are Government R&D and Private R&D Complements [J]. Applied Economics, 1991, 23 (10): 1673 – 1681.

[170] Mamuneas, TP., Nadiri, MI. Public R&D Policies and Cost Behavior of the US Manufacturing Industries [J]. Journal of Public Economics, 1996, 63 (1): 57 – 81.

[171] Hud, M., Hussinger, K. The Impact of R&D Subsidiesduring the Crisis [J]. Research Policy, 2015, 44: 1844 – 1855.

[172] 刘虹，肖美凤，唐清泉. R&D 补贴对企业 R&D 支出的激励与挤出效应 [J]. 经济管理，2012，(4): 19 – 28.

[173] 许治，何悦，王晗. 政府 R&D 资助与企业 R&D 行为的影响因素 [J]. 管理评论，2012，24 (4): 67 – 75.

[174] Dai, X., Cheng, L. The Effect of Public Subsidies on Corporate R&D Investment: An Application of the Generalized Propensity Score [J]. Technological Forecasting and Social Change, 2015, 90 (2): 410 – 419.

[175] 周旭. 政府补贴对企业研发投资的影响研究 [J]. 大连市：大连理工大学硕士学位论文，2013.

[176] Klette, JT., Moen, J., Griliches, Z. Do Subsidies to Commercial R&D Reduce Market Failures? Microeconomic Evaluation Studies [J]. Research Policy, 2000, 29 (4 – 5): 471 – 495.

[177] Carpron, H., Pottelsberghe, BV. Public Support to Business R&D: A Survey and Some New Quantitative Evidence [R]. Paris: Organization for Economic Cooperation and Development, 1997.

[178] David, PA., Hall, BH., Toole, A. Is Public R&D Complement or Cubstitute for Private R&D. A Review of the Econometric Evidence [J]. Research Policy, 2000, 29 (4 – 5): 497 – 529.

[179] Vicente JZ., Borrego, CA., Forcadell, FJ., et al. Assessing the Effect of Public Subsidies on Firm R&D Investment: A Survey [J]. Journal of Economic Surveys, 2014, 28 (1): 36 – 67.

[180] Quevedo, JG. Do Public Subsidies Complement Business R&D? A Meta-

analysis of the Econometric Evidence [J]. Kyklos, 2004, 57 (1): 87 – 102.

[181] Dimos, C., Pugh, G. The Effectiveness of R&D Subsidies: A Meta-Regression Analysis of the Evaluation Literature [J]. Research Policy, 2016, 45: 797 – 815.

[182] 锁颖馨，朱桂龙．政府 R&D 资助对企业研发投入的影响——基于 Meta 分析的综述 [J]. 科技进步与对策，2011，28 (8)：100 – 104.

[183] 许治，王思卉，赵元亮，锁颖馨．政府研发资助对企业 R&D 投入影响的 Meta 分析 [J]. 科学管理研究，2012，30 (1)：95 – 99.

[184] 胡卫．政府资助企业 R&D 的政策工具及其效果研究 [J]. 自然辩证法通讯，2007，29 (6)：54 – 59.

[185] 李传宪，干胜道．政治关联、补贴收入与上市公司研发创新 [J]. 科技进步与对策，2013，30 (13)：102 – 105.

[186] Zhang, H., Li, L., Zhou, D., et al. Political Connections, Government Subsidies and Firm Financial Performance: Evidence from Renewable Energy Manufacturing in China [J]. Renewable Energy, 2014, 63: 330 – 336.

[187] Himmelberg, CP., Petersen, BC. R&D and Internal Finance: A Panel Study of Small Firms in High-Tech Industries [J]. The Review of Economics and Statistics, 1994, 76 (1): 38 – 51.

[188] Ayyagari, M., Demirguc-Kunt, A., Maksimovic, V. Firm Innovation in Emerging Markets: The Role of Finance, Governance, and Competition [J]. Journal of Financial and Quantitative Analysis, 2011, 46 (6): 1545 – 1580.

[189] Brown, JR., Fazzari, SM., Petersen, BC. Financing Innovation and Growth: Cash Flow, External Equity, and the 1990s R&D Boom [J]. Journal of Finance, 2009, 64 (1): 151 – 185.

[190] Bakker, G. Money for Nothing: How Firms Have Financed R&D Projects since the Industrial Revolution [J]. Research Policy, 2013, 42 (10): 1793 – 1814.

[191] 公衍照．技术创新的金融支持体系研究 [J]. 科技管理研究，2009，(8)：397 – 399.

[192] 吕玉芹．中小高科技企业 R&D 融资问题探讨 [J]. 会计研究，2005，(4)：69 – 72.

[193] 黄国平，孔欣欣．金融促进科技创新政策和制度分析 [J]. 中国软科学，2009，(2)：28 – 37.

[194] 唐清泉，肖海莲．融资约束与企业创新投资——现金流敏感性 [J]. 南方经济，2012，(11)：40 – 54.

[195] Gerschenkron, A. Economic Backwardness in Historical Perspective [M]. Cambridge: Belknap Press, 1962.

[196] Balakrishnan, S., Fox, I. Asset Specificity, Firm Heterogeneity and Capital Structure [J]. Strategic Management Journal, 1993, 14 (1): 3-16.

[197] Dasgupta, S., Titman, S. Pricing Strategy and Financial Policy [J]. The Review of Financial Studies, 1998, 11 (4): 705-737.

[198] Lee, S. Financail Determinants of Corporate R&D Investment in Korea [J]. Asian Economic Journal, 2012, 26 (2): 119-135.

[199] Bronwyn, H. The Financing of Researeh and Development [J]. Oxford Review of Economic Polices, 2002, 18 (1): 35-51.

[200] Ryan, HE., Wiggins, RA. The Interactions between R&D Investment Decisions and Compensation Policy [J]. Financial Management, 2002, 31 (1): 5-29.

[201] Levine, R. Financial Development and Economic Growth: Views and Agenda [J]. Journal of Economic Literature, 1997, 35 (2): 688-726.

[202] Smith, CW., Warner J. On the Financial Contracting an Analysis of Bond Covenants [J]. Journal of Financial Economics, 1979, 7 (2): 117-161.

[203] Bah, R., Dumontier, P. R&D Intensity and Corporate Financial Policy: Some international Evidence [J]. Journal of Business Finance and Accounting, 2001, 28 (5-6): 671-692.

[204] Carpenter RE., Petersen, BC. Capital Market Imperfections, High-Tech investment, and New Equity Financing [J]. Economic Journal, 2002, 112 (2): 54-72.

[205] Aghion, P., Bond, S., Klemm, A., Marinescu, I. Technology and Financial Structure: Are Innovative Firms Different [J]. Journal of the European Economic Association, 2004, 2 (2-3): 277-288.

[206] Singh, M., Faircloth, S. The Impact of Corporate Debt on Long Term Investment and Firm Performance [J]. Applied Economics, 2005, 37 (8): 875-883.

[207] Weinstein, D. Yafeh, Y. On the Costs of a Bank-Centered Financial System: Evidence from the Changing Main Bank Relations in Japan [J]. Journal of Finance, 1998, 53 (2): 635-672.

[208] Boot, AWA., Thakor, AV. Can Relationship Banking Survive Competition? [J]. Journal of Finance, 2000, 4 (2): 679-713.

[209] Morck, R., Nakamura, M. Banks and Corporate 控制 in Japan [J]. Journal of Finance, 1999, 54 (1): 319-339.

[210] Rajan, RG. Insiders and Outsiders: The Choice between Relationship and

Arm's Length Debt [J]. Journal of Finance, 1992, 47 (4): 1367 - 1400.

[211] Porta, RL., Lopez de Silanes, F., Schleifer, A. Government Ownership of Banks [J]. The Journal of Finance, 2002, 57 (1): 265 - 301.

[212] Martinsson, G. Finance and R&D Investments: Is There a Debt Overhang Effect on R&D Investments [R]. CESIS Working Papers, 2009.

[213] Chiao, C. Relationship between Debt, R&D and Physical Investment: Evidence from US Firm-level data [J]. Applied Financial Economics, 2002, 12 (2): 105 - 121.

[214] David, P., O'Brien, JP., Youshikawa, T. The Implications of Debt Heterogeneity for R&D Investment and Firm Performance [J]. The Academy of Management Journal, 2008, 51 (1): 165 - 181.

[215] 钱雪松. 融资约束、资产抵押与企业投资 [J]. 广东金融学院学报, 2008, 23 (2): 91 - 97.

[216] 唐清泉, 徐欣. 企业 R&D 投资与内部资金 [J]. 中国会计评论, 2010, 8 (3): 341 - 362.

[217] 刘立. 企业 R&D 投入的影响因素: 基于资源观的理论分析 [J]. 中国科技论坛, 2003, (6): 75 - 78.

[218] 刘先捷. 企业负债率、研发投资强度与公司价值的相关性研究 [D]. 马鞍山市: 安徽工业大学硕士学位论文, 2012.

[219] 钟田丽, 胡彦斌. 高技术创业企业人力资本特征对 R&D 投资与融资结构的影响 [J]. 科学学与科学技术管理, 2014, 35 (3): 164 - 174.

[220] 温军, 冯根福, 刘志勇. 异质债务、企业规模与 R&D 投入 [J]. 金融研究, 2011, (1): 167 - 181.

[221] 李辉, 马悦. 高技术产业融资结构对 R&D 绩效的影响研究 [J]. 吉林大学社会科学学报, 2009, 49 (4): 111 - 116.

[222] 赵自强, 赵湘莲. 债务水平与公司研发投资决策研究 [J]. 审计与经济研究, 2008, 23 (6): 106 - 110.

[223] Macey, J., Miller, GP. Universal Banks are not the Answer to America's corporate governance problem [J]. Journal of Applied Corporate Finance, 1997, 9 (4): 57 - 73.

[224] Muller, E., Zimmermann, V. The Importance of Equity Finance for R&D Activity [J]. Small Business Economics, 2009, 33 (3): 303 - 318.

[225] Brown, JR., Petersen, BC. Why has the Investment-Cash Flow Sensitivity Declined So Sharply? Rising R&D and Equity Market Developments [J]. Journal of

Banking and Finance, 2009, 33 (5): 971 -984.

[226] Brown, JR., Petersen, BC. Cash Holdings and R&D Smoothing [J]. Journal of Corporate Finance, 2011, 17 (3): 694 -709.

[227] Sasidharan, S., Lukose, P., Komera, S. Financing Constraints and Investments in R&D: Evidence from Indian Manufacturing Firms [J]. Quarterly Review of Economics and Finance, 2015, 55 (1): 28 -39.

[228] Kaplan, S., Stomberg, P. Financial Contracting Theory Meets the Real World: An Empirical Analysis of Venture Capital Contracts [J]. Review of Economic Studies, 2003, 70 (2): 281 -315.

[229] Hall, BH. Lerner, J. The Financing of R&D and Innovation [J]. Handbook of The Economics of Innovation, 2010, 1: 609 -639.

[230] Moore, B. Financial Constraints to the Growth and Development of Small High Technology Firms [M]. London: Routledge, 1994.

[231] Oakley, RP. High Technology Small Firms: Innovation and Regional Development in Britain and the United States [M]. London: Frances Pinter, 1984.

[232] Oakey, RP. High Technology New Firms: Variable Barriers to Growth [M]. London: Paul Chapman Publishing, 1995.

[233] Martinsson, S. Equity Financing and Innovation: Is Europe Different from the United States [J]. Journal of Banking and Finance, 2010, 34 (6): 1215 -1224.

[234] Brown, JR., Martinsson, G., Petersen B. Do Financing Constraints Matter for R&D [J]. European Economic Review, 2012, 56 (8): 1512 -1529.

[235] Hsu, PH., Tian, X., Xu, Y. Financial Development and Innovation: Cross-Country Evidence [J]. Journal of Financial Economics, 2013, 112 (1): 116 -135.

[236] Hall, BH. Investment and Research and Development at the Firm Level: Does the Source of financing Matter [R]. NBER Working Paper, 1992.

[237] Harhoff, D. Are there Financing Constraints for R&D and Investment in German Manufacturing Firms [J]. Annales d'Economie et de Statistique, 1998, (49/50): 421 -456.

[238] Mulkay, B., Hall, BH., Mairesse, J. Firm Level Investment and R&D in France and the United States: A Comparison [M]. Berlin: Springer-Verlag Berlin Heidelberg, 2001.

[239] Mohnen, P., Therrien, P. Comparing the Innovation Performance of Canadian firms and those of Selected European Countries: An Econometric Analysis [R].

Cirnano Working Papers, 2002.

[240] Cincera, M., Ravet, J., Veugelers, R. R&D Financing Constraints of Young and Old Innovation Leaders in the EU and the US [J]. Aqua. 2014, 63 (2): 106 - 113.

[241] Silva, F., Carreira, C. Do Financial Constraints Threat the Innovation Process? Evidence from Portuguese Firms [J]. Economics of Innovation and New Technology, 2012, 21 (8): 701 - 736.

[242] Bougheas, S., Goerg H., Strobl, E. Is R&D Financially Constrained? Theory and Evidence from Irish Manufacturing [J]. Review of Industrial Organization, 2003, 22 (2): 159 - 174.

[243] Carter, B. R&D Investment and Internal Finance: The Cash Flow Effect [J]. Economics of Innovation and New Technology, 2005, 14 (3): 213 - 223.

[244] Ughetto, E. Does Internal Finance Matter for R&D? New Evidence from a Panel of Italian Firms [J]. Cambridge Journal of Economics, 2008, 32 (6): 907 - 925.

[245] 陈海声. 研发投资特征及企业扩大融资来源的路径研究 [J]. 现代财经, 2006, 26 (1): 32 - 37.

[246] 刘振. 融资来源对公司 R&D 投资影响的实证分析 [J]. 中国科技论坛, 2011, (3): 54 - 59.

[247] 夏冠军, 陆根尧. 资本市场促进了高新技术企业研发投入吗 [J]. 科学学研究, 2012, 30 (9): 1370 - 1377.

[248] 刘春玉. 研发投资融资约束及其外部融资依赖性 [J]. 科技进步与对策, 2014, 31 (4): 21 - 25.

[249] 朱欢. 中国金融发展对企业技术创新的效应研究 [D]. 徐州: 中国矿业大学博士学位论文, 2012.

[250] 曾静. 融资约束、融资渠道与企业研发投入 [D]. 南京: 南京大学硕士学位论文, 2013.

[251] 赵诗情. 风险投资在中小企业 R&D 融资中的作用 [J]. 科技与企业, 2012, (19): 13 - 14.

[252] 付雷鸣, 万迪昉, 张雅慧. VC 是更积极的投资者吗 [J]. 金融研究, 2012, (10): 125 - 138.

[253] 苟燕楠, 董静. 风险投资背景对企业技术创新的影响研究 [J]. 科研管理, 2014, 35 (2): 35 - 42.

[254] 蔡地, 陈振龙, 刘雪萍. 风险投资对创业企业研发活动的影响研究 [J]. 研究与发展管理, 2015, 27 (5): 1 - 11.

[255] Hoshi, T., Kashyap, A., Scharfstein, D. Corporate Structure, Liquidity and Investment: Evidence from Japanese Industrial Groups [J]. The Quarterly Journal of Economics, 1991, 106 (1): 33 -60.

[256] 祝彦杰，许谭. 专家评审机制在科技计划管理系统的应用 [J]. 林业科技情报，2013，45 (3)：54 -55.

[257] 黄慧玲. 科技计划项目立项决策指标体系的研究 [J]. 北京化工大学学报（社会科学版），2014，2：11 -15.

[258] Pollock, TG., Chen, G., Jackson, EM., et al. How Much Prestige is enough? Assessing the Value of Multiple Types of High-Status Affiliates for Young Firms [J]. Journal of Business Venturing, 2010, 25 (1): 6 -23.

[259] Baum, JAC., Oliver, C. Institutional Embeddedness and the Dynamics of Organizational Populations [J]. American Sociological Review, 1992, 57 (4): 540 -559.

[260] Wade, JB., Porac, JF., Pollock, TG., et al. The Burden of Celebrity: the Impact of CEO Certification Contests on CEO pay and Performance [J]. Academy of Management Journal, 2006, 49 (4): 643 -660.

[261] Stuart, TE., Hoang, H., Hybels, RC. Interorganizational Endorsements and the Performance of Entrepreneurial ventures [J]. Administrative Science Quarterly, 1999, 44 (2): 315 -349.

[262] Pollock, TG., Rindova, VP. Media Legitimation Effects in the Market for Initial Public Offerings [J]. Academy of Management Journal, 2003, 46 (5): 631 -642.

[263] Anderson, N. Foundations of Information Integration Theory [M]. New York: Academic Press, 1981.

[264] 许罡. 中国上市公司政府补助的政策效应研究 [D]. 合肥：合肥工业大学博士学位论文，2014.

[265] Williamson, OE. Transaction-Cost Economics: The Governance of Contractual Relations [J]. The Journal of Law and Economics, 1979, 22 (2): 233 -261.

[266] Mande, V., Park, YK., Son, M.. Equity or Debt Financing: Does Good Corporate Governance Matter [J]. Corporate Governance: An International Review, 2012, 20 (2): 195 -211.

[267] Bharath, ST., Sunder, J., Sunder, SV. Accounting Quality and Debt Contracting [J]. The Accounting Review, 2008, 83 (1): 1 -28.

[268] 宋丛丛. 财务重述对企业融资的影响分析 [D]. 南昌：江西财经大

学硕士学位论文，2014.

[269] Chen，X.，Cheng，Q.，Lo，AK. Accounting Restatements and External Financing Choices [J]. Contemporary Accounting Research，2013，30 (2)：750－779.

[270] Brandt，L.，Li，H. Bank Discrimination in Transition Economics：Ideology，Information，or Incentives [J]. Journal of Comparative Economics，2003，31 (3)：387－413.

[271] Debray，GB. Wei，SJ. Pitfalls of a State-Dominated Financial System：The Case of China [R]. NBER Working Paper，2005.

[272] Allen，F.，Qian，J.，Qian，M. Law，Finance，and Economic Growth in China [J]. Journal of Financial Economics，2005，77 (1)：57－116.

[273] Hall，BH. The Financing of Research and Development [R]. NBER Working Paper，2002.

[274] Reyes，BM. R&D Intensity and Financing Constraints [J]. Joumal of Business and Economic studies，2004，10 (2)：38－53.

[275] 李延喜，杜瑞，高锐，李宁. 上市公司投资支出与融资约束敏感性研究 [J]. 管理科学，2007，20 (1)：82－88.

[276] 顾群，翟淑萍. 高新技术企业融资约束与R&D投资和企业成长性的相关性研究 [J]. 财经论丛，2011，(5)：86－91.

[277] Cert，RM.，March，JG. A Behavioral Theory of the Firm Englewood Cliffs [M]. NJ：Prentice Hall，1963.

[278] Dierickx，I.，Cool，K. Asset Stock Accumulation and Sustainability of Competitive Advantage [J]. Management Science，1989，35 (12)：1504－1511.

[279] Froot，KA.，Scharfstein，DS.，Stein，J. C. Risk Management Coordinating Corporate Investment and Financing Policies [J]. Journal of Finance，1993，48 (5)：1629－1658.

[280] 张杰，芦哲，郑文平等. 融资约束、融资渠道与企业R&D投入 [J]. 世界经济，2012，(10)：66－90.

[281] 卢馨，郑阳飞，李建明. 融资约束对企业R&D投资的影响研究 [J]. 会计研究，2013，(5)：51－58.

[282] Kochhar，R. Explaining Firm Capital Structure：The role of Agency Theory vs. Transaction Cost Economics [J]. Strategic Management Journal，1996，17 (9)：713－728.

[283] Vincente-Lorente JD. Specificity and Opacity as Resource-Based Determinants of Capital Structure：Evidence for Spanish Manufacturing Firms [J]. Strategic

Management Journal, 2001, 22 (2): 157 – 177.

[284] 龙勇，常青华. 创新水平差异对融资方式选择影响 [J]. 中国管理科学，2008，16 (10): 202 – 206.

[285] Ueda, M. Banks versus Venture Capital: Project Evaluation, Screening, and Expropriation [J]. Journal of Finance, 2004, 59 (2): 601 – 621.

[286] Fried VH., Hisrich, R. D. The Venture Capitalist: A Relationship Investor [J]. California Management review, 1995, 37 (2): 101 – 113.

[287] Carboni, OA. R&D Subsidies and Private R&D Expenditures: Evidence from Italian Manufacturing Data [J]. International Review of Applied Economics, 2011, 25 (4): 419 – 439.

[288] 戴小勇，成力为. 财政补贴政策对企业研发投入的门槛效应 [J]. 科研管理，2014，35 (6): 68 – 76.

[289] 李平，王春晖. 异质企业假定下政府研发资助效应的非线性检验 [J]. 世界经济文汇，2011，(2): 103 – 120.

[290] 杨晓锋. 高科技中小企业融资方式研究 [D]. 株洲：湖南工业大学，2008.

[291] Tsai, K., Wang, J. R&D Productivity and the Spillover Effects of High-tech Industry on the Traditional Manufacturing Sector: The Case of Taiwan [J]. The World Economy, 2004, 27 (10): 1555 – 1570.

[292] Bond, S., Harhoff, D., Reenen, JV. Investment, R&D and Financial Constraints in Britain and Germany [J]. Annales D'Economie et de Statistique, 2005, 79/80 (7/12): 433 – 460.

[293] Kumbhakar, SC., Ortega-Argiles, R., Potters, L., et al. Corporate R&D and Firm Efficiency: Evidence from Europe's Top R&D Investors [J]. Journal of Productivity Analsis, 2012, 37 (2): 125 – 140.

[294] 樊纲，王小鲁，朱恒鹏. 中国市场化指数——各省区市场化相对进程2011年度报告 [M]. 北京：经济科学出版社，2011.

[295] 郭桂花，池玉莲，宋晴. 市场化进程、会计信息质量与融资约束的相关性分析 [J]. 审计与经济研究，2014，(1): 68 – 76.

[296] 中国科技发展战略研究小组，中国科学院大学中国创新创业管理研究中心. 中国区域创新能力评价报告2015 [M]. 北京：科学技术文献出版社，2015.

[297] Lin, C., Lin, P., Song, F. Property Rights Protection and Corporate R&D: Evidence from China [J]. Journal of Development Economics, 2010, 93 (1):

49 – 62.

[298] 熊海清．高科技创业企业融资问题探讨 [J]. 南昌：江西财经大学硕士学位论文，2010.

[299] Bena J, Li K. Corporate Innovations and Mergers and Acquisitions [J]. The Journal of Finance, 2014, 69 (5): 1923 – 1960.

[300] Phillips, GM, Zhdanov, A. R&D and the Incentivesfrom Merger and Acquisition Activity [J]. Reviews of Financial Studies, 2012, 26 (1): 34 – 78

[301] Baskin, J. An Empirical Investigation of the Pecking Order Hypothesis [J]. Financial Management, 1989, 18 (1): 26 – 35.

[302] 潘永明，王晓丽．基于生命周期的科技型小微企业融资问题研究 [J]. 企业经济，2014，(8): 100 – 104.

[303] 文芳．企业生命周期对 R&D 投资影响的实证研究 [J]. 经济经纬，2009，(6): 86 – 89.

[304] 汤颖梅，王明玉．政府研发补贴对高新技术企业研发支出的影响 [J]. 企业经济，2016，(11): 73 – 78.

[305] Campello, M., Graham, JR, Harvey, CR. The Real Effects of Financial Constraints: Evidence from a Financail Crisis [J]. Jorunal of Financail Economics, 2010, 97 (3): 470 – 487.

[306] 王亮亮．金融危机冲击、融资约束与公司避税 [J]. 南开管理评论，2016, 19 (1): 155 – 168.

[307] 王红建，李青原，邢斐．金融危机、政府补贴与盈余操纵 [J]. 管理世界，2014，(7): 157 – 167.

[308] 祝继高，王春飞．金融危机对公司现金股利政策的影响研究 [J]. 会计研究，2013，(2): 38 – 44.

[309] Claessens, S., Kose, MA., Terrones, ME. Financial Cycles: Why? How? When? [J]. NBER International Seminar on Macroeconomics, 2011, 7 (1): 303 – 344.

[310] 曾爱民，傅元略，魏志华．金融危机冲击、财务柔性储备和企业融资行为 [J]. 金融研究，2011，(10): 155 – 169.

[311] 张蕊．金融危机下企业经营业绩评价的思考 [J]. 会计研究，2009，(6): 23 – 27.

[312] Stiglitz, JE. Endogenous Growth and Cycles [R]. NBER Working Paper No. w4286, 1993.

[313] Aghion, P., Saint-Paul, G. Virtues of Bad Times: Interaction between

ProductivityGrowth and Economic Fluctuations [J]. Macroeconomic Dynamics, 1998, 2 (3): 393 -410.

[314] Paunov, C. The Global Crisisand Firms' Investment in Innovation [J]. Research Policy, 2012, 41 (1): 24 -35.

[315] 程新生, 谭有超, 刘建梅. 非财务信息、外部融资与投资效率 [J]. 管理世界, 2012, (7): 137 -150.

[316] 叶建芳, 陈潇. 我国高管持股对企业价值的影响研究 [J]. 财经问题研究, 2008, (3): 101 -108.

[317] 郑绪涛. 公共研发政策对私人 R&D 活动的作用 [J]. 中国科技论坛, 2009, (3): 29 -33.

[318] 刘渝琳, 冯其云. 外资企业对外贸易与经济增长关系的区域差异分析 [J]. 国际贸易问题, 2007, (3): 59 -66.

[319] 李莉, 毛加强. 基于 BBC 模型的中国西部地区科技创新绩效分析 [J]. 统计与信息论坛, 2011, 26 (5): 97 -101.

[320] Anthony, JH., Ramesh, K. Association between Accounting Performance Measures and Stock Prices [J]. Journal of Accounting and Economics, 1992, 15 (2 - 3): 203 -227.

[321] 高松, 庄晖, 牛盼强. 科技型中小企业政府资助效应提升研究 [J]. 中国工业经济, 2011, (7): 150 -158.

[322] 李云鹤, 李湛. 管理者代理行为、公司过度投资与公司治理——基于企业生命周期视角的实证研究 [J]. 管理评论, 2012, 24 (7): 117 -131.

[323] 关勇军, 洪开荣. 中国上市企业 R&D 投入的周期性特征研究 [J]. 科学学与科学技术管理, 2012, 33 (9): 83 -90.

[324] 连立帅, 陈超, 米春蕾. 吃一堑会长一智吗 [J]. 管理世界, 2016, (4): 111 -126.

[325] 董二磊, 王博. 金融危机是否对企业出口存在异质性冲击 [J]. 国际贸易问题, 2015, (2): 146 -154.

[326] 陈艳, 张明悦. 金融危机背景下我国中小企业融资问题的实证研究 [J]. 东北财经大学学报, 2011, 75 (3): 22 -30.

[327] 张信东, 郝盼盼. 外部融资市场对企业研发投入的影响 [J]. 软科学, 2016, 30 (12): 11 -15.

[328] 潘红波, 余明桂. 政治关系、控股股东利益输送与民营企业绩效 [J]. 南开管理评论, 2010, 13 (4): 14 -27.

[329] 肖华. 张国清. 内部控制质量、盈余持续性与公司价值 [J]. 会计研

究，2013，(5)：73－80.

[330] 杨淑娥，苏坤．终极控制、自由现金流约束与公司绩效 [J]. 会计研究，2009，(4)：78－86.

[331] Hovakimian，A.，Opler，T.，Titman，S. The Debt-Equity Choice [J]. Journal of Financial and Quantitative Analysis，2001，36 (1)：1－24.

[332] Harris，M.，Raviv，A. The Theory of Capital Structure [J]. Journal of Finance，1991，46 (1)：297－356.

[333] Haan，LD.，Hinloopen，J. Preference Hierarchies for Internal Finance，Bank Loans，Bond，and Share Issues：Evidence for Dutch Firms [J]. Journal of Empirical Finance，2003，10 (5)：661－681.

[334] Hansen，BE. Threshold Effects in Non-Dynamic Panels：Estimation，Testing，and Inference [J]. Journal of Econometrics，1999，93：345－368.

[335] Bai，J. Estimating Multiple Breaks One at a Time [J]. Econometric Theory，1997，13 (3)：315－352.

[336] MacKinnon，DP.，Lockwood，CM.，Hoffman，JM.，et al. A Comparison of Methods to Test Mediation and Other Intervening Variable Effects [J]. Psychological Methods，2002，7 (1)：83－104.

[337] 吕久琴．研发补助影响企业价值的规模差异 [J]. 工业技术经济，2012，(8)：78－86.

[338] 顾乃华．生产性服务业对工业获利能力的影响和渠道 [J]. 中国工业经济，2010，(5)：48－58.

[339] 陈艳莹，王二龙．要素市场扭曲、双重抑制与中国生产性服务业全要素生产率：介于中介效应模型的实证研究 [J]. 南开经济研究，2013，(5)：81－82.

[340] 曹东坡，于诚，徐保昌．高端服务业与先进制造业的协同机制与实证分析 [J]. 经济与管理研究，2014，(3)：76－86.

[341] 谭蓉娟，谭媛元，陈树杰．产业位势视角下中国先进制造业竞争力维度结构研究 [J]. 科技进步与对策，2015，32 (16)：43－49.

[342] 赵玉林，汪美辰．产业融合、产业集聚与区域产业竞争优势提升 [J]. 科技进步与对策，2016，33 (3)：26－32.

[343] 徐玲．用心理学原理透视现行的学校教育奖励机制 [J]. 教育探索，2002，(9)：70－71.

[344] Aerts，K.，Czarnitzki，D. The Impact of Pucblic R&D-Funding in Flanders. IWT Study No54 [A]. Brussels：IWT Vooruitzichten，2006.

[345] Aschhoff, B. Who Gets the Money? The Dynamics of R&D Project Subsidies in German [J]. Jahrbucherf Nationalokonomie u. Statistik, 2010, 230 (5): 522-546.

[346] 宫义飞．分析师跟踪、信息不对称与公司融资［D］．成都：西南财经大学博士学位论文，2010.

[347] 吴超鹏，吴世农，程静雅，王璐．风险投资对上市公司投融资行为影响的实证研究［J］．经济研究，2012，(1)：105-119.

[348] 朱平平．上市公司信息披露质量对再融资的影响研究［D］．西安：陕西科技大学硕士学位论文，2014.

[349] 武岳珊，蓝少升，谢雪庆．广西上市公司信息披露质量与再融资的研究［J］．当代经济，2016，24 (8)：53-55.

[350] Nekhili, M., Boubaker, S., Lakhal, F. Ownership Structure, Voluntary R&D Disclosure and Market Value of Firms: The French Case [J]. International Journal of Business, 2012, 17 (2): 126-140.

[351] 陈实，孙晓芹．我国政府 R&D 经费投入的分析与判定［J］．科学学研究，2013，31 (11)：1630-1641.

[352] 吴红．论地方政府在专利工作中的角色定位［J］．科技管理研究，2009，(2)：243-245.

[353] 王士伟．中小型科技创新企业生命周期各阶段的特征及融资政策分析［J］．科技进步与对策，2011，28 (10)：88-91.

[354] 周方召，符建华，仲深．外部融资、企业规模与上市公司技术创新［J］．科研管理，2014，35 (3)：116-122.

[355] 陶兴．高新技术企业研发投资的融资路径选择及其评价研究［J］．经济研究导刊，2013，(36)：145-148.

[356] 蒋亚朋，王义茹．创业板上市公司融资模式对 R&D 投入的影响［J］．财会通讯，2015，(27)：24-28.

[357] 熊和平，杨伊君，周靓．政府补助对不同生命周期企业 R&D 的影响［J］．科学学与科学技术管理，2016，37 (9)：3-15.

[358] Irwin, D., Klenow, P. High-Tech R&D Subsidies: Estimating the Effect of Sematech [J]. Journal of International Economics, 1996, 40: 323-344.